LE RADEAU DE LA GORGONE

DU MÊME AUTEUR

ROMANS

L'Écorce des pierres, 1959, Grasset.
L'Aube, 1962, Grasset.
Lettre a Dora, 1969, Grasset.
Les Enfants de Gogol, 1971, Grasset.
Porporino ou les Mystères de Naples, 1974, Grasset et Livre de Poche.
L'Étoile rose, 1978, Grasset et Livre de Poche.
Une fleur de jasmin a l'oreille, 1980, Grasset.
Signor Giovanni, 1981, Balland.
Dans la main de l'ange, 1982, Grasset et Livre de Poche.
L'Amour, 1986, Grasset et Livre de Poche.
La Gloire du paria, 1987, Grasset et Livre de Poche.

OPÉRA

Le Rapt de Perséphone, 1987, Dominique Bedou.

VOYAGES

Mère Méditerranée, 1965, Grasset et Livre de Poche.
Les Événements de Palerme, 1966, Grasset.
Amsterdam, 1977, le Seuil.
Les Siciliens, 1977, Denoël (en collaboration avec Ferdinando Scianna et Leonardo Sciascia).
Le Promeneur amoureux, *de Venise à Syracuse*, 1980, Plon et Presses Pocket.
Le Volcan sous la ville, *promenades dans Naples*, 1983, Plon.
Le Banquet des anges, *l'Europe baroque de Rome à Prague* (Photographies de Ferrante Ferranti), 1984, Plon.
Budapest, 1986, Éditions Autrement.

ESSAIS

Le Roman italien et la Crise de la conscience moderne, 1958, Grasset.
L'Échec de Pavese, 1967, Grasset.
Il Mito dell'America, 1969, Edizioni Salvatore Sciascia (Rome).
L'Arbre jusqu'aux racines, *Psychanalyse et création*, 1972, Grasset.
Eisenstein, *l'Arbre jusqu'aux racines II*, 1975, Grasset et Ramsay-Poche-Cinéma.
La Rose des Tudors, 1976, Julliard.
Interventi sulla letteratura francese, 1982, Matteo (Trévise).
Le Rapt de Ganymède, 1989, Grasset.

TRADUCTIONS

Une étrange joie de vivre et autres poèmes, de Sandro Penna, 1979, Fata Morgana.
L'Impresario de Smyrne, de Carlo Goldoni, 1985, Éditions de la Comédie-Française.

Ferrante Ferranti, architecte et photographe d'origine sicilienne, coauteur, avec Dominique Fernandez, du *Banquet des anges* (Plon, 1984), a collaboré à *L'Art baroque* (Mazenod, 1986), *Les Arts arméniens* (Mazenod, 1987) et *L'Art baroque* (Ides et Calendes, 1988). Il publie régulièrement des photos d'écrivains dans les grands journaux et des photos d'art dans les revues spécialisées.

DOMINIQUE FERNANDEZ

Le Radeau de la Gorgone

Promenades en Sicile

Photographies de Ferrante Ferranti

BERNARD GRASSET

Agrigente : le temple de la Concorde.

Comme un palimpseste

Je suis venu la première fois en Sicile, comme la plupart des voyageurs, à la recherche des vestiges de la civilisation grecque. Ségeste, Sélinonte, Agrigente, Syracuse, le théâtre en plein air de Taormine, les ruines désolées de Solonte : qui n'a rêvé à ces noms magiques ? Entreprendre de faire le tour de l'île, c'est acquitter la dette que tout homme occidental a contractée envers la patrie d'Archimède et d'Empédocle. Certes, je n'ai pas été déçu : en Grèce même on ne trouve aucun temple aussi bien conservé que celui de Ségeste, aucun ensemble aussi imposant que l'alignement des sanctuaires sur la colline d'Agrigente. Encore eût-il mieux valu, comme les Anciens eux-mêmes, aborder les côtes par la mer. La porte d'or incrustée d'ivoire, qui était scellée entre les colonnes doriques du grand temple d'Athéna à Syracuse, a disparu : les navigateurs, autrefois, apercevaient de loin son miroitement, et, lorsqu'ils reprenaient la mer, ils gardaient les yeux fixés sur ce carré d'or flamboyant, qui restait visible aussi longtemps que le bouclier de la déesse accroché au fronton du sanctuaire. Quand la dernière lueur s'était évanouie, ils versaient dans les flots une offrande de miel et d'encens qui mettrait leur voyage à l'abri des périls.

Les fables lues dans les manuels scolaires correspondent à une réalité encore vivante aujourd'hui. En Grèce on ne peut qu'admirer, en silence, les restes

Ségeste.

d'une civilisation morte à jamais; en Sicile au contraire, il semble que tout ce qu'on raconte des Anciens demeure présent. Les paysans qui habitent sur les flancs de l'Etna, et qui voient des fumerolles s'élever par les anfractuosités de la roche noire, ou des torrents de lave dévaler en mugissant les pentes, comment ne croiraient-ils pas qu'Héphaïstos en personne continue à entretenir ses forges à l'intérieur du volcan? Tous les événements, tous les drames de la vie contemporaine en Sicile ont un modèle grec: Charybde et Scylla, ces deux villages toujours debout de chaque côté du détroit, président encore aux naufrages, si telle est la volonté des dieux. À Erice, à l'autre extrémité de l'île, n'est-ce pas Aphrodite elle-même qui, sur son char tiré par des colombes, ramène chaque année le printemps et tapisse d'asphodèles les vallons tournés vers la mer? Mieux encore: on parle inévitablement, lorsque la conversation vient à tomber sur la Sicile, de violences, de rapts, de séquestrations: or le premier de tous les enlèvements, l'enlèvement mythologique par excellence, n'a-t-il pas eu lieu déjà en Sicile, il y a des milliers d'années? N'est-ce pas au milieu des campagnes d'Enna, nullement «riantes» comme le prétend Chateaubriand mais au contraire désertes et calcinées, que le dieu Hadès, séduit par les grâces de la jeune fille, se jeta sur Perséphone, la souleva dans ses bras, étouffa ses cris et l'entraîna aux Enfers?

Comme tout ce qui est vivant, le réservoir des légendes grecques est passé tel quel dans le fonds des croyances chrétiennes. À Palerme, on expose chaque année dans l'église de Porto Salvo une statue de la Vierge Marie, pendant neuf jours, en souvenir du même temps que Déméter, la mère de Perséphone, passa sous terre à la recherche de sa fille. À Taormine, au mois de septembre, quelle ne fut ma surprise, en assistant à la rituelle fête du raisin, d'observer un

cortège semblable en tout point aux processions qui figurent sur les bas-reliefs antiques. De la Sicile du XXe siècle, j'étais transporté, sans solution de continuité, au milieu des Silènes et des bacchantes. Le jus des grappes empourprait leurs lèvres. La religion catholique fournit elle aussi des modèles aux péripéties de la vie courante. Assassinés par la Mafia, ou victimes de règlements de compte dans une affaire « d'honneur » entre deux familles, combien de jeunes hommes n'ont-ils pas laissé leur vie au croisement solitaire de deux chemins ! Mais au lieu de recevoir la sépulture commune des défunts, leur mère les a pleurés au cours d'une cérémonie qui ressemble à la déploration du Christ par Marie : qu'on revoie, par exemple, le film de Francesco Rosi sur le bandit Salvatore Giuliano, et l'on se rendra compte à quel point le souvenir de la première Pietà influence les gestes, les attitudes, les lamentations d'une mère contemporaine.

Ces trois exemples de va-et-vient entre le passé et le présent, entre les plus hauts modèles fixés par la tradition historique ou artistique et l'actualité la plus immédiate, s'ils nous invitent à voir dans chaque scène de la vie quotidienne d'aujourd'hui un reflet de l'hellénisme ou du premier christianisme, nous rappellent aussi que ce qui se passe sous nos yeux n'est pas moins intéressant que les événements survenus il y a deux mille ans. Pour ma part, fasciné par ces correspondances entre la Sicile grecque et la Sicile du XXe siècle, je suis bien vite redescendu de la colline d'Agrigente, du théâtre de Ségeste.

À Syracuse, Denys le tyran avait organisé une impitoyable police : ses sujets, pour déjouer les espions, ne communiquaient plus entre eux, selon la légende, que par signes et par gestes. Encore une façon d'ennoblir par une référence à l'Antiquité un trait de caractère qui m'a frappé d'emblée : les Siciliens sont le peuple le plus taciturne du monde. Point de chansons aux balcons de Palerme. Un simple froncement de sourcils, au café, deux doigts contre la joue, servent de langage. Mais si Denys, au IVe siècle avant Jésus-Christ, s'est rendu odieux, aucun besoin de remonter jusqu'à sa dictature pour s'expliquer le silence et l'ombrageuse méfiance des insulaires. On ne compte plus les dominations auxquelles l'île tout entière a été soumise depuis la première colonisation grecque. Romains, Carthaginois, Arabes, Français, Espagnols se sont tour à tour emparés de la Sicile, les derniers en date étant les Piémontais qui, sous prétexte de faire l'« Unité » italienne en 1860, annexèrent un territoire nécessaire à leur expansion économique.

Une longue histoire d'oppressions et de deuils, je ne pouvais plus l'oublier, même si je n'avais pas relu dans *Le Guépard* la page où le prince de Lampedusa maudit la tyrannie surprême en Sicile, qui est la tyrannie du soleil. Oui, le soleil dont, ignare touriste, je me réjouissais étourdiment, pèse pendant six mois de l'année comme une chape de plomb : il dessèche les cultures, tarit les fleuves, paralyse la vie, symbole non d'allégresse mais de mort. La mer aussi, où mes amis siciliens me voyaient avec étonnement me rafraîchir et me délasser, n'évoque dans la mémoire collective de ce peuple que les pirates dont les incursions jusqu'au siècle dernier ravageaient les côtes, ou la malaria qui sévissait le long des plages jusqu'au lendemain de la Seconde Guerre mondiale.

Terre de tragédie, donc. À Syracuse plane encore le souvenir d'Eschyle qui y fit jouer *Les Perses* avant d'être tué par une tortue qu'un aigle laissa choir sur son crâne. Penché sur le cratère de l'Etna, je me demandais si le volcan, au bout de deux mille cinq cents ans, ne rejetterait pas la seconde sandale d'Empédocle, le téméraire philosophe englouti dans l'abîme en feu pour

avoir voulu observer une éruption de trop près. À la suite de ces épisodes célèbres, d'autres peuvent nous toucher plus : l'histoire de l'arbre stérile, par exemple. S'il s'obstine à ne pas donner de fruits, son propriétaire se prépare à l'abattre le samedi saint. Non sans amener avec lui un ami, dont le rôle est d'intercéder pour l'arbre, en demandant un délai de grâce d'un an. Il est rare, m'ont affirmé des paysans, que le coupable ne se rachète pas et ne produise pas une récolte deux fois plus abondante. Rite plein de charme et de poésie, où l'on distingue une des armes dont les Siciliens se servent pour lutter contre le destin : l'humour. Car il serait faux de croire que, si accablés qu'ils aient toujours été par une suite de violences et de spoliations, ils subissent sans réagir la malignité d'un tel sort.

L'humour, dont le grand maître, on le sait, a été Pirandello, natif d'Agrigente, ville entre toutes soumise aux caprices de l'histoire, jusque dans les vicissitudes de son nom, puisqu'elle s'est appelée Akragas sous les Grecs, Kerkent sous les Arabes, Girgenti sous les Normands, Agrigento depuis Mussolini. Qui suis-je ? Quelle est ma véritable identité ? se demandent les personnages de Pirandello. Cette comédie existentielle occupe encore aujourd'hui les habitants de l'île. Un romancier de talent, Vitaliano Brancati (l'auteur du savoureux *Bell' Antonio*), a dépeint les jeunes bourgeois de Catane, qui montent et descendent sans arrêt, au cours de la promenade rituelle du soir, la longue rue qui fend la ville en deux : le plus lentement possible, afin d'avoir le temps de se saisir, d'entrer en possession d'eux-mêmes. Une de leurs occupations préférées consiste à rivaliser, au bar, pour voir qui finira le dernier sa pourtant minuscule tasse de café : concours de lenteur, encore ; mais ce serait une erreur que d'interpréter cette habitude par le désœuvrement et la fainéantise de ces jeunes gens. Non, ils cherchent une

La tyrannie du soleil : Palma di Montechiaro, fief des Lampedusa.

preuve de leur propre existence, et dans le geste le plus insignifiant ils espèrent la trouver.

Pour tous les hommes, en général, l'amour est l'occasion de se découvrir soi-même et d'affirmer son identité ; mais pas pour les Siciliens. Brancati cite le cas d'un célibataire qui voulait se procurer une maîtresse ; il en trouva une ; hélas ! elle n'était libre que l'après-midi, entre deux et quatre heures, pendant le temps qu'il consacrait à dormir. Ainsi dut-il renoncer à l'amour. Beaucoup de Siciliens, dit encore Brancati, n'auront laissé de trace sur la terre que celle creusée dans leur divan par les longues heures de la sieste. Ce sillon serait-il la fameuse preuve recherchée en vain toute leur vie ?

Outre l'humour, la riposte au malheur chronique de leur île a été le goût des formes bizarres, des couleurs éclatantes, l'explosion de la fantaisie. Les voyageurs qui visitent la Sicile, attirés uniquement par les ruines grecques et par les mosaïques romaines ou byzantines, passent à côté de trésors d'un plus grand prix encore, dans la mesure où ils expriment, eux, un trait spécifique du caractère sicilien.

Étalages des marchés, amoncellements de victuailles, pyramides de fruits et de légumes, panneaux de charrettes, mules empanachées, marionnettes aux cuirasses étincelantes, ce peuple a le sens inné du faste et du beau. Flâner dans la rue est la meilleure initiation aux véritables richesses de la Sicile. Abondance de bigarrures, exubérance de l'imagination : une sorte de baroque spontané, qui donne envie de connaître l'autre baroque, le baroque savant, produit par les hommes de culture. Que celui-ci soit une réponse directe aux tragédies de l'île, on en a la preuve certaine : en 1693, un tremblement de terre (car aux maux de l'histoire il faut ajouter ceux de la nature) dévasta la côte orientale. Presque entièrement détruites, Messine, Catane, Syracuse. Anéantie, Noto, au point que les survivants décidèrent d'abandonner le site et de rebâtir leur cité un peu plus bas dans la vallée. Après la visite de Noto Antica, l'antique Noto, un champ de ruines recouvertes d'une dense végétation d'où s'exhalent les odeurs douces-amères du fenouil sauvage et de la menthe — la ville se dressait sur un plateau, d'où la vue embrasse un vaste horizon de collines qui descendent en pente douce vers la mer —, rien n'est plus étonnant que de se promener dans la ville nouvelle, reconstruite d'un seul élan dès le début du XVIIIe siècle. Urbanistes et architectes créèrent en rase campagne, à partir de rien, une ville dans le nouveau style. Églises monumentales précédées d'imposants escaliers, palais de dimensions majestueuses, balcons aux consoles sculptées en têtes de femmes, de chevaux, de lions, grilles bombées et ciselées, balcons ventrus, toute l'opulence baroque est là, corrigée par le grain tendre et la couleur dorée de la pierre, sur laquelle la lumière du soleil glisse et se répand comme une coulée de miel.

Messine ayant été rasée en 1908 (60 000 morts...), c'est à Syracuse qu'on trouve le plus beau baroque sicilien après Noto, puis à Modica, à Ragusa, à Scicli, et même à Catane, cité noire qui paraît d'abord ingrate. Et puis à Palerme, bien sûr, ville d'où l'on part et où l'on revient toujours, capitale d'un territoire qui n'est pas une province mais une véritable nation. Trois cents minarets pointaient leurs tours dans la Palerme arabe ; en aucun autre temps elle ne connut pareille prospérité. L'Italie contemporaine et l'Occident tout entier doivent beaucoup à la domination musulmane en Sicile : le sucre, les tapis, la soie, le coton, l'orange et le citron, la pêche et la grenade furent importés, dès le IXe siècle, d'Afrique à Palerme. Certains des ingrédients, se prend-on à penser, qui entreront dans la pâtisserie et la décoration baroque. On dirait que chacune des péripéties antérieures de l'histoire sicilienne a contribué à préparer l'art luxuriant qui les résume toutes. Imagination créatrice, goût de la fête, éloquence de la pierre, n'est-ce pas ce qui était nécessaire à un peuple amené par la succession des invasions étrangères à douter continuellement de soi-même, et poussé par les calamités naturelles à trouver sans cesse des moyens de s'étourdir ?

Ivresse : un mot qui ne convient point si on le prend dans son sens littéral, car personne n'est plus sobre que les Siciliens. S'ils se grisent, ce n'est pas de vin mais de formes et de couleurs ; remède contre le mal de vivre ; et qui, s'il n'est pas souverain pour tous les cas d'affliction et de détresse (sinon, la folie ne serait pas si souvent leur ultime recours, comme Pirandello nous l'a appris), a cet avantage au moins de les rendre amusants, incrédules, ironiques, pleins de ces qualités dont manquent les peuples à l'histoire plus tranquille et devenus bourgeois par l'habitude de la richesse et de la sécurité. La Sicile, semblable à un de ces palimpsestes dont on trouve sous le dernier texte les premiers effacés, révèle peu à peu, à ceux qui l'aiment, ses secrets : d'abord la sagesse grecque inscrite au fronton des temples, mais ce n'est qu'une apparence ; puis, derrière cette leçon de philosophie très belle mais trop lointaine, les diverses ressources d'un art de vivre difficilement acquis. Rien de moins mort, en tout cas, que cette terre chargée d'ans et d'histoire et pourtant, malgré le poids des souvenirs archéologiques, restée d'une incroyable vitalité. Le bouclier d'or ne scintille plus sur le temple de Syracuse ; le cactus épineux et l'agave des sables disputent bien souvent l'aride sol à l'olivier et au vignoble ; les fleuves se sont desséchés, les forêts se sont déboisées ; mais, de ce triangle de montagnes émergé au carrefour de l'Europe, de l'Afrique et

Adrano, au pied de l'Etna.

de l'Orient, rayonnent toujours les lumières de multiples civilisations.

Quatre ou cinq se détachent par un éclat exceptionnel : la grecque, l'arabe, la normande, la suève, la bourbonienne. Aucune, en succédant à la précédente, ne l'a effacée. Le temple d'Athéna à Syracuse est devenu une cathédrale baroque qui garde, enchâssées dans ses murs, les colonnes de l'ancien sanctuaire. Le temple de la Concorde à Agrigente connut une fortune voisine, qui l'a sauvé, lui aussi, de la destruction. Vers la fin du VIe siècle, il fut transformé en église chrétienne : on combla l'espace entre les colonnes et on ouvrit dans les murs de la *cella* douze arcades de chaque côté, qui existent encore. L'édifice prit alors la forme d'une basilique à trois nefs, qu'il conserva jusqu'en 1748, quand on le retira au culte et aux saints Pierre et Paul dont il portait le nom depuis mille deux cents ans. À Palerme, une façade baroque compléta l'église normande de la Martorana, elle-même édifiée sur le plan d'une mosquée arabe. À Palerme toujours, l'église de San Giovanni degli Eremiti résulte d'une ingénieuse adaptation d'un monument musulman, fait d'une juxtaposition de corps cubiques surmontés de coupoles. Chaque âge s'est servi des conquêtes stylistiques des âges antérieurs, sans les renier. On pense qu'à San Giovanni degli Eremiti ce furent des maîtres d'œuvre arabes qui modifièrent eux-mêmes l'édifice pour le compte des rois normands. Ensuite, nul ne se soucia autant d'exalter l'héritage islamique que Frédéric II, empereur allemand et monarque chrétien.

Les civilisations se sont succédé en Sicile, sans que la naissance de l'une entraînât la mort de l'autre. Elles coïncident encore. Elles ont décliné et disparu l'une après l'autre, tout en restant présentes. Chacune, en s'éteignant, a transmis un peu de sa splendeur à l'autre. Chaque crépuscule a laissé ses dorures.

Le noir, le jaune et le rouge

Aucune étude sérieuse n'a été consacrée à ce singulier personnage que fut le baron Friedrich von Gloeden, venu, comme tant d'autres de ses compatriotes chassés par la sévérité des lois en Allemagne, chercher en Sicile un milieu plus indulgent à ses goûts. Né en 1856, il s'installa à Taormine vers 1880 et y resta jusqu'à sa mort, en 1931. Armé d'un monumental appareil photographique à soufflet et à trépied, il demandait aux jeunes garçons de poser nus devant lui, seuls ou en groupe, debout ou couchés, en tableaux vivants, sur fond de coucher de soleil ou appuyés contre une peau de panthère, dans les poses les plus variées et les moins naturelles, mais toujours en tenue adamique.

Des milliers de photographies, imprimées sur des plaques de verre qui forment autant de délicates compositions teintées, conservées aujourd'hui dans la galerie de tableaux de Lucio Amelio, place des Martyrs à Naples, attestent que le baron, à côté de sa prédilection pour les nudités pompéiennes et les attitudes néoclassiques, ne dédaignait pas les mièvreries langoureuses de l'Art nouveau. Mélange de Winckelmann et de von Stuck, il semble que von Gloeden ait été bien accueilli dans le village, et qu'il ait pu s'y livrer en paix à son anodine manie. Après sa mort seulement, ses photos disparurent. Ni le fascisme ni l'après-guerre, époques d'aspiration à l'héroïsme, n'étaient favorables à l'exhibition de ces gaillards fortement sexués travestis en élégiaques Corydons.

On a redécouvert von Gloeden il y a une quinzaine d'années, et tout de suite une auréole de soufre a entouré son nom. Des albums circulèrent, qu'on se passait de main en main, plus sur la foi du scandale que pour l'amour de l'art. Aujourd'hui, Taormine est resté cet insupportable carrefour du tourisme de masse et plus particulièrement la Mecque des époux en voyage de noces, mais, à toutes les vitrines des marchands de journaux, des bureaux de tabac et des boutiques de souvenirs, s'étalent bien en vue les frustes éphèbes du baron reproduits en cartes postales de série. Pour quelques milliers de lires, vous pouvez vous constituer une collection complète de petits pâtres à la grecque, de quoi faire renoncer à leur carrière les modèles du *Gai Pied*.

On pourrait ironiser sur cette malice du hasard qui fait se rencontrer dans la même rue d'une modeste bourgade sicilienne des processions de couples tendrement enlacés par la ferveur d'un mariage récent, et un musée d'images invitant à une débauche que ne bénira jamais aucun prêtre. En réalité, ces quinze années qui viennent de s'écouler, en apportant une libération des mœurs presque complète, et la majorité sexuelle à quinze ans sans discrimination de tendances, ont porté un coup fatal à l'originalité du baron. Ses photos, répétitives et souvent fades, ne sont plus que le témoignage, courageux, des énormes efforts qu'un homme rejeté alors par la société devait surmonter pour oser afficher ses penchants.

Taormine étire ses maisons sur les contreforts de l'Etna, dont le cône s'empanache en permanence d'un nuage menaçant de fumée. Jugeons à la mesure du cratère et de ses pentes vertigineuses la double comédie érotique qui se joue à leur pied. Aussi bien le conjugalisme attendri des nouveaux mariés que le voyeurisme bucolique du proscrit allemand peuvent être considérés comme l'hommage rendu par la petitesse humaine à la grandeur farouche du volcan. Qu'importent nos instincts sexuels en face de cette masse sombre dont les scories, en blocs monstrueux, dévalent jusqu'à la mer? Qu'importe même l'homme? En s'attardant entre deux touffes de genêts avec ses bergers plus gracieux qu'inquiétants, Friedrich von Gloeden avouait son impuissance à rivaliser avec ce prodige écrasant de la nature. L'Etna, même quand des ruisseaux de feu ne déboulent pas de ses hauteurs, possède une dimension, une force, une autorité, une austérité, qui glaceraient la main du plus grand artiste. Ni Antonello de Messine ni Caravage ne se sont risqués à le faire entrer dans leurs tableaux.

But de pèlerinage matrimonial ou de dévergondage gay, Taormine plaira toujours aux amateurs d'opérette. À ceux qui veulent découvrir la face tragique du volcan, je conseille de prendre la route qui le ceinture du sud au nord et de visiter, non les villages accoudés au rivage maritime trompeusement riant, mais les rudes agglomérations de l'intérieur, bâties en lave noire: Paternò, Biancavilla, Adrano, Bronte, Randazzo. Malgré la richesse des cultures que féconde le tapis de cendres, tout respire ici la crainte, le malheur, la méfiance. À Biancavilla, sur la façade de la Madone du Rosaire, on aperçoit deux grands anges de pierre, agenouillés au pied du clocher. À Adrano, en face du jardin public, deux autres anges baroques, de belles proportions, veillent à l'entrée de l'église. À voir avec quelle stupeur les passants, qui sans doute ne les avaient jamais regardées, observent Ferrante photographier ces statues, je comprends que ceux qui vivent dans la peur de recevoir sur la tête un cataclysme de déjections brûlantes et dont les ancêtres, un jour lointain, les ont reçues pour de bon, ne peuvent que regarder avec suspicion ces messagers, puisque c'est le même ciel qui les envoie.

À Bronte, il faudrait relire la nouvelle de Verga, *Libertà*, et se souvenir d'un des épisodes les plus cruels de l'histoire sicilienne. Pour récompenser l'amiral Nelson d'avoir sauvé la Sicile contre les visées de Napoléon, le roi de Naples lui avait donné en fief le duché de Bronte. En 1860, quand Garibaldi débarqua dans l'île, il promit aux paysans, pour les rallier à la cause des Savoie, et avec la légèreté politique des aventuriers, qu'ils deviendraient propriétaires de leurs terres. Ceux de Bronte prirent ces proclamations au mot ; et, pour hâter la révolution économique, ils se livrèrent au massacre méticuleux des notables, possédants et tous ceux qu'on appelait *galantuomini*, dont le signe distinctif était le chapeau, par rapport au béret ou à la casquette des rustres.

Seulement, les terres appartenaient pour la plupart aux descendants de Nelson. Cavour avait besoin de l'alliance britannique pour réaliser l'unité de la nation. Un général piémontais, Nino Bixio, fut envoyé à Bronte pour exercer la répression et rassurer, en même temps que les Anglais, la bourgeoisie agraire de l'île. Le carnage fit des centaines, des milliers de victimes. Verga prétend dans sa nouvelle qu'on fusilla même le nain du village. Ce seul trait suffirait à montrer de quel côté penchaient ses sympathies. Une chronique d'époque nous a appris qu'on ne supplicia pas le nain, mais le fou. Or le fou, dans les campagnes, est toujours un personnage sacré, dont on respecte la démence comme une marque divine. Porter la main sur un fou, c'est commettre une impiété majeure. Le nain au contraire passe pour être animé d'une volonté maléfique, et le supprimer constitue une opération salutaire qui rétablit l'ordre dans la communauté.

Lave, basalte, prismes noircis, coulées d'orgues, chaos de rocs calcinés : bien avant de se heurter aux vestiges des mythes grecs, on est confronté, en Sicile, à la violence originelle de la matière, au désordre premier du monde, qui ne s'est jamais tout à fait apaisé ici. Au nord de l'île, les sept îlots dit éoliens (parce que le dieu Eole y enfermait dans ses cavernes les vents dont il était le maître) sont d'anciens volcans dont deux restent en activité.

Vulcano, l'îlot le plus proche de la côte, présente une partie plate qui s'étend à droite du volcan. C'est là qu'on débarque. Inutile de s'aventurer à l'intérieur, sorte de parc boisé de pins et loti de villas balnéaires. Sur la plage d'accès, à moins de cinquante mètres à droite du môle, une mare de boue très chaude clapote bénignement pour les curistes atteints d'arthrose qui y trempent leurs articulations déformées. Que le terme « curistes » n'induise pas en erreur. Nul établissement dans l'île, aucun programme sanitaire. Il s'agit d'une thérapie sauvage, à laquelle vous pouvez vous joindre, pour le seul plaisir de vous sentir en relation avec les puissances souterraines.

Tout autour, le sol boursouflé montre une belle teinte jaune, qui est la couleur de Vulcano, comme le noir est la couleur de l'Etna, le rouge la couleur de Stromboli. Un peu plus loin sur la plage, de minuscules cratères d'eau bouillante projettent sans répit des gouttes de liquide noir. En face de la mare, des bulles qui éclatent à la surface de la mer indiquent la présence d'explosions sous-marines ; l'eau a la température d'un jacousi ; on s'y plonge avec délectation, en songeant qu'Alexandre Dumas, qui prétend que son chien, échaudé par ce bain inattendu, renonça ensuite aux ébats aquatiques, a exagéré une fois de plus. Il arrive, en revanche, que la boue de la mare atteigne un

tel degré de chaleur que l'immersion ne s'y fait pas sans de pénibles atermoiements.

Mais la merveille de Vulcano, c'est le volcan, le *vulcano* par excellence. Point très haut (quelque 400 mètres), mais d'un très large diamètre, comme si le cône s'était effondré. Les pieds dans la mer et la tête dans le soufre. L'ascension, fort aisée, demande moins d'une heure. Il faut l'entreprendre vers la fin de l'après-midi. Le sentier s'élève d'abord entre des genêts, puis se faufile le long d'une paroi rocheuse dont les pans rose et jaune tombent à pic. D'une grotte, parfois, s'exhalent d'entêtantes odeurs de soufre. On arrive au bord du cratère. Impossible de passer par la gauche : d'un jaune vif, le soufre en combustion ourle la crête du volcan, en émettant d'asphyxiantes vapeurs. On fait le tour par la droite, le long d'un petit chemin où le pied glisse dans la cendre et les éboulis. Voici le point culminant. Mais, plutôt que de regarder le panorama, sans doute admirable, de la mer et des îles (tout près, les contreforts de Lipari ; derrière, la bosse de Salina ; au loin, la silhouette oblique de Panarea), je préfère fixer le fond du cratère, observer les fumerolles qui s'en échappent un peu partout ; ou même, tenir les yeux rivés au mélange de terre, de sable, de scories que je foule. Rien n'est plus merveilleux, sur un volcan, que de se sentir au contact de la matière, dans la proximité de l'élément primordial, en prise directe avec les mystères de la création. Qu'ai-je à faire de diluer mes émotions sur l'étendue trop vaste des eaux, quand je puis rêver, un morceau de soufre refroidi dans ma paume, sur l'obscur travail de fermentation, d'éclatements, de déflagration d'où l'univers a jailli, en ne laissant, pour témoignage de sa laborieuse genèse, que ces traînées d'or qui fument en bordure du cratère ?

Les familles italiennes, parties du village avec nous,

qui se sont hissées avec force soupirs, invocations à la Madone, encouragements réciproques, pauses pour faire souffler la *mamma* et recommandations pathétiques aux enfants, se sont arrêtées dès qu'elles ont aperçu le fond du volcan. Pour atteindre le bord le plus élevé, on doit marcher encore une demi-heure le long du chemin de crête. Seul un couple de Français nous a précédés : plus très jeunes, d'un prosaïsme désarmant, et avec cela, vaillants et têtus. Au sommet, la femme avise le disque devenu orange du soleil et, sur l'eau, une traînée incandescente.

« Regarde ! s'exclame-t-elle. La lune et le soleil ensemble ! Je vais prendre une photo.

— Mais non, dit l'homme, qui a changé de chemise et achève de se reboutonner. C'est le soleil que tu vois, le soleil en haut et son reflet dans la mer.

— Dommage, fait-elle. Je croyais que c'était la lune. Dommage qu'on ne puisse pas changer la *cosmographie*. »

Pas si sotte, au fond, cette âme simple en congé payé. Là-haut, suspendu entre le ciel, la terre et la mer, le pied trébuchant dans le sol précaire de cette forge provisoirement assoupie, pourquoi ne pas refaire le monde à sa guise et disposer les astres selon un autre plan que celui de la première Création ?

Après avoir longuement délibéré sur le meilleur endroit pour leur pique-nique, les deux explorateurs, rucksack au dos et alpenstock au poing, optent pour un emplacement situé en contrebas. Avant de s'éloigner, l'homme change une nouvelle fois de chemise, ôte la fraîche et remet celle de la montée. « Je ne vais pas en mouiller deux », commente-t-il à haute voix, fier de montrer, à son épouse et aux éléments, l'excellence de sa jugeote. Mais il faut bien que la majesté du site et ce qu'on devine de sauvagerie cachée dans les cavités fumantes du volcan aient éveillé une étincelle de poésie dans ce couple. Alors que nous nous hâtons de regagner le village avant la nuit, ils dînent dans les éboulis et ne redescendront que dans l'obscurité complète, une lampe-torche à la main, comme des spectres échappés au chaos originel.

Lipari, la plus grande des sept îles, la plus colonisée par les vacanciers, ne nous intéresse pas. Le vapeur longe le beau rocher de Panarea, dont les falaises plongent dans la mer. Pas de plages pour se baigner, il faudrait un bateau. Voici Stromboli, la plus septentrionale de l'archipel, la plus éclatante, d'une séduction immédiate. Les âmes chagrines déplorent qu'on ait construit un môle où le navire s'amarre par l'arrière. On ne pouvait descendre à terre, autrefois, que par une barque. N'importe : on a tout de suite la sensation d'être arrivé dans un endroit séparé du reste du monde par l'éloignement, par la singularité géologique, par la pureté des éléments.

Où qu'on lève le regard, on rencontre le volcan : un cône de quelque mille mètres de haut, jailli de la mer et d'où fusent, par bouffées intermittentes, des panaches de fumée grise ou noire. La montagne s'abîme sous l'eau en pente raide : un cargo mouille à moins de cinquante mètres du rivage. Beau littoral de cailloux noirs. Pas de voitures dans l'île. Les rues du village sont si étroites qu'elles laissent à peine passer le triporteur qui nous emmène à pleins gaz, nous et notre bagage, en frôlant intrépide des murettes passées à la chaux et miraculeusement indemnes d'éraflures. Les maisons, tout en terrasses, en arcades et en escaliers, parsèment de taches blanches la luxuriance des jardins. Hibiscus rouges, hibiscus blancs, mauves bougainvillées, liserons bleus, figuiers, palmiers, acacias, araucarias épanchent à profusion leur opulence bigarrée. Aux villages africains de la Sicile, tassés dans la poussière et

les gravats, Stromboli oppose une netteté, une candeur d'île grecque. On songe à ce que Capri devait être il y a cent ans, avant l'afflux du snobisme et du luxe.

Renseignements pris, une petite barque à moteur part à dix heures et demie du soir de la plage voisine de l'hôtel, très simple et agréable, où nous avons trouvé une chambre blanche, fraîche. Il faut se déchausser et entrer dans l'eau jusqu'aux genoux pour monter à bord. Le caïque met le cap vers la paroi du volcan appelée *sciara del fuoco*, pente du feu. Nous accompagnent une Américaine et un couple français. Les deux marins se sont enfermés dans la cabine, en vrais Siciliens taciturnes. Nous sommes assis à l'arrière de la barque, qui file le long de la côte et ballotte sur les vagues. Au bout de vingt minutes à peu près, ils arrêtent le moteur. Pas un mot d'explication. La barque nous secoue de plus belle, tandis que nous tenons le regard fixé sur la pente qui est pour le moment d'un noir obstiné. La Française, énervée par l'obscurité, attribue à des corneilles le cri caratéristique des mouettes. Toujours rien. Ah ! voici, tout en haut, un panache timide de fumée rose, très pâle. Mais, si nous espérions voir dévaler un torrent de lave incandescente, nous en serons pour notre cliché. En une demi-heure, cinq ou six de ces panaches roses seront le seul salut que daignera nous adresser le volcan. Peut-être pour nous rappeler qu'au lieu d'écarquiller les yeux dans la sotte attente du miracle, nous tirerions un meilleur profit de la promenade en contemplant la mer et le ciel étoilé.

Un des marins sort de la cabine et nous interpelle. « *Ha fatto qualcosa ?* » À notre silence, il mesure notre déception. « *Che stronzo !* » lance-t-il à l'adresse du volcan. « Vieux con ! » pour ainsi dire. Une injure qui lui donne bonne conscience avant de remettre son moteur en marche et de nous ramener, bredouilles, à la plage. Son acolyte vient à la poupe réclamer dix mille lires à chacun de nous. Le lendemain, nous découvrirons qu'en montant à pied, par un sentier magnifique, jusqu'à l'observatoire de la punta Labronzo, on jouit d'un bien meilleur angle sur la pente du feu. Le volcan projette, pour ceux qui ont fait l'effort de venir jusque-là, des gerbes d'étincelles avec une prodigalité infernale.

À bon entendeur, salut. Des panneaux proclament que pour entreprendre l'ascension du volcan un guide patenté est indispensable. Mais la carte de l'île indique la présence d'un sentier bien tracé. En moins de trois heures on arrive au sommet, sans fatigue excessive. De là-haut la vue plonge sur les trois cratères qui se signalent, à intervalles réguliers, par de crépitantes explosions précédées d'un caverneux mugissement. Nous sommes montés tôt un matin, pour être redescendus avant la chaleur. D'autres préfèrent partir en fin d'après-midi, et revenir à onze heures. Certains passent la nuit sur place, dans un sac de couchage, entre des murs de pierres arrangés en abri contre le vent. D'en bas on observe un va-et-vient continuel de silhouettes minuscules qui se découpent à contre-jour sur le chemin de crête. La nuit, le mouvement des lampes balise la piste.

Stromboli attire des visiteurs jeunes, sportifs. Les matrones les toisent de l'air revêche dont elles dévisageaient Ingrid Bergman dans le film de Rossellini. On serait tenté de dire que les habitants se montrent plutôt désagréables, si on n'avait honte de porter un jugement faussé par l'habitude, et la commodité pratique, de rencontrer partout dans ses voyages une certaine couche vénale de la population qui semble ne pas exister ici. Ou en tout cas ne dirige pas encore les quelques bazars où s'entassent dans un désordre étranger à l'idéologie du rendement les objets les plus hétéroclites. Nous avions besoin de chaussures de tennis pour l'escalade du volcan. La vieille femme vêtue de noir, à la peau coriace de *mamma* tannée par les responsabilités et les deuils, renâclait à passer dans sa réserve pour nous chercher la bonne pointure. Son magasin pourtant était vide, à part deux jeunes filles qui regardaient les cartes postales et qu'elle surveillait d'un œil sévère. Elle ne pouvait se résoudre à les quitter du regard, et, de peur de se faire voler pour cent lires de marchandise, elle faillit perdre une vente quatre cents fois plus importante. Qu'une boutiquière soit aussi peu douée pour les affaires, voilà un des signes heureux qui distinguent cette île, protégée de la souillure commerciale comme elle est à l'abri de l'invasion touristique.

C'est de nuit qu'elle nous a paru la plus belle. Pas d'éclairage public. Les gens se couchent tôt. Fait unique en Italie et peut-être dans le bassin méditerranéen, aucune *piazza* ni *piazzetta* ne rassemble, à certaines heures, la population. Aucun bar ou terrasse de café qui serve de lieu de rendez-vous. Une belle esplanade, qui surplombe les maisons et la mer, s'étend devant l'église San Vincenzo, mais, située en dehors du circuit des ruelles, elle demeure toujours vide. On se promène entre les petits murs blancs d'où retombe une exubérance de grappes écarlates. Ni lumière ni musique. Seul le bruit de nos pas qui retentit dans le silence et l'obscurité, et le parfum des fleurs.

Nous avons sillonné en tous sens le village, à la recherche de cette place qui est partout le cœur de l'agglomération et le foyer qui la réveille au moment où la douceur du soir succède à la canicule. Partout sauf ici. Devant le môle quelques jeunes sont assis sur le talus en léchant une glace dans l'ombre. Ce n'est ni le rite convivial du *corso*, ni même la fonction hédoniste du *gelato* que d'être dégusté ainsi à la sauvette. À

Stromboli la communauté entre humains s'efface devant une réalité plus grande et plus mystérieuse : cette communication incessante avec l'esprit de la terre caché dans le volcan. Qu'il découpe sa ligne contre le ciel ou qu'il dissimule sa pointe sous les fumées, qu'il dresse ses pentes noires et rugueuses ou qu'il s'embrase de pourpres brillances, il domine, omniprésent, et règle les habitudes, les rêves, les pensées. Il réduit tout à l'essentiel, inspire une architecture linéaire, dicte des formes simples, impose le blanc aux maisons, prescrit la réserve aux habitants, les empêche de se distraire en activités frivoles. Je n'ai pas entendu chanter une seule fois. Si exigu que soit leur îlot, il les met en contact permanent avec les forces telluriennes.

Palerme : palais Belmonte.

Silence, ruines, sommeil

« Ce qui caractérise Palerme, c'est la gaieté et la vie. »
RENAN, *Vingt Jours en Sicile*, 1875.

« On demeure surpris par le mouvement et la gaieté de cette grande ville. »
MAUPASSANT, *La Sicile*, 1885.

Plutôt sinistre, la Palerme d'aujourd'hui. À neuf heures du soir, en plein été, à l'heure douce du *gelato*, les rues sont vides. Mais vides à perte de vue. Des Quattro Canti, à l'intersection des deux artères principales, via Maqueda et via Vittorio Emanuele, le regard balaie tristement quatre longues avenues tombées en léthargie. Dans le centre de celle qui fut jadis la plus splendide des capitales et qui est aujourd'hui la plus déchue, les immeubles bombardés pendant la dernière guerre n'ont pas été reconstruits. Une quantité incroyable de terrains vagues, encadrés de pans de murailles calcinés et de monceaux de gravats, servent d'aires de jeux à des *ragazzi* que leurs tignasses ébouriffées et leurs mines farouches prédestinent à des activités moins ludiques.

Est-ce à la seule Mafia qu'il faut attribuer ces ruines, cette désolation, ce climat d'insécurité et d'angoisse, ce silence de couvre-feu ? Peu de villes exercent pourtant une attraction aussi forte. Naples étourdit de sa

ia Vittorio Emanuele.

bruyante volubilité, Palerme stupéfie par son mutisme. Seules certaines rues, le matin, sont animées. Mais quel tohu-bohu, alors, quelle débauche de couleurs, quelle dépense de cris ! Les commerçants — mot qui sent beaucoup trop l'institution, le statut social, pour désigner une race de nomades dépourvus de locaux — ont déballé leurs marchandises sur des éventaires démontables. Près de l'église San Domenico s'entassent les fruits, les légumes, les poissons que protègent du soleil des toiles blanches tendues d'une façade à l'autre. Entre le Gesù et le Carmine, sur la piazza Ballarò étirée en longueur, un marché encore plus abondant aligne ses monticules de nourritures, entre les mouches, les cantilènes flûtées des jeunes garçons et les rauques appels des matrones. Âpres ou pulpeuses mélopées, qui s'agglutinent dans la chaleur, obstinées, hypnotisantes, et ne s'arrêtent que lorsqu'un client s'approche d'un tréteau : on n'entend plus alors qu'un véloce murmure de paroles cajolantes, qui remontent à tire-d'aile, infatigables comme le vol des oiseaux, quand l'achat est conclu. Autour de l'église Sant'Agostino, voici les chaussures, les tricots, les lampadaires, les cravates, les stylos, les bonbons, la mercerie, la ferblanterie, n'importe quoi dont on puisse tirer mille lires. On circule à grand-peine dans la cohue des *mammas*, mais émerveillé par cette vitalité puissante, par cette fantaisie dans les étalages, par cette jubilation chromatique, par cette poussée ininterrompue de clameurs, par cette exubérance, ce tumulte, ce dévergondage qui s'éteignent subitement, sur le coup d'une heure de l'après-midi, laissant la ville déserte et silencieuse jusqu'au lendemain matin, comme assommée. Aucune transition entre le bazar oriental et la cité funèbre, entre le souk et le sépulcre.

Quel augure interroger pour déchiffrer de tels

signes ? Irons-nous consulter l'homme le plus écouté d'Italie ? Il passe l'été dans sa petite maison de campagne, parmi les collines au-dessus d'Agrigente. L'eussions-nous rejoint dans son appartement de Palerme, qu'aurait-il pu nous dire de plus que ce qu'il a écrit — ou non écrit — dans ses livres ? Toutes ses photos le montrent dans la même attitude : le regard attentif et scrutateur, la bouche serrée, souvent sur une cigarette. Un homme qui observe, écoute, enregistre, et parle peu. Toujours sur ses gardes, sans un instant d'abandon. Le contraire du caractère qu'on prête aux Italiens. Rien de spontané ni d'expansif en lui. Et d'abord parce qu'il n'est pas italien mais sicilien. Différence capitale sur laquelle on ne saurait trop insister. La Sicile est non seulement une île géographique, mais un monolithe historique et culturel complètement détaché de la péninsule, une nation à part, avec ses agaves, ses *mafiosi*, ses mœurs et ses lois dont la première est de savoir tenir sa langue. Sicilien, Leonardo Sciascia l'est doublement, par naissance et par choix. « Sicilitude » : qui d'autre aurait pu forger ce néologisme ? Alors que tous les écrivains de là-bas ont fini tôt ou tard par s'installer sur le continent, Pirandello et Brancati à Rome, Vittorini à Milan, il reste, lui, solidement accroché au radeau de la Gorgone. Point d'observation idéal d'où il promène sur l'Italie, sur les turpitudes et les crimes de sa récente histoire, l'œil impassible du détective. Mais aussi îlot retranché, d'où il élabore, contre le délabrement politique et moral de son pays, une stratégie de la résistance.

Nero su nero, sorte de journal qu'il a publié il y a quelques années[1], le dévoile dans le sombre quoique peu loquace déploiement de son pessimisme. *Noir sur noir* : « la noire écriture sur la page noire de la réalité ».

1. Traduit par Nino Frank, *Lettres nouvelles*, 1981.

N'attendez pas de lui qu'il se drape dans une toge et prononce un réquisitoire ; ni qu'il s'arme du fouet de la satire et en fustige ses compatriotes. Ce seraient là des réactions d'Italien. De Dante à Savonarole, de Leopardi à Pasolini, les exemples ne manquent pas, de ces grands contempteurs de la pourriture italienne. Rien ne fera mieux comprendre l'originalité de la réponse sicilienne que de comparer l'auteur de ce journal à Pasolini : un écrivain qu'il aimait et estimait, auquel il rend hommage, dont il se sentait proche, et auquel il ressemble en effet, par le sens civique, le goût de la politique, le dégoût des hommes au pouvoir, l'obstination combative et le courage polémique, mais absolument pas par le tempérament. En style de boxe, on dirait que Pasolini est le champion du coup droit et de l'uppercut, Sciascia le roi de l'esquive. Le premier fonce et s'expose, la garde découverte, le second se cache derrière son bras — en l'occurrence une moue sceptique et morose. Pasolini gagne — ou perd — par knock-out, Sciascia l'emporte aux points.

Innombrables et retentissantes ses victoires. Chacun de ses petits livres se vend à des dizaines de milliers d'exemplaires, chiffre qu'il faut doubler pour obtenir l'équivalent en France. Et pourtant, on se demande chaque fois comment d'une si petite quantité de poudre jaillit une telle explosion. À l'inverse de Pasolini qui ressassait jusqu'à la nausée ses accusations contre le gouvernement et ses anathèmes contre le pouvoir, Sciascia attaque avec d'autres armes l'adversaire. Il fait comprendre quels sont les auteurs du crime, plus qu'il ne les désigne nommément. Le non-dit, sous sa plume, acquiert une force terrible. De tous les écrivains siciliens, il est le premier à avoir parlé de la Mafia. Or, parler de la Mafia en Sicile, c'est déjà l'accuser. Il a écrit un livre entier sur l'affaire Moro, pour mettre en évidence les responsabilités des dirigeants de la Démocratie chrétienne dans l'assassinat de leur chef. Souci d'engagement civique qui le place aux antipodes de l'aristocratique et désabusé prince de Lampedusa.

De même, chaque fois que Sciascia semble flâner autour d'une anecdote sicilienne apparemment sans importance — l'eau qui manque dans une bourgade, les prénoms de femmes qui changent avec la Contre-Réforme, le vol d'un tableau à Palerme —, chaque fois qu'il relit un des écrivains qui lui sont chers, Montaigne, Voltaire ou Stendhal (l'aristocratie sicilienne a toujours été sous influence anglaise, mais l'intelligentsia sous influence française), il faut capter entre les lignes quelque allusion à une actualité brûlante, exactement comme, lorsque vous vous promenez en Sicile et que vous voyez assis sur la place du village des hommes apparemment oisifs, vous devez vous dire qu'ils utilisent un langage muet de clins d'œil, d'où peut sortir l'achat d'une vache aussi bien que le meurtre d'un gêneur.

D'ailleurs, jusque dans ses choix esthétiques, jusque dans son style, Sciascia préfère, au *bel canto* éloquent de ses compatriotes, une manière secrète et quasiment pauvre de dire les choses. Ainsi, ayant fait un rêve et s'interrogeant sur cette énigme, il y trouve, nous dit-il, une explication très subtile, très littéraire. « L'écrirais-je, il en résulterait une jolie page. C'est bien pourquoi je ne l'écris pas. » Trop souvent les lecteurs de ses romans ont été déçus par des refus de ce genre, par un laconisme d'autant plus frustrant qu'il s'agit de romans réalistes et policiers. Très peu de descriptions, un vocabulaire restreint, jamais de paillettes sinon celles de l'intelligence, l'érotisme systématiquement escamoté, le lyrisme gommé, avec pour résultat une page nue où manque souvent jusqu'à la puissance expressive. Dépouillement voulu, jansénisme dicté par une horreur toute sicilienne du plus grand des vices littéraires italiens : cette complaisance dans l'oratoire et le redondant qui afflige la prose des petits-fils de Cicéron.

Et pourtant, il garde le talent de nous séduire par des pages sans séduction, de nous charmer par des pages sans musique, de combler notre sens littéraire par des pages sans littérature. *Nero su nero* abonde en réussites de cette sorte. La réflexion sur les abus de la restauration dans le beau palais palermitain appelé Steri, jadis résidence des vice-rois, puis siège de l'Inquisition, avant d'abriter la cour d'appel et les archives d'État, les nombreuses anecdotes historiques sur des personnages siciliens, les aperçus sur la justice, le folklore, la chasse, ont une coupe, un rythme, une beauté classiques. Et qu'on ne s'avise pas de contester le mérite de la fermeté à un homme qui dit oui à la tolérance et non à la confusion, réclame une censure pour les films, déplore que les chrétiens aient évacué la pensée de la mort et juge Raymond Roussel un écrivain insignifiant — pour ne citer que trois exemples qui pourraient lui attirer de copieuses injures si ce n'est déjà fait.

Deux autres écrivains siciliens d'aujourd'hui, Vincenzo Consolo et Gesualdo Bufalino, correspondent mieux à l'idée que nous pouvons nous faire d'une Sicile exubérante, pittoresque, colorée. Autant Sciascia est sec et voltairien, autant ils se présentent, eux, en purs baroques, transposant en littérature l'art des églises ornées comme des décors d'opéra, l'extravagance des *putti* en équilibre sur les corniches, l'outrance des saintes extatiques et le débridement des anges pâmés. Dans le *Retable* de Consolo, on se promène dans la Sicile du XVIIIe siècle, en compagnie de personnages fastueusement surréalistes, dont certains appartiennent en réalité à notre siècle, tel Fabrizio Clerici, célèbre peintre italien vivant, transformé en une sorte de don

Quichotte qui entreprend à travers l'île un voyage aventureux à la recherche d'antiquités grecques. Vertigineux jeu de miroirs, où les époques différentes se télescopent comme les angelots de stuc accrochés au-dessus des autels, grâce à une écriture scintillante qui accroche la lumière sur ces facettes de diamant.

Baroque picaresque et rutilant, auquel fait pendant le baroque élégiaque de Bufalino. Cet écrivain, qui a commencé tard à publier, et qui est resté viscéralement attaché à la petite ville de Comiso, truffe ses pages de citations empruntées à Baudelaire, Leopardi, Dante ou Valéry, ce qui nous montre, entre parenthèses, comment ces bourgades siciliennes qu'on croit être de rustiques cuves à vin regorgent de la plus raffinée des cultures. Le narrateur d'*Argos l'aveugle* partage avec Lampedusa le goût de ruminer le passé, les bals de province d'autrefois et les amours dérisoires dans une société où tout change pour que tout reste immuable. Mais à la place du style somptueusement indolent du *Guépard*, Bufalino crispe ses phrases et les aiguise comme des flèches à la pointe barbelée d'inventions hilarantes.

De quelque arme qu'il use, le clan des Siciliens fait mouche.

Via Vittorio Emanuele, entre la place des Quattro Canti et la cathédrale, en plein centre aragonais de Palerme, sur le trottoir de droite, se dressent les moignons calcinés d'un vieux palais bombardé pendant la guerre.

C'est le palais Belmonte, qui a dû être un des plus splendides de la ville. L'architecte, Giuseppe Venanzio Marvuglia, était né à Palerme, en 1729. Un séjour de douze années à Rome, entre 1747 et 1759, le mit en contact avec le cercle du cardinal Albani et de son bibliothécaire, le célèbre Winckelmann, apôtre du

néo-classicisme. Le palais Belmonte, terminé en 1784, réalisait une heureuse fusion entre des éléments baroques (cour à double portique, façade à piliers géants couronnés de chapiteaux composites, sur un socle à bossages, selon le schéma fixé par Bernini pour le palais Odescalchi-Chigi à Rome) et des éléments classiques (profil continu, pilastres sobres, frontons des fenêtres non brisés, balcons rectilignes). Aujourd'hui l'entrée est condamnée par une barrière de protection, ce qui reste de la façade menace de s'écrouler, on voit le ciel à travers les fenêtres. Un beau blason sculpté, au-dessus de la fenêtre centrale, montre un bras brandissant une gerbe d'épis, au centre d'une panoplie. Spectacle d'une grande désolation, mais d'une intense poésie.

En face du portail, debout sur un socle de pierre, veille depuis 1631 la statue de Charles Quint, en tunique romaine, le front ceint de laurier. Il tend le bras devant lui, comme pour prendre possession de la ville que l'Espagne, en effet, a tenue bien en main, pendant plusieurs siècles. Espagnol par sa mère, Jeanne la Folle, et autrichien par son père, Philippe de Habsbourg, l'empereur manifeste son pouvoir par les symboles disposés en relief sur le socle : colonnes, panoplies, griffon à sept têtes, en enfin l'aigle à deux têtes, l'aigle des Habsbourg. Mais celui-ci ne dresse plus que les racines de ses deux cous, les têtes sont tombées depuis longtemps, ce qui n'est pas un accident fortuit, les Espagnols, comme tous les autres occupants de l'île, ayant été à leur tour supplantés. Les deux colonnes en miniature, avec l'inscription « Plus Ultra », font allusion aux colonies du Pérou et du Mexique, situées « au-delà » des colonnes d'Hercule (le détroit de Gibraltar).

Devant le palais Belmonte, s'ouvre la place Bologni, plus longue que large, un des lieux les plus mélancoliques de Palerme. Au fond, le palais Ugo delle Favare, lui aussi magnifique autrefois, jamais achevé, et en outre à moitié ruiné, victime non des bombes, mais de l'incurie. Deux belles statues de femmes sur le balcon, un masque au-dessus du portail, deux atlantes à queue de sirène qui soutiennent ce qui devait être un second portail, aujourd'hui muré, des balustres et des masques sur l'entablement : voilà pour la splendeur révoquée. Et pour la décadence actuelle : les carreaux cassés, la menuiserie des fenêtres pourrie, la façade dégradée.

Un troisième palais, Alliata di Villafranca, immense, occupe un des côtés longs de la place : deux portails, chacun surmonté d'un blason où des *putti* encadrent l'aigle à deux têtes des Habsbourg. Ici encore, le fer forgé des balcons, la richesse des ornements, l'arrogance des symboles, loin de jurer avec l'avilissement de l'édifice rongé par une lèpre incurable, reçoivent de cet adoubement de la misère un supplément de noblesse.

Sur le mur de la pharmacie qui fait l'angle de la place, une toute petite plaque, posée le 26 octobre 1984 par les soins du *coordinamento antimafia*, rappelle la mémoire de Lorelay Mazzola, ainsi que de « tous les jeunes tués par la drogue ». Ce minuscule témoignage de la protestation civique contre les deux tyrannies de la Mafia et de la drogue souligne, une fois de plus, la disparité de la lutte. La Mafia n'a pas deux têtes, comme l'aigle des Habsbourg, ni même sept, comme le griffon de Charles Quint, elle en a cent, elle en a mille. Même si le gigantesque procès qui se tient actuellement à l'Ucciardone, l'ancienne prison transformée en camp retranché, en fait tomber bon nombre, comment croire qu'elle restera décapitée ? Les blindés qui veillent aux coins de l'Ucciardone, les soldats qui émergent des tourelles, le doigt sur la détente du canon (mais protégés, comme les thons au marché, par des

Palais Papé di Valdino.

auvents de toile plantés sur des piquets), la double haie de pieux d'acier qui ceinture la prison et laisse, entre les deux rangées, comme au mur de Berlin, un espace assez large pour les autos blindées des patrouilles, les cortèges de quarante carabiniers qui accompagnent les juges et traversent Palerme à 150 kilomètres à l'heure dans un hurlement de sirènes, voilà les preuves éloquentes de la formidable puissance qui, depuis plus de cent ans, a poussé les habitants de Palerme, avec plus de conviction encore qu'à l'époque où ils n'étaient que les sujets de Charles Quint, à choisir l'inaction, la passivité, le fatalisme comme principes philosophiques et règles suprêmes de conduite.

Comme ruines, il faudrait encore évoquer ce palais Papé di Valdino, via del Protonotaro, presque en face de la Bibliothèque nationale, habité dans certaines pièces malgré le délabrement de la cour, des escaliers, des fenêtres — ou les immeubles situés en bordure de *la cala*, le vieux port, réduits à l'état de squelettes par les bombes de 1943.

Mais il y en a une qui les surpasse toutes par le contraste entre la magnificence passée et la détresse présente.

Par la via Alloro, descendons de la via Roma vers le palais Abatellis, siège du musée de peinture, où nous n'avons pas besoin de revoir l'anonyme fresque du *Triomphe de la mort* pour nous rappeler qui règne souverainement sur Palerme. L'antique quartier portuaire de la Kalsa, dévasté par les bombes, n'a pas été reconstruit. En face du 107 de la via Alloro, à main droite, un vaste chantier a été dégagé au milieu des décombres. Le palais Bonagia, construit par Andrea Giganti entre 1760 et 1770, s'élevait à cet emplacement. Les bombes l'ont rasé au sol, sauf l'escalier monumental, qui est resté tant bien que mal debout,

Palais Bonagia.

ouvert sur le vide, et barrant de son double mur percé d'arcades le terrain aujourd'hui vague. Cet escalier, selon l'usage napolitain et sicilien, ne servait pas seulement à monter au *piano nobile*, il constituait un édifice en lui-même, une loggia triomphale soutenue par des colonnes de marbre rose, couronnée de balustres, ornée de frontons, de modillons, de *putti*, d'écussons, d'emblèmes.

Les colonnes ne suffisent plus à supporter cette ruine, on leur a ajouté des échafaudages de tubes d'acier. La partie la plus gratuite du palais, celle qui soulignait la folie somptuaire du prince, est donc la seule qui ait survécu. Le quadrilatère au centre duquel elle se dresse a peut-être cent quarante mètres de long et soixante de large. Depuis quarante-cinq ans les bombes ont détruit le palais, mais l'escalier déploie toujours ses rampes et ses balustrades.

Comme chez Hubert Robert, la ruine devient ici un genre à part, un style, elle prend une valeur esthétique en soi. Dans le terrain vague, quatre ouvriers déplacent avec l'aide d'une grue montée sur un camion de gros blocs de pierre où on reconnaît des traces de moulures. On va relever le palais, m'assure un homme assis sur un de ces blocs. « Pierre par pierre, on va le relever. » Combien d'années seront nécessaires ? Une telle initiative est-elle louable ? La Sicile ne nous a-t-elle pas appris à voir, dans les vestiges des temples grecs, à Ségeste et à Agrigente, des monuments qui ont leur poésie, leur beauté, indépendamment de ce qu'ils étaient à l'origine ? N'avons-nous pas vu, à Sélinonte, les dégâts causés par une restauration abusive ?

Un an après notre première visite, nous avons voulu savoir où en étaient les travaux. Le chantier est fermé, le mur d'enceinte trop haut pour permettre de jeter un coup d'œil ; aucun interstice dans la porte de tôle à deux battants. Un seul moyen : trouver, dans l'immeuble de l'autre côté de la rue, une fenêtre d'où le regard plongera. Nous poussons au hasard une porte : dans ce quartier pauvre, pas d'interphone, comme du côté du viale della Libertà. Nous tâtonnons dans un boyau obscur. Plusieurs volées de marches grimpent dans les ténèbres. Ces vieux *palazzi*, élevés en dehors de tout plan rationnel, ont été remaniés vingt fois au cours des siècles, par la volonté anarchique des familles que la fécondité de la nature et l'indigence des revenus y ont entassées au petit bonheur.

L'escalier que nous avons choisi zigzague dans l'obscurité. Tantôt un palier en plein air, suspendu au-dessus de la cour, arrête notre ascension ; tantôt nous nous heurtons en haut des marches, à une porte close qui barre le passage ; il faut redescendre et chercher une autre issue. Enfin, dans ce qui nous paraît l'étage supérieur, nous avisons une porte qui semble conduire, d'après les rumeurs de vaisselle, à un appartement habité.

« Qui est-ce ? Que voulez-vous ? » nous crie une voix aigre de femme.

Résignés à nous faire rembarrer, nous demandons si nous pourrions photographier de son balcon la « belle ruine » sur laquelle donnent « ses fenêtres ».

Miracle ! Cette phrase ridicule entrouve la porte. Une tête noire et crépue se montre dans l'entrebâillement. Puis la porte s'ouvre toute grande, et la femme, qui n'a pas envie de perdre son temps à sourire, nous dit : « Vous pouvez. » La fenêtre se trouve au bout de l'appartement, dans la seconde pièce. Nous passons devant une cuisine où la femme, sans plus s'occuper de nous, s'apprête à reprendre le combat contre l'amoncellement des assiettes sales. La première pièce, sans fenêtre, contient une grande table et des chaises. Dans la seconde, un lit à trois ou quatre places occupe presque tout l'espace. Il est midi. Un gros garçon en

maillot de corps est affalé sur le drap. Il se réveille à peine, nous regarde entrer sans changer de position ni manifester le moindre sentiment. Trois ou quatre enfants, plus jeunes, sortent de derrière le lit, à moitié nus. Fixant sur nous de grands yeux immobiles, ils nous dévisagent, silencieux. Les deux plus petits se pelotonnent dans le vieux fauteuil crevé qui est l'unique meuble avec le lit. Dans un coin, des dizaines de chaussures de tennis usagées sont jetées en tas.

Dégagé des échafaudages et vu d'en haut, l'escalier du palais Bonagia revêt l'aspect intemporel d'un monument dédié à quelque culte ésotérique. Il tient du temple et de l'arc de triomphe, et, dans vingt ans, s'il ne s'est pas écroulé, on aura oublié qu'il n'était qu'une partie d'un ensemble tombé en poudre. Les enfants restent à bonne distance. Pas un geste, pas un mot. Des étrangers ont fait irruption chez eux, événement trop mince pour les arracher à leur demi-sommeil. Pas un jouet dans la pièce. Aucun bruit, à part le tintement des couverts dans la cuisine. La solitude de la ruine monumentale, sous la fenêtre, n'est pas plus étrange, plus saisissante que le mutisme de cette famille. Ni hospitalité ni hostilité : l'indifférence complète. Attristé de ne pouvoir établir la moindre communication avec ces enfants (il me semble que l'aîné s'est rendormi), je rejoins Ferrante sur le balcon. Nous ne saurons jamais s'ils nous considèrent comme des intrus, des benêts ou des fous.

Ce qui reste du palais Bonagia, cet escalier somptueux et inutile, avec ses *putti* décapités, ses marches débouchant sur le ciel, son environnement de décombres et de gravats, ne serre pas le cœur. On découvre émerveillé ce que recèle de parfaite beauté une architecture réduite à l'absurde, lorsque, sa fonction pratique ayant pris fin, il ne demeure plus que l'art des proportions, l'alternance des pleins et des vides, la musique pure, le jeu de la pierre et de l'espace.

De la Kalsa, retour vers les Quattro Canti, à travers des ruelles sombres, certaines barrées par des palissades — quarante-cinq ans après la fin de la guerre pour la Sicile, on en revient toujours avec stupeur à ces calculs, en longeant ces immeubles dévastés.

Charles Quint, de son bras tendu, nous fait signe d'approcher.

La place Bologni héberge un des très rares restaurants en plein air de la ville. (C'est un sujet d'étonnement, les premiers jours au moins, tant qu'on cherche à appliquer ici une logique occidentale, que de trouver si peu de restaurants en général, et pour ainsi dire aucun en terrasse, sauf celui-ci et deux autres, une pizzeria, toujours pleine, devant la Martorana, et un petit local, beaucoup moins couru mais plus sympathique, aménagé entre des ruines, un peu plus haut dans la via Vittorio Emanuele, non loin de la Bibliothèque nationale.)

Nous dégustions un plat de spaghetti *alle sarde* (à la pulpe de sardines rehaussée de fenouil, oignons, pignons et raisins secs), spécialité simple et délicieuse, quand je m'avisai d'une plaque de marbre posée, en face, sur le mur du palais aux aigles, avec une curieuse inscription. Le 27 mai 1860, seize jours après avoir débarqué à Marsala, à la tête des « Mille » qui allaient conquérir en peu de temps la Sicile et mettre fin au règne des Bourbons, épopée aussi fameuse que celle de Jeanne d'Arc mais dont les bénéfices, politiques, économiques et moraux, ne sont pas incontestables, le général Garibaldi franchit le seuil de ce palais pour s'octroyer une petite sieste.

L'inscription, bien sûr, ne relate pas l'événement en ces termes. Chacun des gestes du héros étant un haut fait, son somme lui-même ne pouvait pas ne pas rayonner d'un auguste éclat. *Per due ore sole posò le stanche membre*: « Pendant deux heures seulement il reposa ses membres fatigués. » (Encore cette traduction, qui rend *posare* par « reposer », ignore-t-elle ce moment d'extrême lassitude où le paladin de l'Unité italienne, surmené par son dévouement à la patrie, ne fut vaincu que par le besoin tout physique de « poser » ses jambes sur un lit.) Mais voici le plus beau : « Singulière prouesse, lisais-je, dans le déferlement des armes homicides, il dormait serein, le génie exterminateur de toute tyrannie. » *Singolare prodezza/Dormiva sereno.* Exalter la sieste comme un exploit : je me frottai les yeux de peur d'avoir mal lu. Puis je me dis que, pour rire d'une telle naïveté, il faudrait ne rien comprendre à la Sicile. Vingt-huit siècles d'humiliations ininterrompues prédisposent à admirer sans réserve l'engourdissement des facultés mentales dans le sommeil. Je trouve pathétique cette aspiration au néant comme à la plus haute réussite humaine possible : elle reflète les vicissitudes, les mécomptes, les déboires de la calamiteuse histoire sicilienne, de cette suite d'invasions, d'occupations, de colonisations, d'exploitations, depuis que les Grecs eurent refoulé les originels Sicules et Sicanes. Dormir, dormir, fermer les yeux au spectacle déprimant de leur éternelle défaite ! Nombreux furent les héros venus du continent qui essayèrent de réveiller la Sicile, prenant pour de la « paresse », de la « lâcheté », ce qui n'est qu'un désir de naufrage, d'oubli définitif, une sage volonté de n'être plus rien.

Un voyageur français, fort connu à l'époque fasciste pour ses livres consacrés à « l'Italie nouvelle », et dont la barbiche à la Napoléon III indique déjà les goûts impériaux (il faisait mettre sur la page de garde la photographie de son buste), écrivit de Palerme : « On n'est pas encore dans l'Italie nouvelle du continent,

mais bien dans une colonie africaine. Seul un magnifique palais, portant le sens de la gravité et de l'ère mussoliniennes, la Nouvelle Poste, est posé là en témoignage de puissance, en exemple des temps nouveaux où il va falloir accepter la saine discipline romaine[1]. » Devenue vieille à son tour, la Nouvelle Poste, avec ses dix grandes colonnes, plaquées en façade, qui ne soutiennent rien, mérite un coup d'œil en effet : ne serait-ce que pour comparer l'incongruité de ce bâtiment rectiligne en ciment armé avec les autres édifices de la via Roma, l'antique couvent qui abrite le musée archéologique, ou, plus loin, l'hôtel des Palmes, vétuste et corpulent palace où Wagner, inspiré par le plafond de bois sculpté et les ors mystérieux de la chapelle Palatine, acheva *Parsifal*, et où Raymond Roussel se suicida.

Le même voyageur assista un jour au défilé de la milice fasciste « qui ici n'atteint pas encore le rythme martial de l'Italie continentale ». Armés de fusils et de couteaux, les hommes étaient en casquette et en chemise. « Il faut longtemps pour créer ces troupes d'élite que l'on voit à Rome et qui donnent un air si héroïque à la nouvelle Italie. » On pourra dire ce qu'on voudra contre Garibaldi, démontrer qu'il ne fut qu'un pion entre les mains de Cavour, prouver que l'annexion de la Sicile au royaume de Piémont, si elle profita à la bourgeoisie industrielle de Turin, accéléra l'appauvrissement de l'île, toutes ses erreurs, ses sottises et ses rodomontades lui seront pardonnées pour ces deux heures de méridienne dans le palais de la piazza Bologni. Sommeil « africain » peut-être : mais à condition d'ôter la note péjorative. La Sicile se souvient qu'elle appartient à l'Afrique et à l'Asie plus qu'à l'Europe : le culte de l'efficacité, de la « saine disci-

1. Ferdinand Bac, *La Sicile*, Hachette, 1935.

pline » (elle n'est d'ailleurs plus « romaine » depuis la mort de Marc Aurèle : Mussolini l'emprunta à l'Allemagne), du rendement (surtout économique), des « troupes d'élite » et du rythme « martial » lui paraît une sinistre folie auprès de la sagesse parfumée et nonchalante de l'Orient.

Le premier nom de Palerme fut Panormo. Πάνορμος, ainsi l'appelèrent les Grecs, c'est-à-dire : havre total, perfection de rade. Et certes, si on pense que nulle autre ville ne s'est montrée un réceptacle aussi sûr ni aussi secret de malversations et de crimes, on pourrait ironiser sur le don divinatoire des premiers colons. Mais ils avaient vu juste en ce qui concerne la vocation profonde de Palerme : non seulement parce que la baie semble assez large pour abriter, outre une flotte nombreuse, le ciel lui-même et la mer tout entière, mais parce que, au moyen de la métaphore de « havre total », ils avaient baptisé du nom adéquat ce panique désir de paix, de non-histoire, cette nostalgie d'un hibernage définitif dans la quiétude du port.

De porphyre et de feu

La cathédrale de Palerme a été tellement restaurée, manipulée, défigurée (que ne l'a-t-on laissée tomber en ruine, selon la vraie vocation de la ville), qu'on reconnaît à peine, dans cette coupole rajoutée au XIXe siècle et dans cet intérieur pseudo-néo-classique, ce qui dut être un chef-d'œuvre de l'architecture normande.

Dans la première chapelle de la nef droite, voici le sarcophage de porphyre rouge qui contient la dépouille de Frédéric II. Frédéric de Hohenstaufen, ou Frédéric de Souabe, mort en 1250, à l'âge de cinquante-six ans. Petit-fils, par son père, de Frédéric Barberousse, et, par sa mère, du plus grand des rois normands, Roger II de Sicile, il n'a pas seulement, empereur d'Allemagne et roi de Sicile, porté ces deux couronnes, il a incarné le double génie méditerranéen et germanique, le goût du plaisir et le sens de la discipline, l'amour du beau et la religion de l'autorité. Regarder un peu dans sa vie et son œuvre, c'est rêver sur la fascination réciproque qui aimante l'un vers l'autre ces deux pays, sur leur féconde et mortelle attirance. Du voyage de Goethe aux romans de Thomas Mann, des visites de Dürer à Venise au séjour de von Gloeden à Taormine, de la politique de Mussolini aux films de Visconti, on n'a que le choix des exemples qui prouvent cette aspiration à la fusion des contraires.

Le Nord et le Sud réunis dans une seule personne : comment donc Frédéric s'y est-il pris ?

Chasser au faucon

Passion durable chez l'empereur, qui rédigea pour son fils Manfred le *De arte venandi cum avibus*, enrichi de centaines de dessins de sa main. Traité d'ornithologie, mais aussi traité du pouvoir. Frédéric méprisait la chasse qui utilise les pièges, les filets, les chevaux, les léopards. Ni la ruse ni la force : n'employer que l'ascendant de l'esprit humain sur l'animal par nature le plus libre. Un vol de faucons qui planent dans l'air reliés par un fil invisible à la volonté du fauconnier, et dédaigneux de l'indépendance qu'ils pourraient facilement conquérir : image parfaite de la discipline que l'empereur aurait souhaité inculquer à ses sujets. Il avait lancé un jour son faucon favori à la poursuite d'une grue. Le faucon avisa en vol un aigle, lâcha la grue et tua l'aigle. Frédéric appela le justicier de la cour et lui ordonna de faire trancher la tête au faucon. Celui-ci avait mis à mort *lo suo signore*, son supérieur en dignité dans la hiérarchie des oiseaux.

Se servir de ses yeux

Avec ce traité, Frédéric fonda la science empirique, substituant l'expérience à l'autorité. La bernacle était supposée naître, dans les régions boréales, des coquilles accrochées au bois pourri des navires. L'empereur, sceptique, envoya des messagers en Norvège, qui lui confirmèrent que cette oie faisait son nid dans des lieux écartés et peu accessibles. L'état des sciences de la nature vers 1220 ? Qu'on en juge par cette phrase d'un bestiaire, le *Physiologus* : « Le lion ne dort jamais. Car, comme le dit Ezéchiel, le lion de Juda défend nuit et jour Israël et le protège contre les attaques de ses ennemis. » Frédéric ne songeait pas à consulter les prophètes, il ne se fiait qu'au témoignage de ses yeux. « Mon but est de faire connaître les choses qui sont, comme elles sont. » Attitude révolutionnaire, en plein Moyen Âge scolastique, où l'on s'appuyait encore sur les prescriptions de saint Augustin : « Rien ne doit être accepté que sur l'autorité de l'Église, car cette autorité est plus grande que la capacité de l'esprit humain. » Premier essai, avant même Roger Bacon, de méthode expérimentale — pour un homme qui avait la moitié de l'Europe à gouverner, et des papes farouchement hostiles à combattre.

Ouvrir les estomacs

Ce goût des sciences exactes connut des embardées bien curieuses. Pour savoir quelle langue parleraient spontanément des enfants lorsqu'ils seraient adultes, l'hébreu, le grec, le latin, l'arabe ou la langue de leurs parents transmise par l'hérédité, Frédéric confia une douzaine de nouveau-nés à des nourrices auxquelles il interdit de prononcer le moindre mot devant eux. Les bébés moururent tous au cours de l'expérience.

De l'action ou du repos, quelle circonstance était la plus favorable à la digestion ? Il fit servir le même repas à deux hommes, puis envoya l'un dormir, et l'autre chasser. Après quoi, ses médecins ouvrirent les deux ventres. Il nota, le plus froidement du monde : « Les docteurs dressèrent un procès-verbal, dans lequel ils furent d'accord pour reconnaître que l'homme qui avait dormi était celui des deux qui avait eu la meilleure digestion. » Texte qui légitime à jamais le penchant irrésistible des Siciliens pour la sieste.

L'âme est-elle mortelle ? À la recherche d'une preuve absolue, Frédéric fit enfermer un homme vivant dans un tonneau hermétiquement clos. On luta les planches au goudron. Quand cet homme mourrait, si on ne voyait rien s'échapper du tonneau, cela ne signifierait-il pas que son âme avait péri en même temps que son cœur avait cessé de battre ? L'homme mourut, aucun envol surnaturel n'eut lieu. Frédéric crut avoir trouvé la certitude que l'âme n'était pas immortelle, mais il se rendit à l'argument d'un témoin, qui lui dit qu'on avait entendu, sans les voir, les cris d'agonie du moribond. L'âme n'avait-elle pu, elle aussi, s'élancer invisible hors du fût ? Un tel débat, de telles objections : on se croirait dans une comédie de Pirandello. L'écrivain d'Agrigente n'aurait pas inventé plus subtiles arguties dans une dispute métaphysique de cette envergure.

Universelle et insatiable, la curiosité de l'empereur. Le jour de la Résurrection, les édentés récupéreraient-ils leurs dents ? Les chauves leurs cheveux ? Que faisaient les anges éternellement plantés devant Dieu (posture fastidieuse pour cet homme d'action) ? Comment expliquer le sel de la mer ? le feu des volcans ? Il correspondait avec les savants d'Europe, d'Afrique et d'Orient. Pourquoi une lance plongée dans l'eau paraît-elle brisée ? Quelle est la profondeur de l'Enfer ? Pourquoi l'étoile Canope semble-t-elle plus grosse à son lever qu'à son apogée dans l'hémisphère austral ? Frédéric eut quatre épouses, beaucoup de maîtresses, une quantité d'enfants légitimes et de bâtards. On l'accusa de pratiquer la sodomie sur de jeunes garçons, pour voir quelles sensations nouvelles il en retirerait. Mais ici, à la passion de l'empereur pour l'expérimentation, s'ajoute son goût du jeu et des plaisirs.

Pages, jongleurs, acrobates, danseurs, odalisques, musiciens le servaient dans les salles de ses palais et l'escortaient partout dans ses déplacements, de la Sicile à l'Allemagne. Attention au jeune subordonné qui aurait manqué de respect à un chevalier supérieur en grade ! Il n'eût pas eu la tête, comme le faucon, mais la main tranchée. Frédéric ne plaisantait pas sur l'éducation. Son fils Corrado était élevé en Allemagne : pour chacune de ses fautes, un condisciple devait être battu devant lui, un cœur noble, dans ce Moyen Âge chevaleresque, souffrant deux fois plus si un innocent subissait le châtiment à sa place.

Mais ces règles germaniques du devoir, comme les contrebalançaient la fantaisie et le goût italien de la fête ! Frédéric ne voyageait qu'en cortège. En tête caracolait une garde arabe de trois cents cavaliers montés sur des coursiers de race. Les hanarchements cloutés d'or, les étriers et les tapis de selle incrustés de pierreries étincelaient au soleil. Défilaient ensuite les chameaux qu'il avait ramenés de Palestine, et dont l'apparition sur les bords du Pô ou du Rhin jetait dans la stupeur. Danseuses, joueurs de luth, chanteurs, balancés sur le dos des bossus quadrupèdes dans de luxueux palanquins, égayaient le voyage. Derrière l'empereur, qui chevauchait entre ses dignitaires, s'avançait un char qui transportait les savants de la cour, abrités par des rideaux cramoisis : médecins, astronomes, astrologues, physiciens, mathématiciens, dont Frédéric ne se séparait jamais. Les bêtes de chasse ou de parade et leurs gardiens succédaient aux savants : léopards et lynx attachés par des chaînes d'or, singes, ours, panthères tenus en laisse par les mains, gantées de cuir, de valets en tunique de soie, faucons, pigeons de Syrie d'une extrême rareté, aras indiens blancs couronnés de plumes jaunes, autruches africaines. Merveille des merveilles, l'éléphant donné à l'empereur par le sultan du Caire fermait la marche. Sur son dos se dressait une tour carrée en bois, d'où des joueurs de trompette sarrasins faisaient retenir leurs fanfares. Si Frédéric ne prêtait foi qu'à ce qu'avaient vu ses yeux, ses contemporains ne purent résister à enturbanner de légendes cet animal fabuleux. On affirmait qu'avant de s'accoupler, il devait manger une racine de mandragore qui ne croît qu'à proximité du Paradis terrestre ; et, quand il mourut, personne ne doutait que ses os se changeraient en ivoire.

Se déchirer les chairs

On aimerait en savoir plus sur les débuts d'une destinée aussi extraordinaire. Son père étant mort quand il avait trois ans, sa mère le fit couronner aussitôt roi de Sicile. L'enfant fut revêtu d'une dalmatique blanche et d'un manteau de pourpre et conduit dans la cathédrale bâtie par son cousin Guillaume II. L'évêque commença par l'oindre avec de l'huile consacrée, avant de poser la couronne sur son front. L'encens, le scintillement des mosaïques, le chant triomphal des hymnes rehaussaient la solennité de l'événement. Six mois plus tard, sa mère mourut à son tour. Les chefs de différentes factions se disputèrent la tutelle de l'orphelin. En 1201 — il avait alors sept ans — l'un de ces aventuriers porta la main sur lui pour l'enlever du château où on l'avait caché. Sa réaction fut si étonnante que les témoins en gardèrent le souvenir. Renaud, archevêque de Capoue, relata au pape l'énergie désespérée que le petit garçon opposa à ses ravisseurs. « Il se jeta sur ceux qui allaient le saisir, essayant de toutes ses forces d'écarter le bras qui osait mettre la main sur le corps sacré de l'oint du Seigneur ; puis, déchirant ses habits, rempli d'une rage impuissante, il laboura sa peau si tendre de ses ongles acérés. »

Benoist-Méchin[1] a bien souligné que ni la peur ni le souci de sa sécurité n'inspirèrent cette conduite à l'enfant, ni un masochisme précoce (Frédéric eut toujours en abomination la souffrance et le culte de la souffrance : seul contre les chrétiens, il ne croyait pas dans la vertu rédemptrice de la douleur), mais seulement l'horreur de voir méconnaître le caractère sacré de sa personne. Il n'avait pas oublié la minute où l'évêque avait répandu l'huile sainte sur ses pieds, ses mains, son front et son flanc — sur tous les endroits du corps d'où avait coulé le sang du Christ. Analyse très juste, et qui rend compte de l'intransigeance avec laquelle l'empereur fera appliquer dans ses États le respect de la discipline et de la hiérarchie.

Pour ma part, j'insisterais sur un autre aspect de cette scène. Dans l'enfant revêtu de la majesté divine et auréolé de prestige mais que sa faiblesse, le réduisant à l'impuissance, expose aux outrages de ses agresseurs, je vois une première allégorie de la Sicile : terre élue entre toutes, dépositaire des plus hauts mystères de plusieurs civilisations, qui a réussi à fondre dans une harmonie incomparable ce que la Grèce, Byzance et l'Islam ont créé de plus achevé et de plus beau — et cependant constamment humiliée, spoliée, pillée, cible de toutes les offenses, victime de toutes les déprédations. J'imagine le grand finale d'opéra que Bellini aurait pu tirer de cet épisode : la voix frêle protestant de son innocence et de sa dignité au milieu des clameurs d'infamie.

1. *Frédéric de Hohenstaufen*, 1980.

Traîner sur le port

Jusqu'à douze ans livré à lui-même, le jeune garçon traînait sur le port, dans les quartiers populaires de Palerme. Les artisans, les soldats, les marins avec qui il bavardait furent ses éducateurs. S'il apprit ainsi à exercer précocement ses dons d'observation, apprentissage dont il tira si grand profit par la suite, il constata aussi la misère dans laquelle la capitale du royaume était tombée pendant sa minorité. L'administration mise en place par les rois normands avait sombré dans l'anarchie. Dominait la loi du plus fort. En complète décadence le commerce, à cause des violences et des rapines. En même temps — car Palerme, à chacun des moments de son histoire tourmentée, se présente sous les deux visages de la ruine et de la splendeur — l'adolescent pouvait admirer les chefs-d'œuvre construits par sa famille maternelle, la plupart encore visibles aujourd'hui : la chapelle Palatine au dallage de porphyre et de marbre, aux murs parés d'émaux polychromes, au plafond de bois sculpté en rosaces, en étoiles, en alvéoles, en stalactites, au sanctuaire étincelant de mosaïques ; l'église San Giovanni degli Eremiti, avec ses coupoles en bonnet d'eunuque ; celle de Santa Maria dell'Ammiraglio, dite la Martorana, où une mosaïque exalte le couronnement de son grand-père Roger II par le Christ ; le Duomo de Monreale, miroitant de mosaïques d'une somptuosité inégalée. Sans compter les édifices civils, à présent effondrés, comme les deux pavillons de la Zisa et de la Cuba, ou remaniés ultérieurement, comme le palais des Normands, dont subsiste seule la salle du grand-père, ornée d'arbres, d'oiseaux et de léopards. Chétive énumération, qui trahit l'impuissance de la plume à rendre la centième partie du mystère de ces intérieurs éclatants, que complète, à Cefalù, sur la route de Messine,

'an Giovanni degli Eremiti : arabe ou chrétien ?

symbole de la fusion entre Byzance et Rome, entre l'Orient et l'Occident, le Christ Pantocrator découpé sur le fond or de l'abside[1].

Fonder l'État

Majeur à quatorze ans, au sortir d'une enfance environnée de trahisons et de crimes, Frédéric n'eut de cesse qu'il n'eût créé un État centralisé et fort. Abaissement des féodaux, mise au pas des prélats, fondation de l'université de Naples où l'on formerait des fonctionnaires chargés de l'administration et de la justice, contrôle de toutes les provinces de l'empire par des émissaires du souverain : à ces mesures de base, qui inspirèrent à Jacob Burckhardt son célèbre jugement (« le premier homme moderne sur le trône »), Frédéric ajouta une série d'initiatives juridiques et économiques qui étonnent encore par la jeunesse et l'audace. Lourdes peines contre les ravisseurs de femmes, condamnation à mort pour les viols, égalité entre les femmes et les hommes pour les droits de succession, punition des tuteurs abusifs, et, en général, défense des droits de la femme et de l'enfant ; monopole d'État sur le sel, le fer, l'acier, le chanvre et la poix (nécessaires, ces deux derniers, à la navigation) ; commerce des céréales et des bestiaux sous le contrôle de l'État ; installation, dans les ports, de magasins où devaient transiter toutes les marchandises d'importation et d'exportation ; tarifs douaniers et taxes de magasinage dûment établis ; acclimatation du henné et de l'indigo, du palmier-dattier et de la canne à sucre : il n'y avait aucun domaine, lois, commerce, agriculture, où l'em-

1. Si je mentionne à peine ces monuments, c'est parce que le moindre guide de la Sicile en fait la description complète. Je partage pleinement l'admiration générale. Il faut les visiter longuement. Monreale mérite une demi-journée.

pereur n'intervînt en personne. Lors d'une invasion de chenilles, il ordonna que chacun de ses sujets en ramassât et en consignât aux autorités un certain nombre par jour, système qu'il jugea préférable aux prières et aux processions religieuses.

Cet autre décret, toutefois, nous paraît plus inquiétant : défense d'épouser un étranger (ou une étrangère) sans une permission spéciale de l'empereur. Transformer l'unité de l'État en communauté de sang : on craint de reconnaître dans un tel eugénisme quelque excès de germanitude. Trente-deux ans après la mort de Frédéric, les Palermitains se levèrent en masse (« Vêpres siciliennes ») contre les Français de Charles d'Anjou, nouveau conquérant et prédateur. On les approuverait sans réserve de s'être débarrassés de cette brute catholique qui avait anéanti l'œuvre admirable de son prédécesseur, s'ils n'avaient poussé un peu loin la vengeance : aux femmes engrossées par les occupants étrangers, ils crevèrent le ventre d'un coup d'épée, pour leur arracher le fœtus et sauvegarder ainsi la pureté de la race.

Construire des forteresses

Souvenir qui nous pousse à nous interroger sur le sort imparti, dans cet État centralisé jusqu'à l'idolâtrie biologique, aux divers groupes de marginaux.

Rimeur lui-même (il nous reste quelques jolies compositions empreintes de cette rhétorique amoureuse en vogue au Moyen Âge), Frédéric réserva dans sa cour une place importante aux poètes. En outre, c'est à Palerme et sous son impulsion que se manifesta la première poésie italienne écrite, non plus en latin, mais en sicilien.

Ce double mérite ne doit pas nous induire en

méprise. D'une part, comme l'a bien montré Ernst Kantorowicz dans sa monographie fondamentale[1], si Frédéric écrivait ses vers en sicilien et encourageait dans cette voie les poètes de sa cour, c'est parce qu'il jugeait la langue vulgaire tout à fait appropriée à l'expression des émotions légères et frivoles, le latin étant destiné à la formulation des lois, des décrets, des textes émanant de l'autorité de l'État. Ce qui donne une juste idée de la condescendance amusée avec laquelle il regardait la poésie : agréable jeu de paroles sans conséquence, badinage mondain.

D'autre part, les poètes de son entourage n'étaient pas des troubadours, des esprits libres et errants, mais des fonctionnaires de sa cour, et même de grands fonctionnaires : à commencer par un des plus importants de ces versificateurs, un de ceux qui ont laissé un nom dans l'histoire littéraire, Pierre des Vignes. Il fut tour à tour notaire à la chancellerie d'État, juge suprême, protonotaire du royaume de Sicile, enfin logothète, c'est-à-dire porte-parole de l'empereur. Celui-ci, quand il donnait audience, siégeait, majestueux et inaccessible, en haut de son trône. On ne pouvait s'approcher de lui que prosterné et pour lui baiser le pied. Ne parlant jamais lui-même, il ne s'exprimait que par signes au logothète debout à son côté, auquel revenait le soin de prononcer, avec la solennité d'un oracle, la sentence, rendue encore plus auguste par un carillonnement de cloches.

On ne saurait concevoir personnage plus éloigné de la spontanéité et de l'indépendance du ménestrel que ce haut dignitaire engoncé dans une pompe héritée de Byzance. Les poètes, selon Frédéric, devaient tirer leur inspiration de l'empereur, non des dieux. Détestant les aèdes vagabonds qui allaient de ville en ville, il les

1. *Kaiser Friedrich der Zweite*, Berlin, 1927.

Sur le modèle du père : château de Manfred à Mussomeli

avait exclus de la bienveillance qu'il témoignait aux femmes et aux enfants. Le trouvère qui troublait le calme d'une rue avec ses chansons pouvait être roué de coups en toute impunité. La loi ne poursuivait pas ce genre de violences, qui étaient conformes au bon ordre et à la sécurité de l'État.

Les châteaux de l'empereur, si vantés ? Ils résultent de la transformation de résidences privées en forteresses publiques. Quelque deux cents citadelles furent construites ou aménagées dans l'empire. Certaines sont des chefs-d'œuvre, mais des chefs-d'œuvre d'architecture militaire. Elles présentent la forme d'un quadrilatère ou quelquefois d'un polygone flanqué d'une tour à chaque coin. Lieux de garnison plutôt que séjours de plaisir, ces châteaux se dressaient dans une monumentale austérité, les ornements et le pittoresque étant bannis. À Catane, à Syracuse, à Salemi près de Trapani, ils érigent encore leur masse sombre et sévère.

Le plus célèbre et le plus beau se trouve non en Sicile mais dans les Pouilles (où l'empereur se plaisait à résider, pour être moins loin des provinces septentrionales de son empire) : Castel del Monte, octogone régulier muni à chaque angle d'une tour octogonale. On a beaucoup rêvé sur cette passion pour le chiffre huit qui imprègne aussi chaque détail de l'intérieur. Une telle plénitude géométrique répond-elle à une pure spéculation de l'esprit ou cache-t-elle un symbolisme des nombres ? Une fontaine, des jets d'eau, des décorations de marbre, aujourd'hui en partie disparus, ornaient, par exception, la cour et les salles. Ajoute au mystère de cette demeure le fait qu'aucune trace de cuisine, de cellier, de magasin pour les vivres, d'écurie pour les chevaux, de logement pour le personnel n'a été retrouvée. Théorème abstrait, Castel del Monte reflète sans doute la fascination que l'empereur avait éprouvée devant la mosquée d'Omar à Jérusalem.

Édicter sur les marginaux

Lors d'une Diète tenue à Messine en 1221, il proclama des édits relatifs à plusieurs catégories de marginaux : les poètes ambulants, déjà cités, les acteurs, non moins suspects que les trouvères, les prostituées, à qui il fit interdiction d'habiter en ville et de fréquenter les bains, enfin les juifs, contraints de s'habiller en bleu et de se laisser pousser la barbe. Ségrégation raciale ? Non : politique. Au nom de l'ordre à faire régner partout dans l'État, il ne fallait pas qu'on pût confondre les chrétiens et les juifs. Ceux-ci pouvaient exercer librement leur culte. Afin de les engager à servir le mieux possible l'État, Frédéric leur confia le monopole de l'usure, de la teinturerie, de l'industrie et du commerce de la soie. Mais louer sa « tolérance » serait aussi inadéquat que de critiquer son « racisme ». Frédéric, qui n'hésita pas à condamner à la réclusion perpétuelle au fond d'un cachot un de ses fils rebelle, ni à crever lui-même les yeux de Pierre des Vignes, soupçonné de trahison, en lui enfonçant dans les orbites deux tisons ardents, n'était, ni par son tempérament ni par la conception qu'il se faisait de sa mission, un souverain libéral. Il ne ménagea pas les juifs par esprit de tolérance, mais parce que leurs capacités professionnelles pouvaient tourner au profit de l'État. Chacun à sa place, dans l'intérêt de tous. Trait significatif : il décourageait les juifs de se convertir au catholicisme. Non seulement parce qu'il percevait certaines taxes sur les naissances et les mariages imposées aux non-chrétiens, mais parce qu'une pluralité disciplinée de races et de religions lui paraissait préférable à un amalgame artificiel, source de malentendus et de désordres.

Fraterniser avec l'Islam

C'est envers les Arabes, nombreux dans le royaume de Sicile, que la politique de Frédéric se montra la plus audacieuse et géniale — jusqu'à lui valoir le dithyrambe bien connu de Nietzsche.

Pendant deux cents ans, du IXe au XIe siècle, entre la domination byzantine et la conquête normande, la Sicile avait été aux mains des musulmans. Période de prospérité et de splendeur sans pareilles, pour l'économie (les Arabes introduisirent le sucre, l'oranger, le coton, l'élevage des chevaux, l'industrie des étoffes et des objets précieux), pour la poésie, l'architecture (il n'en reste plus rien) et toutes les branches de la civilisation.

Quand Frédéric enfant errait dans les rues de Palerme, des familles musulmanes avaient eu pitié de sa misère. Elles l'avaient recueilli et confié aux soins d'un cadi, qui lui donna une première instruction. Langue arabe, algèbre, géographie, astronomie, il en apprit tout jeune les rudiments. Même sans la douceur de ce souvenir personnel, c'était l'esprit le mieux fait pour reconnaître tout ce que la culture devait à l'Islam. Depuis l'effondrement de la Grèce, l'Islam avait assuré la transmission et l'approfondissement des sciences fondamentales : mathématiques, algèbre, médecine, philosophie. Les savants arabes avaient découvert de nouvelles étoiles, inventé le chiffre zéro et les signes « plus » et « moins », introduit l'anesthésie (par le pavot et le cannabis) dans les opérations chirurgicales. Le géographe Al-Idrisi avait construit pour son grand-père Roger II une mappemonde en argent qui indiquait les sept climats ; Averroès s'était imposé comme le plus grand métaphysicien du XIIe siècle. Frédéric — ce fut un des premiers actes de son règne — fonda à Salerne une école de médecine : institution dont n'existait alors la pareille qu'à Bagdad, Alexandrie, et dans la Cordoue des émirs.

Les deux plus spectaculaires réussites de l'empereur eurent trait à sa politique arabe. Pour mater la turbulence de ses sujets sarrasins qui infestaient l'île de leurs razzias et de leurs rapines, et en même temps pour mettre leurs capacités à son service, il conçut le projet grandiose de faire construire dans les Pouilles une ville entière où il les rassemblerait tous. Ainsi fut édifié Lucera, qui pouvait contenir à l'intérieur de ses murs rouges quatre-vingt mille habitants. Y affluèrent tous les musulmans du royaume, trop heureux de s'installer dans une cité mahométane, dont les mosquées et les minarets pointaient au-dessus de la plaine. Ils avaient leurs cadis, leurs cheiks, leurs fakirs, leurs muezzins, leur culte, leurs lois, leurs mœurs. Libertés d'autant plus extraordinaires qu'ils en jouissaient au centre d'une terre depuis longtemps chrétienne, non loin des domaines appartenant à l'Église. Ils mirent en valeur la campagne environnante, plantèrent du maïs, de la canne à sucre, des arbres fruitiers, élevèrent des vers à soie et des chevaux, fabriquèrent des brocarts, des tapis, de la poterie, des armes. Colons pacifiques, ils pouvaient aussi se transformer en redoutables guerriers, d'autant plus précieux à l'empereur que, insensibles aux anathèmes et aux excommunications tombés de Rome, ils ne lui ménagèrent jamais leur appui dans ses démêlés avec les papes.

L'autre entreprise la plus mémorable de Frédéric fut la sixième croisade, qui lui permit de reprendre Jérusalem, Bethléem et Nazareth sans coup férir, sans effusion de sang, par le seul talent de la négociation et par la seule grâce des amitiés personnelles qu'il avait su établir avec le sultan Malik Al-Khamil et l'émir Fakhr ed-Din. Exemple unique de reconquête amicale, littéraire, culturelle, non militaire.

Le cadi de Naplouse l'emmena visiter à Jérusalem la mosquée octogonale d'Omar. On rapporte que Frédéric tomba en extase et se tint longtemps silencieux devant la sereine beauté de ses colonnes et le profil harmonieux de sa coupole. En sortant de l'édifice, il avisa un prêtre catholique qui, s'étant promu gardien des Lieux saints, brandissait un évangile ouvert et réclamait une taxe aux visiteurs. L'empereur l'injuria et l'envoya rouler à terre d'un coup de poing. Si l'amitié entre les chrétiens et les musulmans devait échouer à nouveau, ce serait à cause du sectarisme rapace des catholiques. Peut-être se rappelait-il la page écrite naguère par un voyageur arabe. Ibn Giubair, revenu d'un périple autour de la Sicile, avait raconté comment lui et ses compagnons, ayant fait naufrage devant les côtes de Messine, manquèrent de périr noyés parce que les patrons de barques siciliens demandaient des sommes exorbitantes pour les conduire au rivage. Sans la générosité de Guillaume II, qui avait assisté par hasard à la scène, la mer les aurait engloutis.

À Jérusalem encore, Frédéric fit d'affectueuses remontrances à son ami le cadi qui voulait, par respect pour sa majesté chrétienne, empêcher le muezzin de monter sur le minaret et d'égrener les versets du Coran. « Je ne suspendrais pas le son des cloches si vous veniez me voir en Sicile », dit-il au cadi. Selon une autre version, il protesta que le but principal de son expédition en Orient était d'entendre le cri des muezzins et l'appel à la prière dans la nuit. Déférence envers les coutumes étrangères, ou poétique désir d'éprouver de nouvelles émotions, la délicatesse de Frédéric reflète sa curiosité de l'Islam. On ne peut attribuer à la seule rhétorique amoureuse la lettre qu'il écrivit en arabe, le lendemain de son départ, à l'émir Fakhr ed-Din : « Après avoir joui de la tranquillité, du repos et des félicités de la passion satisfaite, nous avons été frappé d'angoisse par le tourment de la séparation ; nous avons senti que le calme nous était interdit, que la corde de la fermeté d'âme était rompue, que le désespoir avait remplacé l'espoir de nous retrouver, que ma partance avait déchiré le tissu de ma patience, que l'homme est accablé par l'amertume de se sentir seul au monde après avoir bénéficié de la compagnie d'un tel ami. »

Comme son amertume, son angoisse et son désespoir eussent redoublé s'il avait su que tout de suite après sa mort les princes chrétiens briseraient les liens qu'il avait tissés avec l'Islam, raseraient Lucera, traiteraient les Arabes en ennemis et appauvriraient la civilisation occidentale de l'immense apport musulman ! Pour la Sicile en particulier, que tant d'affinités, économiques, culturelles, de climat, de mœurs, de coutumes, rattachent au pourtour méridional et oriental de la Méditerranée, la rupture avec le monde arabe et l'alignement sur l'Europe ont été le désastre qui a engendré son déclin.

Disparaître dans les flammes

Le sarcophage repose sur quatre lions, de porphyre rouge eux aussi, et porte sur ses flancs d'étranges hiéroglyphes qui remontent à la plus antique époque du paganisme sicule. Sur le couvercle, des médaillons sculptés montrent les symboles des quatre évangélistes, ainsi qu'une figure du Pantocrator. Mais, pour l'imagination des Siciliens, ces signes n'étaient pas encore assez mystérieux. Un moine en prière au pied de l'Etna

raconta qu'il avait soudain aperçu un cortège de cinq mille cavaliers qui descendaient en galopant de la montagne et s'enfoncèrent tout armés dans les flots. La mer se mit à bouillonner et à mugir comme si leurs cuirasses eussent été de métal incandescent. À la question effarée du moine, un des paladins répondit qu'ils composaient la garde de l'empereur. Frédéric avait élu domicile dans le cratère du volcan, où il siégeait au milieu d'un tourbillon de flammes.

Comme il était né un 26 décembre, précédé seulement par le Christ, et mort un 13 décembre, au moment où le soleil touche le point le plus bas de sa course avant de recommencer son ascension, la légende en fit un héros solaire, intégré dans le cycle cosmique des chutes et des résurrections, le Seigneur de l'Éternel Retour. Il n'avait pas été seulement l'artisan de l'impossible union entre le Nord et le Sud, il devenait maintenant, avec l'évidence éclatante d'un mythe, le dieu qui reliait l'Occident à l'Orient.

Re Palermo

L'essor de Palerme au XVIIe siècle coïncida avec sa baroquisation. Les nobles, qui vivaient jusque-là sur leurs terres, se laissèrent attirer à la cour du vice-roi, abandonnant la gestion de leurs domaines à des intendants qui se mirent à exploiter les paysans sans se soucier du rendement des cultures. Pour se faire bâtir des palais et soutenir un train de vie fastueux, les nobles hypothéquèrent leurs propriétés de campagne. Dès le début de la baroquisation, le développement de la splendeur architecturale dans la capitale entraîna le déclin de l'agriculture et l'appauvrissement, non seulement des classes laborieuses, mais de l'aristocratie elle-même. La magnificence de Palerme a pour origine une aberration économique.

Les vice-rois, de leur côté, tiraient beaucoup d'argent de la vente des titres nobiliaires. Le bourgeois enrichi achetait un titre de baron, le baron se hissait jusqu'au rang de marquis ou de duc. À la fin du XVIe siècle, il n'y avait qu'un prince, deux ducs, un marquis et vingt et un comtes. Deux siècles plus tard, à la fin de l'ère baroque, le nombre des princes était monté à 142, celui des marquis à 788 et celui des ducs à 1 500.

Dans le palais du noble vivaient sa nombreuse famille et son encore plus abondante clientèle. On est frappé par les dimensions de ces édifices, tel le palais Santa Croce, via Maqueda, aux deux cours munies de

Ignazio Marabitti : Re Palermo.

loggias. La taille non moins imposante des couvents s'explique pour une autre raison. Pour garder l'héritage à l'aîné, on envoyait les cadets prendre les ordres, et les filles le voile. Chaque établissement religieux faisait payer très cher l'acceptation d'un novice : d'où les richesses des monastères, et la décoration somptueuse des églises, au milieu d'une société qui courait vers la catastrophe financière.

Le nouveau style se manifesta pour la première fois à Palerme dans une réalisation d'urbanisme. Les vice-rois firent prolonger jusqu'à la mer la vieille artère médiévale appelée Cassaro (aujourd'hui corso Vittorio Emanuele), que terminèrent aux deux extrémités deux arcs triomphaux, la Porta Felice au nord, qui ouvre sur le rivage, et la Porta Nuova au sud, ornée de Maures, de masques et de bossages fantaisistes, élevée à l'endroit où Charles Quint, revenu vainqueur de Tunis, avait fait son entrée solennelle. On perça, perpendiculaire au Cassaro, la Strada Nuova (aujourd'hui via Maqueda). Le point d'intersection des deux rues fut élargi, le carrefour aménagé en place, les angles des palais émoussés, pour former les Quattro Canti, en hommage aux Quattro Fontane de Rome. Ce qui n'est plus à présent, dès la tombée du soir, qu'un coupe-gorge désert resta pendant quelque trois cents ans le centre de la vie politique, commerciale et mondaine de Palerme, jusqu'à ce que la nouvelle bourgeoisie, à la fin du XIXe siècle, se trouvant trop à l'étroit dans les vieux quartiers arabes et espagnols, se transportât plus à l'ouest. Beaucoup de palais furent alors lotis ou abandonnés, beaucoup d'églises condamnées.

Pour comprendre ce que devait être la capitale à la grande époque, il faut partir des Quattro Canti, dont chacun commande un des quatre quartiers de l'ancienne ville.

Chaque angle a été creusé en façade concave. Leur

Façade de la Pietà.

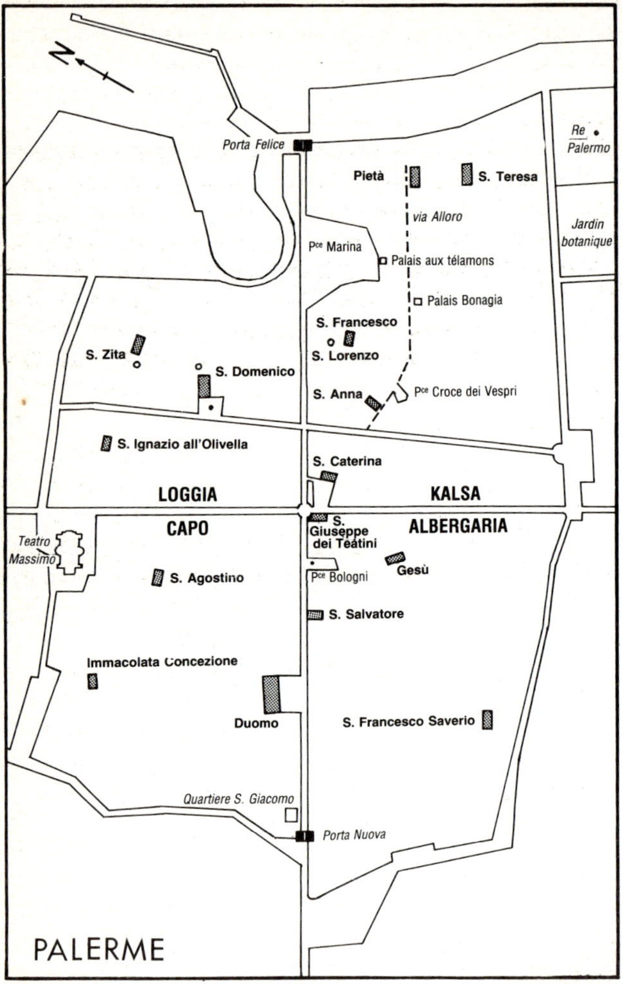
N
Porta Felice
Re Palermo
Pietà
S. Teresa
via Alloro
Jardin botanique
Pce Marina
Palais aux télamons
Palais Bonagia
S. Francesco
S. Zita
S. Lorenzo
S. Domenico
S. Anna
Pce Croce dei Vespri
S. Ignazio all'Olivella
S. Caterina
LOGGIA
KALSA
CAPO
S. Giuseppe dei Teatini
ALBERGARIA
Teatro Massimo
Gesù
S. Agostino
Pce Bologni
S. Salvatore
Immacolata Concezione
Duomo
S. Francesco Saverio
Quartiere S. Giacomo
Porta Nuova
PALERME

décoration était déjà tout un programme, lorsqu'on savait lire ces symboles. Superposition des trois ordres, dorique, ionien et composite, un riche balcon au premier étage, des fenêtres à fronton brisé, des anges, des palmes, des couronnes, et, pour indiquer encore plus nettement le caractère triomphal, un superbe attique à volutes et blason. Les trois statues nichées l'une sur l'autre, à chacune des façades, résument la triple aspiration, cosmique, monarchique et théologique de l'art et de la mentalité baroques. De bas en haut : une saison, qui surmonte la fontaine, un roi d'Espagne et une sainte. La monarchie se retenait supérieure à l'ordre de la nature, mais cédait le pas aux propagandistes de la foi.

Juste appréciation des choses, car si Palerme se couvrit en peu de temps de monuments splendides, elle le doit à l'action des religieux. Des jésuites d'abord, apôtres de la Contre-Réforme, mais aussi de leurs rivaux en zèle publicitaire. Les principaux architectes de la nouvelle Palerme appartenaient eux-mêmes à l'Église. Jésuite Angelo Italia, dominicain Tommaso Napoli, de l'ordre des minimes Paolo Amato, crucifère Giacomo Amato, théatin Giacomo Besio, prêtre Giovanni Amico, docteur en théologie Andrea Giganti, l'auteur de l'escalier du palais Bonagia.

La division de la Palerme baroque en quatre quartiers symétriquement disposés de part et d'autre du corso Vittorio Emanuele et de la via Maqueda est si claire, il est si facile de s'orienter dans le dédale des ruelles tortueuses en partant d'un des quatre coins, les quatre quartiers ont en eux-mêmes des noms si expressifs, les statues sous la protection desquelles chacun est placé rendent cette distribution si imagée, si parlante, que je vais indiquer brièvement, pour la commodité du voyageur, les édifices qu'avec un peu ou beaucoup de chance il pourra visiter, selon qu'il se mettra en marche vers l'un ou l'autre des points cardinaux.

Des Quattro Canti, s'il regarde vers la mer, il aura à main droite, avant de traverser la via Maqueda, le quartier sud-est, dénommé Albergaria, placé sous les auspices du printemps, la domination de Charles Quint et la protection de sainte Christine. Principaux monuments baroques : les églises San Giuseppe dei Teatini, del Gesù, San Francesco Saverio, San Salvatore, les palais de la piazza Bologni. De l'autre côté de la via Maqueda, toujours à main droite, voici le quartier nord-est, la Kalsa, du nom d'une citadelle bâtie au Xe siècle par un émir arabe, « al-Halisah », l'Élue. C'est pour nous le quartier le plus excitant, où nous trouverons les églises Santa Caterina, Sant'Anna, la Pietà, Santa Teresa, la via Alloro, la ruine de l'escalier du palais Bonagia, les palais Gangi et Santa Croce. L'automne, Philippe IV et sainte Olive président à ses destinées.

En face de l'Albergaria, à gauche de l'antique Cassaro, le quartier sud-ouest, dévoué à l'été, à Philippe II et à sainte Ninfa, appelé il Capo et habité autrefois par les pirates et les marchands d'esclaves, contient la Concezione et Sant' Agostino. La Loggia enfin, sur laquelle veillent l'hiver, Philippe III et sainte Agathe, abrite au nord-ouest les églises San Domenico, Santa Zita et Sant'Ignazio all'Olivella.

Le premier architecte baroque de Palerme fut le jésuite Angelo Italia (1628-1700). Né à Licata, sur la côte méridionale de l'île, il commença par élever, près d'Agrigente à Palma di Montechiaro, pour la famille Tomasi di Lampedusa dont c'était le fief, la cathédrale, qui déploie en haut d'un grand escalier, destiné à marquer le mouvement ascensionnel de la foi, une large façade à colonnes flanquée de deux clochers. En 1685, au retour d'un voyage à Messine où le grand

San Francesco Saverio.

Guarino Guarini de Turin, lui-même disciple de Borromini, avait construit deux églises (détruites par le tremblement de terre de 1908), Angelo Italia édifia à Palerme, dans le quartier de l'Albergaria, l'église San Francesco Saverio, inspirée de l'illustre San Lorenzo de Turin. Exemple unique, dans la capitale sicilienne, d'un organisme complexe formé par l'insertion de chapelles hexagonales dans les bras d'une croix grecque, de manière à obtenir un espace irrégulier et mouvant.

Toujours dans l'Albergaria, on ira voir avec plaisir, malgré le rogue accueil du gardien, l'église San Salvatore, très abîmée et convertie en salle de concert. Elle s'ouvre corso Vittorio Emanuele, un peu plus haut que la place Bologni. Œuvre de Paolo Amato (1634-1714), qui la construisit et la décora de 1682 à 1704, elle présente cette rareté, pour Palerme, d'un plan ovale. Les riches revêtements de marbre nous donnent une première idée de ce que nous découvrirons être la spécialité, l'apanage et la gloire de la ville. Paolo Amato dessina le clocher de San Giuseppe dei Teatini, dont on aperçoit, aux Quattro Canti, les curieuses colonnes torses.

Ces dates et ces renseignements paraîtront bien secs. Pour présenter Paolo Amato de façon plus sympathique, citons le passage de son traité posthume, *La Nuova prattica di prospettiva*, 1733, où, en métaphysicien et en poète, il justifiait la prééminence de la perspective. « Si parmi les créatures du monde, il n'y en a pas de plus noble ni de plus belle que la lumière du soleil, et si parmi les parties de ce microcosme qu'est l'homme, il n'y en a pas de mieux faite ni de plus joyeuse que l'œil, de quelle dignité ne doit pas être parée la Perspective, laquelle ne considère rien d'autre, dans ses règles, que les rayons universels et tous les effets qui dérivent de la lumière et de l'œil ? »

À part San Francesco Saverio et San Salvatore, les églises baroques de Palerme sont construites sur le schéma conventionnel de la croix latine à trois nefs. Seule variante locale, inspirée par les cathédrales normandes : on a substitué parfois, pour soutenir les nefs, des colonnes rondes aux pilastres rectangulaires. Mais l'église San Giuseppe, aux Quattro Canti, édifiée par le théatin Giacomo Besio, qui offrait le plus riche déploiement de ces colonnes, en marbre rose et bleu, a été à moitié démolie par les bombes. « En cours de restauration », depuis plus de quarante ans. Parmi les illustrations de leur ordre, les théatins comptent le *beato* Giuseppe Maria Tomasi, cardinal, ancêtre de l'auteur du *Guépard*. Il aura eu l'honneur, quand ce livre paraîtra, d'avoir été canonisé. Dans la ferveur des préparatifs pour la cérémonie romaine, il semble qu'on commence à pousser un peu plus vivement les travaux.

Les architectes ont montré plus d'originalité dans les façades, quoique les modèles romains se reconnaissent sans peine. À peu de distance l'une de l'autre, dans la même rue de Palerme, Giacomo Amato (1643-1732), qui avait étudié à Rome et assimilé les leçons de Carlo Fontana et de Rainaldi, construisit, en 1688 et 1689, les deux églises Santa Teresa et la Pietà, adaptations libres de la romaine Santa Maria in Campitelli, plus lourde et solennelle la première, vive et animée la seconde, toutes deux foisonnant de colonnes, de chapiteaux, de volutes, d'entablements capricieux et de frontons brisés.

À noter enfin, parmi les façades intéressantes, celle de Sant'Anna, dans la Kalsa, élevée en 1736 par Giovanni Amico (1684-1754), originaire de Trapani. Le couronnement s'est écroulé lors d'un tremblement de terre, en 1823. Avec ses trois ordres rehaussés de colonnes libres qui permettent des jeux d'ombres et de lumière, et le rythme sinueux de son incurvation centrale, elle reste un bon exemple de façade ondoyante à la Borromini.

Il y a cependant un domaine où Palerme, exempte de toute influence continentale, a surpassé Rome et même Naples, portant la fantaisie ornementale au-delà de toute mesure.

Mais ici l'exposé doctrinal doit être tempéré de considérations ponctuelles, et la description exacte faire une part non négligeable aux rêveries et aux fantasmes. L'église Santa Caterina, le plus fastueux de ces temples polychromes, qui se dresse en plein centre de Palerme, presque aux Quattro Canti, piazza Bellini, face à la Martorana, n'ouvre jamais ses portes. La façade, sévère, remonte au XVIe siècle. Rébarbatifs, les hauts murs du couvent. On m'avait dit : « Les sœurs ouvrent quelquefois l'église le dimanche matin. » Nous sommes venus le dimanche matin. Toujours close. Pas plus qu'au mythique potiron confit qu'elles confectionnaient sur leurs fourneaux et plaçaient dans le tour, nous n'avons pu goûter au festin multicolore des marbres et des stucs. Le tour a lui-même disparu, la clôture enserre les religieuses dans une prison impénétrable.

Les marqueteries, les cannelures, les arabesques, les cabochons de pierres précieuses, les dentelles de bois doré, les cascades d'incrustations chatoyantes, qui les verra jamais ? Comme devant la carte du menu on essaie de recomposer la saveur des plats, il faut, d'après les comptes rendus des anciens visiteurs, imaginer le faste inouï de ces voûtes et de ces parois surchargées. La comparaison culinaire ne semble pas hors de propos. De quel art pourrait-on le mieux rapprocher cette fantastique exhibition de formes et de couleurs, sinon de la pâtisserie dans ses créations les plus flamboyantes et des étalages de fruits et de légumes au marché ?

Encore une fois, le goût pour ce qui étincelle, ondule et prolifère en redondances fleuries imprègne à Palerme aussi bien les manifestations populaires que les réalisations savantes.

Poussons donc en rêve la porte de Santa Caterina. Au-dessus de l'entrée, deux colonnes torses de marbre rouge soutiennent la tribune réservée aux sœurs et munie d'une jalousie dorée. Une galerie part de cette tribune et se déroule tout autour de la nef, au-dessus des hauts pilastres qui reposent sur des socles richement ornés. Anges, *putti*, feuillages, coquilles animent les moindres parois. Parfois, au milieu de ce luxe décoratif, apparaît une scène plus réaliste. Tel *Le Sacrifice d'Isaac*, où le garçon se pâme sur la poitrine de son père en attendant la mort, selon les recettes les mieux éprouvées de la volupté baroque. La baleine de *L'Histoire de Jonas* gonfle une masse orange, tandis que le jaune pâle est la couleur du prophète en perdition. Détail plus étonnant, le cordage du navire pris dans la tempête est rendu avec des morceaux de fil de fer appliqués sur le marbre. Petite révolution dans l'art, que cette insertion d'un objet réel en renonçant au principe sacro-saint de l'imitation.

Beaucoup de symboles font allusion à l'ordre des dominicains auquel appartenait l'église : un chien avec une chandelle allumée dans la gueule, emblème des moines eux-mêmes (*Domenicani*, « chiens de Dieu ») ; un Arbre de la Vie ; mais celui que je ne me console pas d'avoir manqué est le paon qui fait la roue, avec l'inscription *Decor in rota*, « la gloire dans la roue », allusion à la roue sur laquelle sainte Catherine subit le martyre. Réussir à associer, dans le même motif ornemental, le supplice d'une sainte et la vanité, l'ostentation baroques, voilà le tour de force opéré par les décorateurs de l'église, que Giacomo Amato aurait dirigés lui-même, dans les premières années du XVIIIe siècle.

Marqueteries de marbre, ou *marmi mischi* : les Palermitains étaient passés maîtres dans cette technique. La chapelle du Rosario, dans l'église Santa Zita qui se trouve non loin de San Domenico dans le quartier de la Loggia, renferme les Dix Mystères du Rosaire, sculptés dans le marbre avec un brio sans pareil. Mais la chapelle est *in restauro*, et les Mystères sous les échafaudages. Pas plus de chance avec la Concezione, dans le quartier du Capo, où, d'après les images reproduites dans le livre de Giovanni Bonanno[1], l'orgue lui-même s'enchâsse dans un écrin de marbre, tandis que des paysages et des décors d'architecture obtenus par juxtaposition de morceaux de marbre bleus, jaunes, bruns, mauves, roses, grenat revêtent le devant des autels latéraux.

Reste pourtant une église qu'avec un peu d'obstination on arrive à visiter. C'est le Gesù, ou Casa Professa, en plein quartier populaire de l'Albergaria, non loin du merveilleux marché de la piazza Ballarò. Presque entièrement détruite par les bombes, restaurée plus mal que bien, enlaidie par des peintures modernes en remplacement des fresques perdues, elle demeure un haut lieu de la virtuosité ludique. Des incrustations en marbre de toutes les couleurs, des ribambelles de *putti* accrochés aux parois dans les poses les plus acrobatiques, des anges, des paons, des griffons, des chiens ailés, des centaures composent une étourdissante décoration, pleine de symboles et de mystères, qu'on ne se lasse pas de déchiffrer.

Des couples de jeunes gens nus, adossés deux à deux, reliés par une guirlande qu'ils retiennent de leur main, se laissent becqueter le crâne par des aigles. Des

1. Giovanni Bonanno, *Il Barocco e Palermo*, Edizioni Giada, 1985.

adolescents, abondamment chevelus, repoussent de leurs bras levés des dauphins aux queues emmêlées. Sur leur visage se lit une fureur douloureuse, une tension exaspérée. Des éphèbes, groupés en gracieux bouquets, soutiennent les nervures de la voûte. Près de la porte d'entrée, sur la façade intérieure, un bas-relief à gauche montre deux petits garçons qui jouent avec un lion : symbole de la nature humaine avant le péché. À droite, le même lion renverse les deux mêmes *putti* : image de la chute. Au-dessus de la porte, fort beaux anges d'Ignazio Marabitti.

Mais c'est dans le chœur, derrière l'autel, que s'épanouissent les plus belles fantaisies de marbre, et celles qui ont été conservées dans l'état original. Il faut se glisser dans ce sanctuaire entre deux messes, après négociations avec le sacristain, plutôt aimable, et sans se faire remarquer des prêtres. Je vois des *putti*, armés de marteaux et de fouets, qui mettent en pièces une femme nue, dont les morceaux — la tête aux trois quarts détachée du tronc, une jambe complètement arrachée — tombent dans le vide, près d'un homme nu prostré, tête en bas, vu de dos. Deux autres *putti*, près de cette scène édifiante, brandissent un écusson où je lis : JUSTITIA ET PAX OSCULATAE SUNT. La justice et la paix : les jésuites pensaient-ils les ramener sur terre par ces méthodes féroces ? En tout cas, je constate qu'à Palerme — contrairement à ce que j'ai observé en Bavière et en Autriche — les enfançons de marbre, si potelés et joufflus qu'ils soient, ne sont nullement enclins aux mièvreries de leur âge et participent à la violence générale.

Toujours derrière l'autel, le sculpteur Gioacchino Vitagliano (1669-1739), parfaitement inconnu malgré son talent, a campé dans deux niches des scènes de l'Ancien Testament. À droite, David (en costume d'opéra du XVIIe siècle, un casque à panache sur la tête) reçoit les pains de la proposition. À gauche, le même David relève Abigail qui s'est jetée à ses pieds. Nobles figures de marbre, qui se détachent, comme dans un décor de théâtre, entre des piliers qui délimitent l'espace scénique. Un paysage en marqueterie jaune et bleu remplace la toile de fond.

Derrière le groupe de David et d'Abigail, trois statues encore plus remarquables représentent trois hommes du peuple dans leur activité quotidienne. L'un ploie sous un lourd sac de meunier et soutient son compagnon, encore plus accablé sous la charge d'un pesant tonneau. Le troisième porte dans ses bras un panier rempli de pains. Intérêt du sujet : le pain et le vin, nourritures de base en Sicile, motif réaliste dans cette scène d'opéra. Et intérêt du style : le porteur de pains, avec sa pose déhanchée, son curieux chapeau retroussé, son visage allongé et ses profondes rides doloristes, semble sortir d'un tableau de Pontormo.

De nouvelles œuvres ont enrichi l'église au XVIIIe siècle. Ignazio Marabitti a sculpté, en mémoire d'un certain Eustache, duc de la Vieillefeuille, un génie funéraire de la plus grande beauté (dernier pilastre de gauche dans la grande nef). 1755 : Canova n'était pas encore né, mais l'influence de Pompéi et d'Herculanum, récemment exhumées, imprègne ce qui est déjà une élégie néo-classique à la pureté linéaire de la mort. Et puis, sous l'autel de la chapelle située à droite du maître-autel, voici un extraordinaire panneau *(paliotto*, il n'y a pas de mot français pour désigner le devant d'autel, genre spécifique en Italie) en marbre polychrome. C'est un décor de théâtre en perspective, avec un paysage d'architecture idéal, des colonnes torses, des escaliers, des loggias, des façades de palais en raccourci, un dallage éclatant dont les lignes de fuite convergent vers la galerie du fond, et même un arc de scène, sous lequel on imagine le David de Vitagliano venir prendre la pose, tendre le mollet, gonfler le cou et chanter un air du Palermitain Alessandro Scarlatti d'une voix voluptueuse de castrat.

En comparaison de l'école napolitaine, la Sicile a été pauvre en compositeurs d'opéras. Si ce n'est qu'elle a donné deux des principaux de toute l'histoire du théâtre lyrique, deux chefs de file absolus : Alessandro Scarlatti, né en 1660, qui n'a pas été seulement le père de Domenico, mais a fondé l'opéra baroque, en établissant les règles de l'ouverture, la coupe des récitatifs et des airs, l'usage du *da capo* et des fioritures, de même que le Catanais Vincenzo Bellini, au début du XIXe siècle, fondera l'opéra romantique.

De leur passion pour l'opéra, les Siciliens nous donneront mainte preuve. Dans l'église Sant'Ignazio all'Olivella contiguë au musée archéologique, dans le quartier de la Loggia, que découvrons-nous, dans la troisième chapelle à gauche, sous un grand Christ en croix décharné ? Un décor d'opéra, non plus en marqueterie plane, cette fois, mais creusé sous l'autel, selon les principes de la perspective, et enrichi d'une grande quantité de pierres précieuses, jaspe, topazes, améthystes, agates, lapis-lazuli. De chaque côté, au premier plan, une paire de colonnes libres en jaspe. Puis, s'incurvant vers le fond, des pilastres bleus soutiennent des arcades. Au fond, un paysage bleu et jaune imaginaire clôt le décor, sous les tentures relevées d'un rideau de porphyre, afin que l'illusion théâtrale soit plus parfaite. Sur cette scène, préparée pour un triomphe, s'avancerait non pas le Christ, bien mort dans la conscience des Palermitains de l'ère baroque, mais, *in magna pompa* et en fanfare, le roi Mithridate lui-même, héros du chef-d'œuvre de Scarlatti.

La Palerme baroque, ce sont aussi des lieux, des places, des jardins. Quelquefois, une simple coquille, accrochée comme par hasard sur l'arête d'un pilastre, ainsi qu'on peut voir sur la façade capricieuse du Quartiere di San Giacomo (en haut du corso Vittorio Emanuele à droite, juste avant la Porta Nuova), qui était pourtant la caserne où les soldats espagnols, qu'on aurait pu croire moins portés sur la fantaisie, tenaient garnison et disposaient d'une citadelle inviolable contre les émeutes chroniques de la plèbe affamée.

La place qui s'étend devant l'église San Domenico, dans le quartier de la Loggia, à côté de la Vucciria, le marché le plus pittoresque de Palerme, a été défigurée par l'ouverture de la via Roma, au début du XXe siècle. Autrefois, elle s'ouvrait au milieu d'un dédale de ruelles exiguës, comme le parvis des anciennes cathédrales en France. Du labyrinthe étouffant, on débouchait soudain en plein air, et la colonne qui se dresse au milieu de la place, pointée vers le ciel, constituait un signe supplémentaire de libération. Dédiée à l'Immaculée Conception, cette colonne porte sur son sommet une statue en bronze de la Vierge. Giuseppe Pitré affirme, dans un des savoureux volumes de sa *Bibliothèque des traditions populaires siciliennes*, que les franciscains élevèrent cette effigie devant l'église des dominicains pour faire enrager leurs concurrents, étant donné que ceux-ci mettaient en doute la virginité de Marie. Cette légende concorde mal avec l'attribution du dessin de la place et de la colonne à l'architecte dominicain Tommaso Napoli (1655-1725).

Il s'était rendu à Vienne en 1724 pour solliciter de l'empereur Charles VI, la Sicile se trouvant être alors un fief autrichien, des subsides pour la colonne. Au pied de celle-ci furent installées deux autres statues de bronze, représentant Charles VI et sa femme Élisabeth de Brunswick. Dès que la Sicile fut repassée des mains des Habsbourg à celles des Bourbons d'Espagne, en 1738, les nouveaux souverains s'empressèrent de se mettre à la place des monarques déchus, et Charles III et sa femme Maria Amelia prirent la relève au pied de la colonne. En 1848, les révolutionnaires jetèrent à bas leurs simulacres. On leur a substitué, après la Seconde Guerre mondiale, les statues des papes Pie IX et Pie XII. Absurde anachronisme, auquel ont échappé les anges de pierre qui complètent le monument, inspirés des anges de Bernini sur le pont San'Angelo à Rome. N'ayant pas plus de couronne terrestre que de sexe humain, les quatre messagers du ciel ont traversé indemnes les siècles, et gardé à la place l'aspect d'un décor de théâtre.

C'est toujours dans la Kalsa qu'on revient, en quête de nouvelles surprises. Nous étions passés dix fois par la piazza Marina, célèbre autrefois par ses fêtes, ses potences et ses bûchers, siège des tournois et des feux d'artifice aussi bien que des exécutions capitales, dominée par le rude palais Chiaramonte où pendant les deux siècles de l'ère baroque se tint le tribunal de l'Inquisition, sans remarquer, au numéro 51, sur la façade du palais Notarbartolo di Villarosa, deux superbes télamons, aux longs cheveux bouclés, au torse et au ventre nus, soutenant de leurs bras musclés deux bustes en écussons, en face des ficus-magnolias géants qui ombragent les ruines du square.

La place la plus charmante de Palerme (« charmante » : unique occasion, je crois, que j'aurai d'employer une telle épithète dans cette ville) est la piazza Croce dei Vespri, dans la Kalsa, située au début de la via Alloro, quand on va de l'église Sant'Anna vers la mer. De petites dimensions, elle est bordée sur deux côtés par la façade à angle rentrant du mythique palais Gangi, où Visconti tourna le bal du *Guépard*. L'extérieur a modeste apparence, mais l'escalier et les salons seraient plus fastueux que les modèles napolitains de Felice Sanfelice. Habité et bien entretenu, mais gardé par un chien méchant et un portier intraitable, le palais ne se visite pas.

Le massacre des Vêpres siciliennes commença sur cette place. Jean de Saint-Rémy, préfet du sinistre Charles d'Anjou, y avait sa demeure. Le 31 mars 1282 les émeutiers enlevèrent d'assaut son palais, y surprirent et y massacrèrent deux mille Français. La colonne commémorative, élevée au milieu de la place en 1737, nous rappelle cet événement sanglant et m'invite à penser que j'ai employé à la légère le qualificatif de « charmant ».

Comment résister à la douce suggestion de la nuit, dans ce coin protégé, silencieux et propice à une halte réparatrice ? Le rez-de-chaussée du palais Gangi abrite un restaurant de plein air, à ajouter, bien en tête pour l'agrément du lieu, à la courte liste donnée plus haut. Une énorme matrone, assise à l'entrée devant un bloc où elle griffonne les commandes, surveille la table des hors-d'œuvre, en tout point délicieux et dignes d'une vigilance policière. Elle interpelle à voix rauque les deux serveurs, dont l'un, noir, sec, revêche, tourne exprès la tête d'un autre côté lorsqu'on a besoin de lui, tandis que l'autre, blondasse et nigaud, accourt au premier signe mais secoue une face hébétée. Le mari de la *mamma*, cordial et plein de bon sens, a eu l'idée judicieuse de transporter le fourneau à charbon de bois où il fait griller les tranches de poisson-épée au basilic et les *involtini alla siciliana*(lamelles de veau roulées autour de fromage fondu, exquis), très loin de son impérieuse épouse, à l'angle des deux façades du palais. Comme au temps où les grands seigneurs vivaient en contact familier avec leur clientèle, les fumées du trépied installé sous les balcons montent jusqu'aux narines des inflexibles propriétaires.

Toujours dans la Kalsa, au bord de la mer — non loin de la piazza Kalsa à demi ruinée qui sert de terrain de football à des *ragazzi* dont les yeux étonnamment clairs attestent la lointaine origine normande, même si tout le reste en eux est sombre, ébouriffé, farouche — la Villa Giulia, splendide jardin tracé à l'époque où les portiques pompéiens et les symétries géométriques commençaient à supplanter les bizarreries baroques, renferme un dernier témoignage de l'âge d'or palermitain.

C'est la statue du Génie de la ville, trônant sur une rocaille envahie de fougères, entre une corbeille de fruits et un carquois de flèches, figuré sous les traits d'un vieillard abondamment barbu, et dénommé *Re Palermo*. Sujet de stupéfaction pour moi, car si la magnificence de ses monuments justifie son aspiration à la « royauté », j'ai toujours traité en femme la capitale sicilienne. Les villes italiennes sont toujours féminines, et symbolisées par un emblème féminin : la louve pour Rome, la coquille pour Sienne, la lune pour Pise, la fleur pour Florence, la lagune pour Venise, l'arcade pour Bologne, la grotte pour Naples. Palerme, à cause de son nom mélodieux auquel j'associe l'emblème de la palme, je l'aurais saluée comme une reine. Mais « Roi Palerme » ! Me voilà ramené à la réalité, tout autre que « charmante » et gracieuse, de cette île où depuis que Perséphone fut ravie et emportée dans les profondeurs de la terre, l'élément féminin n'a plus joué de rôle que dans le maniement du balai et de l'aiguille à coudre.

Parmi la rocaille, une plaque de marbre écornée à dessein proclame en latin que « Panormus », *prudens, augusta* (au féminin, ici) et *fidelis*, possède comme attributs, donnés par Pallas et Cérès, le serpent, l'aigle et le chien. Emblèmes à double sens, car la prudence n'est pas la qualité de tous les serpents, ni la majesté celle de tous les aigles, ni la fidélité celle de tous les chiens, animaux qui aiment aussi à tuer, déchirer, mettre en pièces, par le venin, par les serres, par les crocs. Un écusson de marbre, au pied de Re Palermo, représente, avec plus de franchise, une tête de Gorgone, avec ses trois folles jambes centrifuges, des ailes à la place d'oreilles, et des vipères comme chevelure. « Premier siège » et « capitale du royaume », claironne une seconde inscription sur une autre plaque de marbre, écornée elle aussi.

Cette insistance à écorner les plaques m'intrigue. Re Palermo serait-il moins sûr de lui qu'il n'en a l'air ? Sent-il, dès les années 1770, son pouvoir lui échapper ? Prévoit-il les désastres à venir, l'invasion de Garibaldi, le rattachement au continent, les bombes de 1943, les humiliations sans nombre qui depuis deux siècles ont avili sa majesté ? Autocrate mais fragile, souverain mais précaire, monarque mais bientôt déchu. Si désarmées qu'elles semblent, les femmes, en Sicile, résistent bien mieux que les mâles. Elles les pleurent, les enterrent puis s'assoient devant le seuil de leur maison dans le voile noir des veuves. Palerme, en s'identifiant à un homme, fût-il roi, avouait d'emblée sa caducité.

La petite Gorgone, dans son écusson intact, ricane et triomphe sans se gêner. Sûre de la victoire, elle tourne sur elle-même comme une toupie ivre.

Le monument est l'œuvre d'Ignazio Marabitti (1719-1797) : occasion de signaler, après Gioacchino Vitagliano, un des membres les plus intéressants de l'obscure école de sculpture palermitaine. Nous l'avons déjà rencontré au Gesù, nous le retrouverons à Syracuse, où les statues qui ornent la façade du Duomo sont de sa main.

Il faudrait aussi s'étendre un peu sur les peintres. Le mystérieux Filippo Paladini, né près de Florence en 1544, arriva en Sicile vers 1600, où il resta jusqu'à sa mort, en 1614. Il avait apporté de Toscane le style de Pontormo et la culture des maniéristes. Au contact de

Caravage, qui travaillait dans l'île entre 1608 et 1609, et à qui il ressemble par le caractère turbulent et le goût des rixes sanglantes, Paladini devint dramatique et violent. *Le Martyre de saint Ignace*, dans la troisième chapelle à gauche de Sant'Ignazio all'Olivella, *L'Extase de sainte Catherine*, au musée de peinture, l'admirable *Pietà* qu'il vaut la peine d'aller voir à Caltagirone, dans l'église del Collegio, les cinq toiles de la cathédrale d'Enna, montrent un luministe tourmenté et un maître du pathos baroque.

Pietro Novelli, le plus important des peintres baroques siciliens, naquit à Monreale en 1603. Peu ou pas du tout étudié, on ne sait s'il se rendit à Naples et fut en contact avec la foisonnante école de peinture napolitaine, ou si, dans sa formation, compta plus l'exemple du Van Dyck, qui était venu à Palerme en 1624 pour faire le portrait du vice-roi Filiberto de Savoie. Les figures allongées et les doigts effilés de ses Madones, dans la *Madone entre sainte Rosalie et saint Jean* du musée de peinture, ou la *Déposition* du musée diocésain, révéleraient une influence flamande, combattue néanmoins par un sentiment tragique de la vie étranger à l'auteur des élégants portraits de cour. La brève carrière de Pietro Novelli se termina en 1647. Lors de la révolte contre le gouvernement guidée par le tribun Giuseppe d'Alessi, qui reprochait aux nobles de faire mourir de faim le peuple, le peintre, à cheval auprès du capitaine de justice (signe de la haute position sociale à laquelle il était arrivé), tenta de s'interposer entre les émeutiers et les soldats espagnols. Une balle de fusil le blessa mortellement. Épitaphe trop courte, comme ont été trop laconiques ces quelques remarques, destinées seulement à éveiller l'attention sur des artistes injustement oubliés.

Il en est un cependant qui les domine tous, bien que son nom ne demeure guère moins méconnu.

Les mystères du Rosaire

De Giacomo Serpotta, on ne sait presque rien ; même pas s'il fit jamais le voyage de Rome, ni s'il eut connaissance de l'ornementation en stuc que, vers les années 1680, Antonio Raggi et son équipe menaient à terme dans l'église du Gesù : la seule « source » où le jeune sculpteur palermitain aurait pu puiser. Peu d'artistes dotés d'un génie aussi singulier sont restés enveloppés d'autant de mystère. Visiter les oratoires qu'il a décorés est déjà un exercice plein de surprises et d'embûches, car l'un est ouvert le matin, l'autre l'après-midi, et le jour de fermeture n'est jamais le même. Pour entrer dans celui du Rosaire de San Domenico, il faut aller au numéro 16 de la rue adjacente, où l'on est accueilli par un perroquet qui s'égosille au fond d'un rez-de-chaussée ténébreux. Surgit alors une bossue qui vous dévisage d'un air courroucé et vous enjoint d'aller l'attendre à la porte de l'oratoire. Au bout de cinq minutes, un terrible bruit de ferraillement provient de l'intérieur, et l'huis s'entrebâille précautionneusement. On entrevoit, le long des parois, de grands tableaux noircis. (Il y en a deux de Pietro Novelli.) Au maître-autel, la *Vierge du Rosaire* de Van Dyck. Les tableaux étaient déjà en place quand Serpotta fut chargé de décorer de statues les espaces restés libres. Ce fut une de ses dernières commandes, mais, à cause de ces contraintes, ce n'est pas son œuvre majeure. « Interdit de photographier, nous crie la bossue. Si vous photographiez, les caméras alertent la police. » Il n'y a d'autres caméras que dans son goût pour l'affabulation, et quant à la police, elle a bien d'autres formes de délinquance à surveiller. Mais nous obéissons, toute créature naine ayant la réputation en Sicile de posséder un pouvoir maléfique.

L'oratoire de San Lorenzo est protégé par d'énormes cadenas qui grincent sous les efforts d'une fillette préposée à la garde du sanctuaire, où fut volé, alors que ni chaînes ni cadenas n'en défendaient l'entrée, le dernier tableau de Caravage. Le vol remonte à 1969. Cinquante ans plus tôt, les voleurs eussent emporté la *Vierge* de Van Dyck plutôt que la *Nativité* de Caravage : le goût en art progresse aussi vite que décline la moralité des receleurs.

Poupons acrobatiques et belles dames au visage grave semblent avoir accaparé l'imagination de Serpotta. Il était né le 10 mars 1656, et fut baptisé deux jours après dans le populaire quartier de la Kalsa, à l'église San Niccolò, non loin du port. Son père était *marmoraro*, ouvrier en marbre. Impliqué dans une rixe sanglante, il fut condamné et envoyé aux galères. Il mourut forçat, en 1670. Tout ce qu'on sait de ces événements obscurs tient dans les quelques lignes que j'ai dites. Quel retentissement put avoir dans l'âme du jeune garçon la mort tragique de son père, à nous de le conjecturer. Par certaines circonstances de sa vie : il eut ainsi, à l'âge de vingt-trois ans, un fils, de mère inconnue ; il ne se maria jamais, et on ne lui connaît pas d'autre enfant, ce qui indique une méfiance, assez extraordinaire pour un Sicilien, envers la famille, le mariage, la paternité. Surtout par certains traits de sa création.

Des *putti* joufflus et joviaux, ou des femmes au noble port mélancolique ; quelques adolescents ; mais d'hommes mûrs, point. Comme si la figure du père était bannie à jamais. Une exception : la tête d'Holopherne, aux pieds de Judith, dans l'angle de l'oratoire de Santa Zita. Admirable tête, chevelue et barbue, puissamment « paternelle » : mais tête coupée, image de la défaite du père forçat, compassion pour son sort ou horreur pour son crime. Peut-être une seconde mise à mort. Cette barbe d'Holopherne, unique dans l'œuvre du sculpteur, jure dans l'univers si lisse, si blanc, si imberbe de Serpotta. Univers de bébés, de jeunes garçons et de mères : ne serait-ce pas que le monde, pour Giacomo, s'est arrêté, s'est figé, quand il avait quatorze ans ?

En 1677 (vingt et un ans), il reçut une somme du prieur de l'église de la Madonna dell'Itria à Monreale pour avoir travaillé, avec d'autres stucateurs, à la décoration de cette église. On félicite le hasard de l'avoir mis si tôt aux prises avec le stuc plutôt qu'avec le marbre, et de l'avoir obligé tout de suite à faire ses preuves dans cette spécialité : non seulement parce que le coût du marbre l'aurait empêché plus tard de prodiguer avec autant d'exubérance les foisonnantes inventions de son génie, mais parce que le stuc, matière mate, froide, blafarde, convenait bien mieux à ce qu'il avait à dire qu'une pierre miroitante. Serpotta est un grand baroque, mais non un baroque chatoyant. Réserve, modestie furent toujours sa marque. De combien de « Mansuétude », « Pudeur », « Pureté » et autres allégories de la tempérance et de la mesure n'a-t-il pas parsemé oratoires et églises !

En 1680, il s'engagea à orner les fenêtres de l'oratoire de la Carità (œuvres perdues). Le contrat stipulait que les stucs devaient pouvoir résister aux coups de canon tirés du château voisin. La même année — et l'on devine par cette commande quel degré de notoriété il avait déjà atteint — le vice-roi Bonavides lui confia la réalisation d'une statue équestre de Charles II. Elle serait coulée dans le bronze, et dressée à Messine. La statue, transportée par mer, fut installée devant la cathédrale, sur l'emplacement du palais du Sénat rasé au sol après la révolte de Messine contre les Espagnols (1675). Charles II et son cheval, à leur tour, furent détruits lors de l'insurrection nationaliste de 1848.

On voit mal Serpotta exceller dans l'art officiel et les monuments équestres, lui qui, en fait d'équidés, se risquera tout juste à introduire dans ses compositions l'humble âne de la Fuite en Égypte. Heureux hasard, encore une fois, ou intelligence de ses commanditaires, le voici, vers 1686, employé dans la décoration du modeste oratoire de Santa Zita, où il travaillera, après plusieurs interruptions, jusqu'aux années 1710. Peut-être son œuvre majeure. Ce petit édifice est accolé au flanc de l'église homonyme, dans le quartier de la Loggia ; il faut en demander l'ouverture au gardien — celui-ci beaucoup plus obligeant et auquel on s'adresse sans l'intermédiaire d'un perroquet — qui loge au numéro 3 de la via Valverde.

Bouillonnement de formes blanches accrochées aux murs : surprend autant la blancheur que la luxuriance ébouriffée de ces figures de toutes les dimensions et saisies dans toutes les poses. Au-dessus de la porte d'entrée, un bas-relief rectangulaire représente la bataille de Lépante : allusion à la victoire remportée par la chrétienté sur les Turcs, et seule concession à l'art officiel. Il fallait obéir au programme de la Contre-Réforme et contribuer à la propagande de l'Église. Mais, à regarder de plus près (ce qui est fort difficile, entre l'emplacement haut situé, l'éclairage déficient et la couche de poussière), on s'aperçoit que Serpotta s'est contenté de modeler en perspective plusieurs rangées de galères, dont les longues rames pendent, parallèles et inertes, dans la mer. Pas un

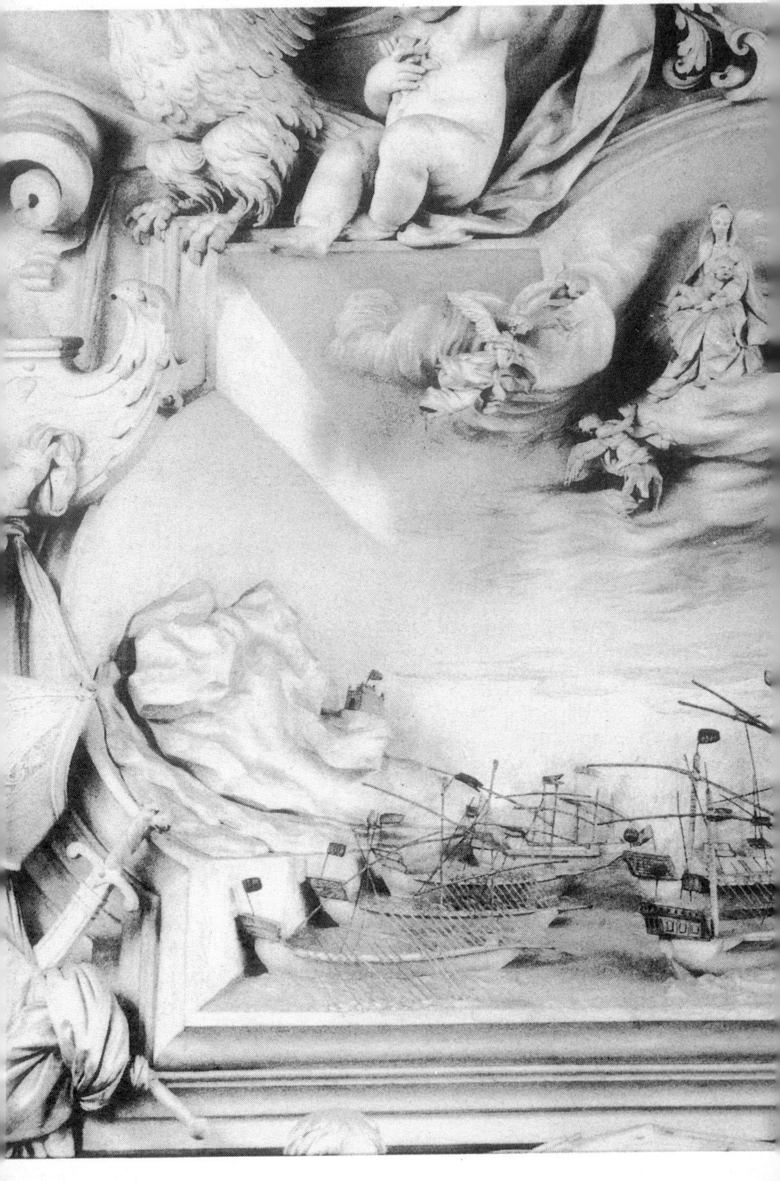

homme sur ces vaisseaux ! Au lieu d'un tableau de bataille, de tumulte et de violence, c'est un spectacle d'ordre, de calme. Une vision de mort, et l'on se prend à penser que cette occasion où il devait évoquer des trirèmes et des forçats a réveillé dans l'esprit du sculpteur un spectre qui a paralysé sa main.

Au vu de la débauche de bambins qui gambadent, se trémoussent, se tortillent sur les quatre parois de l'oratoire, jambes et bras emmêlés, on ne peut soupçonner Serpotta d'avoir eu peur de représenter le mouvement. Ce goût du mouvement, cette virtuosité pour rendre l'instable, le fugace, le précaire, le désignent comme un surdoué de la famille baroque. Et expliquent sa prédilection pour les *putti* : tout petits enfants, qui ne tiennent pas en place, et ne savent que jouer. Ils jouent à tout, dans cet oratoire et dans ceux qui seront décorés ultérieurement : à se cacher sous un voile, à se donner la fessée, à s'embrasser, à se baiser sur la bouche, à se renverser la tête en bas, ils jouent avec leur sexe, avec les guirlandes de roses, les grappes de fruits, les trophées d'armes, avec les coquilles, avec les moulures, ils jouent même à dormir et à mourir.

Rien n'est plus curieux que de voir les occupations réputées les plus graves, les occasions qui passent pour solennelles, entraînées elles aussi dans le tourbillon ludique. Voici deux garnements qui veillent sur le sommeil de leur camarade. Celui de gauche (ils se tiennent tous les trois sur le rebord d'une niche) est assis bien droit, les bras passés autour d'un de ses genoux, et regarde d'un air de commisération amusée le dormeur, vers lequel se penche celui de droite, un doigt sur ses lèvres charnues. Tous ont des corps potelés et des joues rebondies. Un autre groupe, de trois également, joue aux funérailles : le mort est renversé en arrière, soutenu par un de ses compagnons. Image classiquement baroque de la pâmoison, mais corrigée

ici par l'ironie de cette petite jambe et de ce petit bras dodus. Le marmouset qui soutient le mort s'efforce de prendre une physionomie pénétrée ; il arque la bouche et regarde fixement devant lui, mais cette mimique s'inscrit dans un visage si rond, au milieu de chairs si grassouillettes, que le contraste prête à sourire. Le troisième *putto* cache sa douleur sous un morceau d'étoffe dont il se frotte les yeux : là encore, Serpotta tire un effet étonnant de cette miniaturisation du deuil.

Bien d'autres réussites sont à noter ici. Quatre atlantes flanquent les deux portes d'entrée : avec leurs rides profondes, la grimace de leur bouche et de leurs yeux, quelle image grignante, dérisoire, de la maturité virile ! Deux jeunes garçons, assis sur la porte que surmonte le panneau de la bataille de Lépante, attirent l'œil par la beauté toute rustique de leurs traits. Rien de mièvre dans le visage ni dans l'attitude de ces adolescents. Ils sont habillés en paysans, d'une blouse sans col aux manches retroussées, d'une culotte retenue au-dessous du genou par un cordon (mais sur l'autre jambe la culotte retroussée laisse le genou à nu) et de bas-de-chausses qui dégringolent sur leurs chevilles. Celui de gauche, nu-tête, ses cheveux moulés en belles mèches, regarde fièrement devant lui ; il s'appuie d'une main sur un heaume. Son vis-à-vis baisse au contraire la tête, coiffée d'un bonnet de pêcheur. Sa mine paraît affligée, son corps affaissé ; il s'appuie sur un turban.

La différence des attitudes, et l'opposition entre le casque des Occidentaux et le turban des Orientaux, ont fait appeler « la Victoire chrétienne » le garçon de gauche, et l'autre « la Défaite musulmane ». Mais le souvenir de la bataille de Lépante, dont les galères flottent juste au-dessus des deux têtes, pourrait cacher une autre allusion : à la tragédie et à la mort du père. Les deux jeunes garçons ne sont peut-être qu'un seul et

"La Victoire chrétienne."

"La Défaite musulmane."

même personnage : l'orphelin de quatorze ans, partagé entre l'orgueil et l'abattement, selon qu'il se solidarise avec le criminel, avec le héros, ou s'attendrit sur le forçat, sur le vaincu. Pour justifier cette lecture du « portrait de l'artiste en jeune homme », on remarquera que, contrairement à son habitude d'idéaliser ses personnages et de les costumer de draperies intemporelles, ceux-ci portent des habits contemporains, d'un réalisme souligné par la négligence de la mise. Serpotta se serait-il permis cette familiarité vestimentaire, qui nous transporte dans l'univers plébien, presque populiste, des frères Le Nain ou de Greuze, s'il n'avait voulu imprimer à ces deux figures une marque tout à fait personnelle ?

Dans les douze niches, il a inscrit les douze mystères du Rosaire, comme des maquettes de décors pour des théâtres en miniature. Goût de la scénographie et de la perspective, commun à son époque. Ces petites scènes sont modelées avec une précision admirable. Celle de l'Annonciation souligne le contraste entre l'Ange, qui arrive emphatiquement sur un nuage, ouvrant les bras pour donner plus de solennité à la grande nouvelle, et la Vierge à genoux devant un prie-Dieu rudimentaire, repliée sur elle-même, dans une chambre nue dont la modeste couche n'est relevée que par les amples pans d'étoffe d'un baldaquin agité, sans doute, par le vent du message.

Chacune de ces niches est entourée de deux grandes figures allégoriques de femmes, la Mansuétude, l'Obéissance, l'Hospitalité, etc. Corps massifs et visages graves, inexpressifs, « romains », statues un peu ennuyeuses à examiner en détail, mais dont la galerie impressionne par ce parti pris de froideur et de vide. Judith, qui se dresse dans un coin, fait exception, avec son panache de guerrière, son geste de défi, et le trophée barbu gisant à ses pieds. La Femme, ici, n'est

plus seulement absente ; c'est une figure, élégante et glacée, de la terreur. Entre les lutins joueurs et les matrones lointaines, aucun homme adulte, rappelons-le. Ou bien l'enfance masculine chahuteuse, ou bien l'immobile sévérité féminine. Et, sujet supplémentaire de surprise, aussi bien les guirlandes de *putti* farceurs que les alignements de statues allégoriques ne ressemblent à rien de ce qui constitue l'univers de Palerme. Ni la violence populaire ni le faste aristocratique ni la tendresse débordante des *mammas* n'ont de place dans ces mousses légères de stuc qui sont pourtant sicilianissimes, mais sur un mode absolument nouveau, qui évoquerait plutôt, par la mélancolie rêveuse et altière des femmes et par la polissonnerie des chérubins, la statuaire de Bavière ou d'Autriche — bien que Serpotta, insulaire endurci, ne soit sans doute jamais allé même à Rome, et que ce rapprochement avec le baroque allemand ne fasse qu'épaissir le mystère de sa création.

En 1690, il entra au noviciat des jésuites, d'où il sortit un an après. On ignore les raisons de ces deux gestes. Dans le testament qu'il rédigea en 1719, il demanda à être enseveli dans le froc de bure des moines augustiniens et mis au tombeau dans l'église Sant'Agostino. En 1732, cinq jours avant de mourir, il choisit, dans un second testament, l'église San Matteo pour sépulture. Il laissa quatre onces à son fils Procopio pour qu'il s'achetât des vêtements de deuil, et une once à son neveu, fils de sa sœur Rosalie. En outre, il légua des sommes importantes pour que des messes fussent célébrées à sa mémoire. Le sentiment religieux n'est pourtant pas ce qui domine dans ses œuvres, même si ses commanditaires furent toujours des chapitres ou des confraternités religieuses.

Entre 1699 et 1707, il travailla à l'oratoire de San Lorenzo, attenant à l'église San Francesco dans la

Kalsa. Dans l'église, on voit quelques-unes de ses habituelles statues, hautaines et distantes, de Vertus : la Mansuétude, avec un agneau, la Modestie, avec un miroir, la Fidélité, à demi voilée, avec une colombe perchée sur sa tête. L'oratoire lui-même est une grotte de corail blanc, où les *putti* se livrent à leurs galipettes délurées, sous l'œil éteint des allégories féminines : l'Aumône, voilée, la Charité, qui se presse un sein entre deux doigts, cependant qu'un enfançon goulu tète à l'autre mamelle. Une *mamma*, pour une fois, mais dont la physionomie placidement indifférente symbolise le devoir d'allaiter plutôt que le bonheur de l'effusion.

La nouveauté dans cet ensemble, par rapport au précédent, c'est le nombre et la beauté des jeunes gens nus. Il y en a un, à l'allure d'athlète, étendu sur une corniche, et un autre, accroupi sous un entablement dont il semble supporter le poids. Prostré dans la même pose que les Ancêtres du Christ peints par Michel-Ange dans les lunettes de la chapelle Sixtine, il exhale une tristesse infinie. Serpotta a-t-il voulu représenter, lui aussi, l'homme privé de la Grâce ? Et si, parmi les nombreux personnages de son invention, les bébés sont les seuls à qui soient concédés le mouvement, la vivacité, la joie, ne serait-ce point en raison de leur temporaire innocence ? Il faudrait voir en Giacomo Serpotta le précurseur de Jean-Jacques Rousseau et de tous ceux qui vont, dans le XVIIIe siècle commençant, exalter l'enfance comme source unique de pureté au milieu d'un univers corrompu (et que ne suffisent pas à sauver quelques femmes « vertueuses »).

Entre 1710 et 1728, il décora, au milieu du quartier populaire du Capo où se tient un des trois marchés les plus étourdissants de la ville, l'église Sant'Agostino. À côté des figures habituelles, on y relève un thème nouveau pour le sculpteur, mais non pour l'art de son époque, dont il est au contraire un des lieux communs :

Oratoire San Lorenzo.

la pâmoison, l'extase. Dans une lunette, voici un *Saint Sébastien soigné par les saintes femmes*, bas-relief où le héros emblématique des grands baroques, languidement allongé, éprouve cette ineffable jouissance de la souffrance mêlée à la volupté. Parmi les statues debout qui ornent la nef, plusieurs se distinguent par une attitude pleine d'abandon, qui change de leur réserve ordinaire : Christine, qui chante, la bouche grande ouverte et les yeux clos ; Catherine, qui tend le bras devant elle, perdue dans son ravissement ; Monique, qui se laisse aller à la renverse sur un nuage, dans une pose qui rappelle l'extase de sainte Thérèse, quoiqu'il soit hautement improbable que Serpotta ait quitté Palerme entre-temps pour aller voir sur place le chef-d'œuvre du Bernin. Quelques statues masculines également : un très beau bienheureux Johannes Reatinu, un Thomas de Kempis, en prêtre efféminé, et, de l'autre côté de l'autel et faisant pendant à sainte Monique, un saint Augustin planant sur un nimbus.

À remarquer, en plus des *putti* toujours aussi bébés et fripons, des anges adolescents d'une grâce inédite dans l'univers de Serpotta.

La moitié des sanctuaires où il travailla ont été détruits. Le troisième oratoire qui soit resté intact est celui du Rosaire de San Domenico, terminé en 1714. Les statues allégoriques qui encadrent les tableaux représentent, comme d'habitude, des Vertus. Vertus qui descendaient de leur socle et figuraient comme personnages vivants dans les cantates et mélodrames sacrés joués ici. Le lien entre arts plastiques et opéra, si fort pendant toute l'ère baroque, se retrouve donc chez Serpotta. On serait mieux renseigné sur la manière dont il concevait l'alliance entre sculpture et musique, si n'avait pas disparu l'oratoire de Santa Maria delle Grazie al Ponticello, où la Compagnie des Musici lui avait commandé une décoration appropriée aux « mystères» et autres représentations musicales qui devaient y avoir lieu. Quelques-uns des *putti* de l'oratoire de San Domenico chantent ou jouent du hautbois. D'autres, pour tendre un rideau, se font la courte échelle avec une drôlerie impayable. Et toujours ce monde blanc, blafard, sans couleurs, dont la matité spectrale tranche avec l'animation et l'enjouement des petits galopins.

On pourrait reprocher à Serpotta son répertoire un peu monotone de formes. Au plafond de l'oratoire de San Domenico, on note cependant un homme nu écartant les jambes, vu de dos, et dont le fessier puissant n'est pas sans évoquer cette statue violemment impudique de Fleuve coulée dans le plomb par l'Autrichien Georg Raphaël Donner, pour la fontaine du Neuer Markt à Vienne. Peut-être la défense de photographier, promulguée par la bossue au psittacidé criard, marque-t-elle seulement la surprise et l'indignation, chez une âme pieuse, devant cette échappée érotique: un protégé des chanoines, connu pour la bonté et la douceur de ses sentiments, se livrer à une pareille transgression ! Ainsi ne pourrons-nous montrer l'unique audace que Serpotta se soit permise, l'unique embardée de ce timide vers l'interdit et le scandaleux.

S'il ne s'était pas enfermé, pour des raisons que nous ne saurons jamais, dans sa double obsession de femmes graves et de garçonnets blagueurs, il aurait atteint en renommée les plus grands sculpteurs de son siècle. Sans gloire, demeuré obscur, avec la réputation d'un artisan local plutôt que d'un artiste européen, confiné dans des édifices qui, lorsqu'ils n'ont pas été emportés par le temps, sont confiés à des gardiens lunatiques et restent de toute façon ignorés des visiteurs, exclu des musées par la nature même de sa fantaisie, il apparaît comme un des plus éclatants exemples de l'indifférence ou du dédain qui s'attachent à un créateur dont toute la vie

et l'œuvre n'ont eu pour champ d'action que Palerme. Quelques stucs de l'église des Stigmates, démolie à la fin du XIXe siècle pour faire place au Teatro Massimo, ont été sauvés, mais la Galerie régionale de Sicile, qui les a recueillis, les laisse dormir dans ses réserves.

Aux allégories de la Prudence, Serpotta a donné, dans les divers lieux où il travailla, un serpent pour attribut. Jeu de mots sur son nom, bien sûr ; mais peut-être aussi ambition de paraître plus retors, plus noir, plus dangereux que ne le montrait le candide déploiement de ses figures blanches. Le mal n'occupe aucune place dans son œuvre : autre raison, sans doute, qui l'a banni de la célébrité mondiale et risque de l'en priver encore longtemps. La « modernité » se veut ténébreuse et perverse. Sade l'a emporté sur Jean-Jacques Rousseau, et Serpotta nous semble être resté sur les rives d'une mer trop uniformément ondulée. On pourrait confondre ses ribambelles d'angelots avec les mignardises de Boucher ou de Lancret, alors que son univers, même lorsqu'il baigne dans le jeu et le rire, demeure étranger à toute mièvrerie. Monde sans sexe ni violence, mais non sans fermeté ni vigueur.

Il était né l'année de la colonnade du Bernin, place Saint-Pierre. Il mourut en 1732, au moment où Servandoni élevait l'église Saint-Sulpice à Paris, Kilian Dientzenhofer l'église Saint-Nicolas à Prague et Niccolò Salvi la fontaine de Trevi à Rome. Réalisations spectaculaires, auprès desquelles les siennes font humble figure. L'Europe se baroquisait avec faste, mais, à son extrémité la plus méridionale, œuvrait en secret un artiste qui n'est inférieur par la qualité et l'originalité de son travail à nul autre, et qui ne ressemble à personne.

Holopherne, oratoire de Santa Zita.

La villa des monstres

Alors que la décoration de statues n'en était pas encore terminée, plusieurs voix s'élevèrent pour demander la destruction de la villa Palagonia. Les monstres qui surplombaient les murs de l'avenue d'accès et de la cour faisaient avorter ou accoucher d'enfants difformes les femmes du voisinage. « Le gouvernement avait sérieusement l'intention de démolir le régiment de monstres que le prince a placés autour de sa maison, mais du moment que c'est un homme de bon cœur et innocent, et qu'une telle mesure lui briserait le cœur, on a sursis jusqu'à présent à l'opération », écrivit en 1770, dans *A Tour through Sicily and Malta*, l'Anglais Patrick Brydone.

Pensez donc : une tête de lion posée sur un cou d'oie, et en dessous un corps de lézard, des pattes de chèvre et une queue de renard ; des nains et des bossus avec d'énormes perruques ; des ânes et des chevaux affublés de cravates ; des lions attablés, serviette au cou, devant des plats d'huîtres ; une femme à tête de cheval assise à sa toilette ; des hommes pourvus d'ailes d'oiseau, d'une queue de poisson, d'une trompe d'éléphant ; des individus bi ou tricéphales ; des dragons à oreilles d'âne ; des personnages mythologiques dotés d'attributs grotesques, comme Achille enlacé à Pulcinella, Zeus figuré en taureau dont un singe à museau de lapin tire la queue, Laocoon représenté en Arlequin, Atlas portant sur sa tête un tonnerre au lieu de la voûte céleste ; des costumes et des accessoires les plus bizarres, masques, armes, instruments de guerre, de musique, de chasse ; des forêts de cornes plantées sur ces têtes ; enfin aucune de ces statues qui ne fût un défi aux formes naturelles, crime majeur pour ce siècle épris de raison, de sciences exactes, et qui entendait plier l'univers à la loi de l'homme.

Les voyageurs disaient qu'Ovide, en fait de métamorphoses, ou l'Arioste, en fait d'extravagances, étaient de loin dépassés par la frénésie imaginative du prince ; lequel, si on l'interrogeait sur les modèles dont il s'était inspiré, répondait qu'ils se trouvaient en Égypte où, selon ce qu'a rapporté Diodore de Sicile, l'action des rayons solaires sur le limon déposé par le Nil est assez puissante pour engendrer les espèces d'animaux les plus étranges et inconnues ailleurs. De quoi indisposer gravement les femmes enceintes, à une époque où l'on croyait à la présence réelle des statues, et où un monstre de pierre rayonnait d'un pouvoir maléfique.

Aujourd'hui, les fantasmes du prince de Palagonia (les tailleurs de pierre à ses ordres ne faisaient qu'appliquer strictement ses indications) ont quitté la sphère mystérieuse du surnaturel pour devenir de simples objets de spéculation artistique, psychologique et psychanalytique. Victimes de la sécularisation qui caractérise la modernité, ils ne sont plus les messages fatidiques d'un autre monde plein de ténèbres et d'épouvante, mais un épisode de l'histoire de l'art et des mentalités. Nous pouvons regarder de sang-froid ce qui reste des six cents statues laissées à sa mort par le prince, et dont le temps, l'incurie et le vandalisme ont emporté le plus grand nombre, sans que les autorités officielles eussent besoin d'intervenir. « On dit aussi que les maris, ajoutait Brydone, sont au plus haut point mécontents de ce grand assortiment de cornes. » Les maris, comme les parturientes, n'ont plus rien à craindre. Les cornes sont tombées en poussière depuis longtemps. Il faut faire un effort d'imagination pour se représenter l'indignation et l'horreur que pouvait susciter chez les contemporains ce qui n'est plus maintenant, dans l'abandon et la misère qui touchent toute chose en Sicile et réduisent en ruine, après les temples de l'Antiquité, les palais du XVIIIe siècle, qu'un monument délabré livré à la curiosité archéologique. (C'est cela, sans doute, la décadence de l'art et l'affaiblissement de son rôle dans la société. Plus de gens y goûtent, mais avec des émotions moins intenses. On va faire un tour à la villa comme on s'acquitte d'un devoir culturel, sans trépidation ni frayeur.)

Bien d'autres villas, de la plus grande beauté dans leur dégradation, ornent la petite ville de Bagheria qui, depuis la fin du XVIIe siècle (le premier à donner l'exemple fut le prince de Butera en 1656), abritait les villégiatures aristocratiques, à trois ou quatre lieues de Palerme, vers l'est. C'est toujours une aventure que de partir à la recherche de ces demeures autrefois somptueuses, au milieu des lotissements populaires, des garages et des usines qui les ont englouties ; et un crève-cœur que de les découvrir mutilées, décrépites, ou, comme la villa Cattolica promue pourtant à la dignité de « Galerie d'art moderne », servant de dépotoir à la cimenterie voisine. Dans certaines campent des familles, ce qui les préserve de l'effondrement total et mêle au spectacle de cours magnifiques, de façades armoriées, d'escaliers prestigieux, la vision familière de toiles étendues par terre pour faire sécher les tomates, près de *mammas* en train de ravauder des hardes. À Ficarazzi, une de ces villas, précédée d'une longue et étroite volée de gradins, a été transformée en orphelinat. La sœur qui nous ouvre la grille nous sourit devant la porte et fait poser en haut des marches trois minuscules enfants, insertion surréelle de la vie et de la gaieté dans ce décor solennel et funèbre.

La villa construite en 1705 par Ferdinando Gravina senior, prince de Palagonia, et ornée de monstres et autres inventions excentriques par son petit-fils Ferdinando Gravina junior, reste, malgré les outrages qu'elle a subis, un des lieux les plus fascinants de la Sicile.

L'entrée actuelle, qui conduit au dos de la villa, n'était autrefois qu'une entrée secondaire. Deux soldats costumés à l'espagnole, deux fois grandeur nature, flanquent le portail. L'entrée principale, abandonnée depuis longtemps, il faut la chercher fort loin dans la ville, en contournant ce qui reste du mur d'enceinte. Au bout de la rue appelée aujourd'hui via Palagonia, vous trouverez les vestiges d'un arc de triomphe, orné d'une Trinité et de quatre géants armés de fusils. De cet arc de triomphe, une longue allée (peut-être 250 mètres) fort étroite et bordée de statues menait jusqu'à l'escalier d'honneur. Elle était serrée entre deux hauts murs, ce qui donnait l'occasion de s'étonner du caractère fermé et défensif des maisons de plaisance siciliennes. On passait devant la fontaine qui était déjà sans eau à l'époque de la construction, comme le notaient tous les voyageurs, inconsciemment surpris que le prince, s'il montrait tant d'enthousiasme pour les aspects divagants et extrêmes de l'imagination baroque, en bannit le côté amène, bucolique, reposant, l'eau murmurante et douce dont Bernini avait amorti les rudes bizarreries (le crocodile, le serpent, le tatou) de la fontaine des Fleuves place Navone.

L'allée a été absorbée par la ville et n'appartient plus à la villa. Fontaine et statues ont disparu. Ce qui subsiste du jardin est fermé, en face de l'escalier d'honneur, par une grille rouillée que la gardienne entrouvre pour déposer sur la voie publique le sac de ses ordures. Quand on arrive, comme aujourd'hui, par l'arrière, on ne peut se faire qu'une pâle idée de la magnificence originelle.

Tout autour de la maison, le mur d'enceinte s'évase ; hérissé des soixante-deux statues survivantes, les fameux monstres et grotesques, abîmés, érodés, humiliés, quelques-uns difficilement reconnaissables, mais un œil grand ouvert, une posture incongrue, une bosse insolite, un accouplement hors nature exercent toujours leur magie. Devant l'escalier, au milieu des cactus et des figuiers, on a disposé une grande statue d'homme couché, la tête appuyé pensivement sur sa main. Il porte la fraise et la culotte bouffante à l'espagnole, une cuirasse, une fleur de pierre en guise de pectoral. Pendant que nous rêvons sur un des bancs de pierre incorporés à la façade, tout engourdis de bonheur et de mélancolie, parmi l'odeur du fenouil et de la menthe, remarquons encore, montant la garde à côté de la grille rouillée, deux autres statues géantes : l'une d'une femme à trois mamelles et trois têtes, dont l'une humaine et deux de mouton ; l'autre d'un vieillard, dont la barbe démesurée rejoint le sexe.

Avant de monter l'escalier et de pénétrer à l'intérieur, ne négligeons pas d'admirer l'architecture elle-même de l'édifice, tout en courbes et contre-courbes, et mise en valeur par un des plus beaux perrons de l'Italie méridionale. C'est l'œuvre du dominicain Tommaso Napoli, auteur aussi de la voisine villa Valguarnera et d'un des clochers de l'église San Domenico à Palerme. On ne sait presque rien de lui, mais ces deux constructions de Bagheria suffisent à lui assurer une place éminente dans l'histoire de son art. Le perron est logé dans un renfoncement circulaire de la façade, tandis que l'autre façade est convexe. Comme l'a relevé Anthony Blunt, les rampes se dirigent toutes en ligne droite, mais changent de direction d'une manière si

subtile et jouent de façon si inattendue avec les murs rectilignes et curvilignes du bâtiment, que se trouve là plus d'ingénieuse fantaisie que dans les escaliers à courbes et à spirales. Pareille débauche de lignes fuyantes, brisées, de pans coupés et inclinés, de murs sinueux, faisait dire à Goethe que « le sens du niveau et de la ligne verticale, si profondément humain et fondement de toute eurythmie, est livré à la dérision et à la torture ».

De tous les visiteurs, Goethe a été le plus illustre ; mais sans doute pas celui (cette seule phrase en témoigne, sans compter les jugements, sur le mauvais goût et l'insanité du prince, dont il assaisonne son compte rendu) à qui son éducation, ses penchants, son classicisme bien tempéré (il s'inspira des monstres palagoniens pour les scènes de sabbat de *Faust*) pouvaient permettre une intelligence approfondie des mystères de la villa. Patrick Brydone, déjà cité, un autre Anglais, le baronnet Henry Swinburne[1], le comte polonais De Borch[2], le peintre français Jean Houel[3], bien qu'eux aussi tentés de condamner cette maison comme un asile de fous, ont pris la peine de nous la décrire avec plus de détails. Leurs récits vont nous servir de guides pour explorer l'intérieur, et tâcher de saisir la personnalité de ce prince, dont le « bon cœur » cachait de si diaboliques obsessions. De la décoration qu'il avait voulue pour ses pièces, il ne reste presque plus rien. Seul est ouvert au public le grand salon, déjà étonnant avec son plafond à miroirs et les marbres polychromes de ses murs, mais privé de nombreux accessoires qui provoquaient chez le voyageur un émerveillement scandalisé.

Ils constituaient une sorte de grammaire complète

1. *Travels in the Two Sicilies*, 1783.
2. *Lettres sur la Sicile et l'île de Malte*, 1777.
3. *Voyage pittoresque des isles de Sicile, de Lipari, de Malte*, 1787.

du baroque, mais l'art qui s'était épanoui dans le reste de l'Europe contenu dans les limites de ce que l'on appelle la « civilisation occidentale », explosa ici avec une fureur inhabituelle, sous l'influence de deux facteurs spécifiques, l'exubérance plastique commune aux habitants de l'île, et un satanisme préromantique particulier au prince. Celui-ci, notons-le bien, né en 1722, hérita de tous les biens et fiefs de sa famille à l'âge de vingt-quatre ans seulement, après la mort prématurée de son père. Les monstres de la villa Palagonia, commencés en 1747, ne sont donc pas le caprice sénile d'un vieillard, mais le vœu ardent d'un homme dans tout l'éclat de sa jeunesse. Le prince n'était pas un asocial non plus. Il avait épousé une richissime héritière (contrairement à l'opinion de Goethe, pour qui tant d'absurdités n'avaient pu naître que dans le cerveau déséquilibré d'un célibataire), Maria Gioacchina Gaetani e Buglio, fille du duc Gaetani, qui lui apporta en dot le principat de Lercara et le marquisat de Bifora. En 1746, Charles III, roi de Naples, de Sicile et d'Espagne, le nomma son chambellan personnel. Il fut aussi promu grand d'Espagne de première classe, chevalier de l'ordre de San Gennaro, président de la Compagnie des Bianchi.

Il semble avoir été de caractère réservé et timide. Le contraste entre son œuvre publique et sa vie privée ajoute à la fascination qu'il exerce. Taciturne comme tout vrai Sicilien, il a emporté avec lui son secret. À la différence des plus célèbres personnages de son époque, Casanova ou Sade, le prince de Sansevero ou Cagliostro, aucune aventure scandaleuse ne s'attache à son nom. L'exhibition n'était pas son fort. Goethe, qui le rencontra par hasard dans une rue de Palerme, l'a décrit marchant à pied au milieu des ordures, accompagné de deux valets qui faisaient la collecte pour le rachat des prisonniers retenus esclaves en Afrique. Au voyageur allemand qui s'étonnait qu'un patricien si opulent fût réduit à mendier quelques écus alors qu'il avait gaspillé un patrimoine dans ses folies somptuaires, un commerçant répondit : « Nous sommes tous pareils ! Nos extravagances, nous nous les payons volontiers nous-mêmes ; mais pour nos vertus, c'est aux autres de fournir l'argent. » Brydone avance le chiffre énorme de vingt mille livres sterling dépensées par le prince pour assouvir ses chimères ; Swinburne tient pour plus de quarante mille.

Si nous cherchons à recenser les thèmes du baroque tels qu'ils apparaissent (ou apparaissaient) dans la décoration de la villa, soulignons d'abord la métamorphose, déjà observée au sujet des monstres. Bernini avait donné l'exemple, en représentant Daphné dans l'acte de se transformer en laurier. Le prince s'est plu à mêler les espèces humaines et animales, à figurer les femmes en chèvres, les hommes en grenouilles, les quadrupèdes en poissons, les sauriens en oiseaux. Que la distinction entre les formes soit abolie ! Que les classifications trop nettes s'effacent, pour donner libre essor à l'esprit changeant, illimité et démiurgique de l'univers !

Un deuxième thème est l'accumulation, la pléthore. Houel rapporte que le prince faisait faire à Palerme de minutieuses recherches pour récolter toutes les sortes possibles et imaginables de corniches dorées : lisses ou sculptées, opaques ou brunies, entières ou cassées, en morceaux ou en débris. Même zèle pour les miroirs, les vitres, les fragments de cristal, petits ou grands, épais ou minces, en forme de fleurs ou de palmes, taillés en biseau ou en diamant. Il recueillait aussi les porcelaines, les céramiques, les laques. Tout lui était bon pour couvrir et faire briller chaque pouce carré de mur ou de plafond. « Tous ces morceaux posés toujours sans ordre, papillotent aux yeux et les éblouissent. Quand ces morceaux inégaux ne s'ajustaient pas assez bien pour couvrir totalement le plafond, on remplissait les intervalles avec du clinquant ou du papier doré. Les panneaux des portes sont remplis de toutes sortes de morceaux de cristal ou de glaces, unis ou contournés : les vides sont remplis par des morceaux de cristal faux ou de verre. Les chambranles sont ornés de filets festonnés et de tubes de baromètres. » Brydone fut frappé par la profusion de vaisselle employée à la décoration. Il vit les cheminées, les fenêtres, les crédences encombrées de pyramides et de colonnettes faites avec des théières, des tasses, des soucoupes cimentées entre elles. Une de ces colonnettes avait pour base un pot de chambre en porcelaine et pour chapiteau une couronne de pots de fleurs. Le fût était composé de théières de plusieurs grandeurs, qui diminuaient graduellement de la base au faîte. Bouteilles vides, tubes de baromètres et flacons de diverses tailles servaient à la confection des lustres et lampadaires à deux, trois ou même quatre étages. Si aucun baroque du XVIIIe siècle n'a jamais répugné à l'entassement et à la prolifération des détails (en 1746, Tiepolo commence les fresques du palais Labia à Venise ; en 1755 naît en Espagne le style churrigueresque, de sculpture surchargée), on se demande de quelle exaltation singulière tout ce qui luit et miroite enflammait le prince.

Troisième thème : l'illusion. Les carreaux des fenêtres brillaient de toutes les couleurs, mélangées sans ordre ni critère : bleu, rouge, vert, jaune, pourpre, violet, en sorte que de chaque fenêtre on pût voir le ciel et la terre de la couleur qu'on désirait. « Il suffit de regarder par le bon carreau » (Brydone). L'horloge était logée dans le corps d'une statue : les yeux bougeaient en même temps que le pendule, et roulaient en montrant alternativement le blanc et le foncé de l'œil. Quant aux fameux miroirs du plafond (encore visibles

aujourd'hui, mais bien usés et ternis), on les avait ajustés de telle façon que chaque personne qui se trouvait à passer croyait le salon envahi d'une grande foule, alors que ce n'était que sa propre image reproduite à l'infini. Jeux innocents, comme en aimaient les peintres de coupoles en trompe l'œil. Le prince s'essayait à des inventions plus perverses : ainsi de ce buste de marbre qui représentait une femme de la plus grande distinction et beauté : si on retournait le buste, apparaissait une tête de mort ; ou de cette statue de bébé dans les bras d'une nourrice : en regardant de près, on découvrait que le poupon avait la tête d'une vieille femme ridée.

À la sévérité des classiques s'oppose le ludisme des baroques. Ferdinando Francesco II Gravina Cruylas et Alliata (tel était son nom au complet) poussait ce goût jusqu'à la farce. Les sièges du salon étaient disposés en deux demi-cercles, un à gauche et l'autre à droite de la porte d'entrée, mais en sens contraire, de sorte que les personnes assises dans un des demi-cercles tournaient le dos à celles assises dans l'autre. Misanthropie ? Sardonique agression aux usages ? Ou trait supplémentaire de sicilitude ? On parle peu, en Sicile, et un Sicilien est d'avis qu'on parle toujours trop. Le prince avait inventé d'autres moyens ingénieux pour contrevenir aux rites frivoles du bavardage. Certains des sièges étaient tellement inclinés en avant qu'il fallait faire un effort pour ne pas glisser et tomber par terre. Aux chaises, il faisait scier les pieds inégalement, en sorte qu'il fût périlleux de s'y asseoir ; et lorsque le visiteur trouvait enfin un fauteuil où se poser sans risque, il se redressait en sursautant, car venait de le piquer au derrière une des aiguilles plantées dans le rembourrage.

De la facétie mondaine, voici qu'on passe à un degré plus sérieux dans la dérision. Volonté de s'en prendre, autant qu'aux hommes, à Dieu lui-même. De deux bas-reliefs disposés côte à côte, l'un représentait le mystère de la Passion, l'autre une danse de saltimbanques. Le buste d'un empereur romain en marbre multicolore, avec deux nez et une couronne d'épines au lieu de laurier, voisinait avec un nègre à pieds de cheval. Les quatre parties du monde étaient figurées par des femmes à tête de cheval pour l'Europe, de chameau pour l'Asie, de lion pour l'Afrique, de crocodile pour l'Amérique. Le prince souhaitait leur donner comme pendants quatre évangélistes qu'il aurait soumis à une distorsion analogue, mais comme Matthieu eût dû recevoir une tête d'ange, il remplaça les quatre saints par quatre horribles bêtes de l'Apocalypse.

La villa renfermait une chapelle. On y voyait un buste de femme parée de tous les colifichets de la mode et en même temps rongée par un essaim d'insectes, de scorpions, de scolopendres, de vers et de mites; et surtout un crucifix sculpté fixé à la voûte, dont l'indécence stupéfiait les visiteurs. Du nombril du Christ pendait une chaîne à laquelle on avait accroché la tête d'un pénitent (d'un saint François, précise De Borch) agenouillé et suspendu en l'air, ses pieds et ses mains servant de chandeliers pour les cierges qui éclairaient la chapelle. Rapprochons de cette parodie sacrilège certains propos prêtés au prince, selon lesquels Dieu n'avait pas achevé la création des animaux, les divers monstres devant être considérés comme un supplément à la Genèse, et nous mettrons la dernière touche au portrait d'un homme dont le contemporain était plutôt le marquis de Sade que Jean-Jacques Rousseau.

Les psychiatres, bien entendu, se sont emparés du « cas » Palagonia. Le célèbre Emile Kraepelin introduisit dans le premier volume de son traité de psychiatrie (1883) quelques photographies des monstres, lesquels révéleraient, selon lui, une catatonie prononcée,

c'est-à-dire un état de passivité, d'inertie motrice et psychique, caractéristique de la schizophrénie. Plus récemment, le Doktor Weygandt a dressé un tableau pathologique des aberrations observées dans la villa, et le Doktor Max Fischer, spécialiste en dessins de fous, a déclaré que les créations du prince étaient encore plus significatives que les œuvres de malades exposées au musée de la clinique psychiatrique de Heidelberg. Ces puits de science germaniques n'étaient sans doute jamais allés en Sicile. Aucun de ses habitants ne leur aurait paru jouir d'une santé mentale entière, et le plus suspect de tous leur eût semblé Pirandello.

La destinée posthume du prince a connu d'autres épisodes plus gracieux. Le Guide Bleu, sans citer ses sources, affirme que « ce gentilhomme fou de jalousie avait enfermé sa jeune et jolie femme dans cette maison qu'il avait peuplée de monstres. Certains avaient les traits des amoureux de la princesse qui devant ce décor de cauchemar devait méditer sur ses fautes et l'horreur de ses désirs, même inavoués ». Je me souviens d'une vieille gardienne qui racontait une fable sur la jalousie du propriétaire, en effet. Pure légende, dont ne fait pas mention, en tout cas, la solide étude de Giovanni Macchia sur *Il Principe di Palagonia*. L'extravagance du prince reste contagieuse deux siècles après sa mort. Mais comme ceux qui attribuent au malheur conjugal ses obsessions rapetissent son génie à leur mesure ! Est-il si difficile d'imaginer ce grand seigneur deux siècles avant son lointain descendant Tomasi di Lampedusa, absorbé dans une spéculation métaphysique qui lui révèle la misère de toute chose, l'imposture de l'histoire, la défaite de la raison incapable de maîtriser l'univers, la chute de l'homme et la mort de Dieu ?

Achim von Arnim, un des grands poètes et conteurs romantiques allemands, si admiré d'André Breton, a donné aux mystères de la villa Palagonia une explica-

tion fantaisiste et merveilleuse (dans son roman *Pauvreté, Richesse, Faute et Expiation de la comtesse Dolores*, paru en 1810). La maison elle-même y est décrite sous l'apparence d'un château médiéval, muni de pont-levis, de fenêtres biscornues, de portes déjetées, orné de chimères de marbre. Arnim rattache l'origine de la famille Palagonia à une légende allemande du XVIe siècle. Le chevalier Peter von Stauffenberg aurait eu commerce avec une sirène, et leur fils, transporté en Sicile par la volonté de l'empereur et gratifié du titre de prince de Palagonia, aurait donné naissance à une lignée de songe-creux marqués du sceau de la mélancolie, dont le dernier, Francesco Gravina II, inventa les monstres pour acquérir la réputation de fou et rester seul une bonne fois, en détournant de sa maison et de sa personne ceux ou celles qui auraient été tentés de l'aimer. Que cette vision pirandellienne, qui fait du solitaire de Bagheria un Enrico IV avant la lettre, nous paraît séduisante !

Le prince, toujours selon Arnim, sortait le soir de son château enchanté, montait dans une barque et passait la nuit sur les flots, à la recherche d'hypothétiques divinités marines, souvenir de son ascendance nordique et fabuleuse. Il errait ainsi entre les grottes du rivage, dont il rapportait des fragments de pierres colorées, des débris géologiques chatoyants, pour en tapisser les murs et les plafonds de sa demeure. À la fois regret d'un monde perdu et parodie de ce rêve impossible, la villa Palagonia serait ainsi le témoignage d'une hypocondrie incurable, en même temps que sa récusation sarcastique.

Rien de plus sicilien, assurément, que cette façon de se moquer de ses propres chimères ; et si le mélange de nostalgie et d'humour est caractéristique du romantisme allemand, il nous donne une des clefs pour comprendre le tempérament insulaire.

Il est peu probable que le vrai prince de Palagonia, qui nous semble plutôt un terrestre, se soit entiché de sirènes mais, s'il voulait exercer à ses propres dépens ses dons d'ironie et de mystification, les occasions ne lui manquaient pas. Goethe — nous n'avons plus affaire ici à une fiction de romancier mais à un relevé d'observateur — nota l'étrangeté du blason familial, tel que le prince l'avait fait reproduire dans sa villa : « un satyre, qui tend un miroir devant une femme à tête de cheval. » Or ce blason, impossible du point de vue héraldique, était de la pure invention du propriétaire. Les armoiries véritables étaient « d'étoiles d'or à doubles bandes sur champ d'azur ». Des étoiles, de l'azur : c'en était trop pour le naturel persifleur du prince. On comprend qu'il se soit empressé de substituer à ces accessoires du bric-à-brac lyrique des éléments plus conformes à son goût de la dérision.

Cruel envers lui-même, regardant le monde comme un théâtre d'illusions et de méprises, familier avec la mort, poussant la plaisanterie jusqu'au blasphème, le prince de Palagonia nous apparaît comme une figure emblématique de la Sicile. Si même le blason de l'île, depuis l'Antiquité, est aussi aberrant, lunatique et railleur que le faux blason de la villa ! Non pas un temple majestueux au bord d'une mer limpide, ou quelque autre allusion à la sérénité, à la sagesse des Grecs, mais (les trois pointes de l'île, Trinacria pour Virgile, expliquent le choix de la triade sans justifier l'extravagance du symbole) une tête de Gorgone au centre d'un cercle d'où pendent trois jambes, ailées aux talons, qui tournoient en hélice. La négation de tout ce qui est mesuré, posé, « noble », rassurant, une image de frénésie et de démence qui devait plaire à l'expert en tératologie. Gorgone : monstre à chevelure de serpents, à dents de sanglier et à ailes d'or. Le prince aurait eu un motif supplémentaire de se réjouir s'il avait su que

les psychiatres trouveraient dans les dessins de malades mentaux certaines figures (appelées dans leur jargon « céphalopodes ») analogues au blason tournoyant de la Sicile. Une découverte propre à le conforter dans l'idée qu'un Sicilien n'aura jamais assez de méfiance ni de dédain pour tout ce qu'on peut raconter de lui.

Le cimetière des Capucins

Le Guide Bleu, dans sa plus récente édition (1977), conseille aux touristes, s'ils aiment « l'insolite », de compléter leur visite de Palerme par une descente dans le cimetière souterrain des Capucins, où les attend une « macabre galerie de portraits ». « Macabre » : telle est en effet la plus douce des épithètes qu'on accole d'habitude à cette collection de huit mille cadavres alignés, la plupart debout dans les caves du couvent des Capucins. Un jour blafard filtre par les soupiraux. Devant ces spectres quelquefois bien conservés, mais le plus souvent déjetés et grimaçants, revêtus de leurs plus beaux habits tombés presque en poussière, et qui le dévisagent du fond de leurs orbites creuses, le voyageur le plus intrépide sent un frisson lui parcourir l'échine. Il souscrit volontiers à la qualification de « macabre », quand il n'ajoute pas à cet adjectif ceux de « dégoûtant », « affreux », « horrible ».

Pourtant, il aperçoit, mêlées à la foule des étrangers qui, pareillement à lui, luttent contre un sentiment de répulsion, des familles entières de Palermitains. Elles viennent se promener dans un lieu qui leur semble familier et presque agréable. Les femmes ne sont pas saisies d'épouvante, les enfants regardent en riant les cadavres et jouent au pied des ossements racornis.

Lors des grandes pestes du Moyen Âge, les Capucins s'étaient distingués par leur dévouement. À la fin du XVIe siècle, certains de leurs corps furent retrouvés intacts dans le sous-sol de leur monastère : ainsi découvrit-on les propriétés miraculeuses de cette terre. Une première galerie fut aménagée en 1599 pour donner une sépulture convenable à ces moines. Le premier cadavre qu'on aperçoit à gauche en bas de l'escalier, accroché au mur dans sa robe de bure, est celui de Silvestro da Gubbio, installé là le jour de l'inauguration. Réservé d'abord au personnel ecclésiastique, le cimetière s'ouvrit ensuite à toutes les catégories de défunts, et connut sa plus grande vogue au XIXe siècle.

Aujourd'hui, si on fait le tour du double quadrilatère et des cinq galeries dans le sens contraire à celui des aiguilles d'une montre, on trouve d'abord le couloir des hommes, muni d'un renfoncement sur la droite où sont déposés les enfants. Si on ne reconnaissait pas ceux-ci à la taille de leur squelette, on serait renseigné par le verset de l'évangéliste écrit en grandes lettres sur le mur blanc : « Leurs anges aux cieux voient constamment la face de votre Père qui est aux cieux » (Matthieu, XVIII, 10). Puis le couloir des femmes, agrémenté d'une inscription murale tirée du *Cantique des créatures* de saint François d'Assise, avec un compartiment spécial pour les vierges, signalées par leur couronne et leur palme, et saluées d'un verset de l'Apocalypse, XIV, 4 (lequel s'applique en réalité à des hommes : « Ils suivent l'Agneau partout où il va, ils sont vierges » : la suppression du pronom personnel sujet en italien autorise ici une équivoque qui n'est peut-être pas un lapsus : *Seguono l'Agnello dovunque vada, sono vergini*). Puis le couloir des « notables » *(professionisti)* : militaires, avocats, médecins, artistes, enfin les deux couloirs destinés aux religieux, l'un aux prêtres, que revêtent leurs habits sacerdotaux violets, l'autre aux moines, qui portent le froc et la corde.

Les corps sont soit suspendus verticalement (ce sont eux qu'on note d'abord et qui font le plus d'impression), soit enfermés dans des caisses posées par terre, soit logés dans des niches horizontales ménagées dans la paroi. Monseigneur d'Agostino, évêque de rite grec mort en 1857, occupe une niche particulière, plus spacieuse que les autres, sans la galerie des prêtres. Il repose, paré de ses plus beaux atours, la tête appuyée sur un coussin brodé.

Comme lui, tous les cadavres se présentent habillés avec soin, même si le temps a réduit en loques les tissus de velours et de soie. On distingue encore sur la tête des femmes le bonnet enrubanné, à leurs doigts osseux les gants de dentelle, à leurs pieds ratatinés les souliers de taffetas. Une étiquette, pendue à son cou ou épinglée à son reste parcheminé de poitrine, indique le nom du trépassé, le jour de sa naissance et celui de sa mort. Les hôtes de ces singulières catacombes y sont descendus pour la plupart pendant le XIXe siècle. Ils appartenaient plutôt à la haute société, bourgeoisie riche et aristocratie. Certaines pierres tombales recouvrent la fosse de défunts plus illustres ou plus remarquables par quelque titre : ainsi le Français Alexandre Michaut, comte de Beauretour, lieutenant général et aide de camp de Sa Majesté l'Empereur de toutes les Russies, mort à Palerme le 22 juillet 1841.

Parmi les gloires plus anciennes, il faut remarquer, sur une console placée dans le petit couloir à droite de l'escalier, la sépulture d Ayaia, roi de Tunis qui, poussé à Palerme par un coup de vent, tomba malade et mourut dans la capitale sicilienne en 1622, non sans avoir été touché par la grâce. Il se convertit et reçut le baptême sous le nom de Philippe d'Autriche, événement qui fit grand bruit, l'empereur d'Autriche en personne ayant consenti à être son parrain. Jusqu'au XIXe siècle, la console était surmontée d'un dais en calicot, la tête du mort ornée d'une couronne en papier, et sa main armée d'un bâton de chaise doré en guise de sceptre.

Les familles payaient une redevance annuelle au couvent pour garder leurs morts dans ces galeries ; sinon, on les en délogeait et on les enfouissait sous la terre. Le cimetière fut officiellement fermé, par ordonnance des autorités civiles, en 1880. Deux seules exceptions au XXe siècle : l'une pour le vice-consul des États-Unis, Giovanni Paterniti, mort en 1911 (couché dans son cercueil sans couvercle, il ressemble, avec sa moustache en brosse et son air macho, à un personnage de son contemporain Puccini), l'autre pour une petite fille de deux ans, Rosalia Lombardo, morte en 1920. Contrairement à tous les autres cadavres, celui-ci s'est conservé parfaitement. Un médecin embauma le corps par une série de piqûres qui ont gardé les chairs intactes. Il ne voulut pas divulguer son secret. « On dirait qu'elle dort », s'écrient les visiteurs. Pour moi, c'est le seul cadavre vraiment répugnant de ce cimetière, parce que, justement, il contrefait la vie ; le seul auquel convienne l'épithète de « macabre ».

Pour les autres corps, voici la méthode employée. On les portait dans le sous-sol des Capucins vingt-quatre heures après le décès, sans pratiquer aucune injection ni préparation d'aucune sorte, et on les plaçait, à l'intérieur d'un caveau ensuite soigneusement muré, sur une grille faite de tubes de terre cuite. Au bout d'un an, on retirait de cet « égouttoir » le cadavre vidé de ses humeurs et desséché ; on le passait dans un bain de vinaigre et d'herbes aromatiques et on l'exposait au soleil pour achever l'œuvre de momification. Enfin, réduit aux os et à la peau, habillé et paré, il était logé dans une des galeries.

Le corridor des hommes exhibe un corps particulièrement bien conservé : Antonio Prestigiacomo, debout dans sa houppelande, les cheveux et les yeux comme en vie. Celui-là fut plongé dans un bain d'arsenic et pétrifié par le poison. Une autre variante était l'immersion dans la chaux vive : ainsi de Guiseppe Siciliano, jeune garçon de quatorze ans mort en 1851, installé à côté de la petite Rosalia Lombardo.

Tous les corps ne supportaient pas également le séchage. On les sortait tordus, disloqués, ou amputés d'un membre. Le séjour dans la galerie, ensuite, ne les mettait à l'abri ni de la corruption du temps ni du grignotage des souris. Parfois une tête ou un bras se détachait et roulait à terre. Les parents, qui les avaient habillés et fardés au sortir de « l'égouttoir », venaient alors les raccommoder avec du fil de fer.

Alexandre Dumas (de tous les voyageurs celui qui, avec Stendhal, a le mieux compris l'Italie) visita le cimetière des Capucins en 1836. Il raconte ses impressions dans *Le Speronare*. Sans doute fut-il un des derniers à voir le dais en calicot et la couronne en papier sur la tête de Ayaia, le roi de Tunis converti. Un autre cadavre, le plus rapproché de l'escalier, tenait à la main un long bâton : Dumas demanda au gardien de lui expliquer ce symbole. Comme le mort en question se trouvait le plus près de la porte, lui répondit-on, on l'avait élevé à la dignité de concierge, et on lui avait mis un bâton à la main pour qu'il empêchât les autres de sortir. Ce trait d'humour noir enchanta Dumas, lequel prit le parti de juger tout cet étalage de squelettes risible plutôt que hideux. C'était l'époque de la vogue romantique des fantômes et des terreurs de l'au-delà. Au lieu de ce culte sombre et poétique pour les trépassés, l'auteur d'*Antony* relève avec un étonnement amusé la familiarité ironique des Siciliens avec leurs défunts. « De temps en temps, écrit-il, les héritiers viennent voir si ceux dont ils mangent la fortune sont toujours là : ils voient leur oncle, leur grand-père ou leur femme, qui leur fait la grimace, et cela les rassure. » Impossible, conclut-il, de croire aux revenants dans un pays où les morts ressemblent le plus possible à des vivants.

Dumas aperçut le cadavre de la marquise Spataro, morte en 1834, à l'âge de vingt-neuf ans. Robe de crêpe, couronne de roses et oreiller de dentelle. Plus un bouquet de fleurs fraîches. Le visiteur apprit que ces fleurs étaient renouvelées tous les jours, par le baron P. qui avait aimé la marquise. « C'était un terrible amour que celui qui résistait depuis deux ans à une pareille vue. »

Le cimetière est devenu aujourd'hui une sorte de musée. On a placé, depuis une dizaine d'années, entre les cadavres et les visiteurs des filets métalliques, ce qui affaiblit beaucoup l'effet de surprise, et ruine le travail du photographe. Jusqu'à la fin du siècle dernier, les familles qui venaient en visite reconnaissaient les morts qu'elles avaient aimés ; elles pouvaient les toucher, ou remettre en place un os dérangé. Guy de Maupassant, dont le voyage en Sicile, raconté dans *La Vie errante*, remonte en 1885, trouva abominable cette proximité de la vie et de la mort. « On me montre un homme mort en 1882. Quelques mois auparavant gai et bien portant, il était venu choisir sa place, accompagné d'un ami. Je serai là, disait-il, et il riait. L'ami revient seul maintenant et regarde pendant des heures entières le squelette immobile, debout à l'endroit indiqué. »

Que dirait le Français de 1988, à présent qu'on traite la mort comme un épisode honteux ? On enterre les défunts à la sauvette, même les cortèges funèbres ont disparu des rues. Autrefois, on faisait l'amour en cachette, et on mourait en public. C'est le contraire qui se produit aujourd'hui : belle revanche d'Eros sur Thanatos.

Un des plus grands sujets de scandale pour le visiteur européen est la promiscuité de ces cadavres. Quoi, la solitude n'est-elle pas le droit le plus sacré du défunt ? N'est-ce pas infliger le suprême outrage aux morts que de les aligner les uns à côté des autres comme dans une salle commune d'hôpital ? La littérature romantique nous a tellement habitués à associer « mort » et « isolement » que nous ne concevons pas qu'on puisse attribuer aux trépassés le désir de rester ensemble. Or, en Sicile, rien de plus étranger que le goût de la solitude. On dort à quatre ou cinq dans une pièce, on sort en bande, on multiplie les enfants, chacun a besoin de la proximité et du contact physique du plus grand nombre possible de ses semblables. Aussi ne viendrait-il à personne l'idée de récompenser les morts en les installant dans une solitude exécrée. Le cimetière des Capucins de Palerme leur offre cette chance inouïe de pouvoir reprendre entre eux la conversation abandonnée à la maison. Regardez les deux frères peintres, au bout à gauche du couloir des notables, juste avant de tourner dans celui des moines : ce n'est pas au Père-Lachaise qu'ils auraient pu, chacun allongé sous sa dalle, continuer à parler couleurs et pinceaux !

La pose verticale des cadavres choquent également le visiteur, pour qui la mort est un « repos éternel ». Dans notre civilisation, on envoie les enfants et les morts se coucher, et pour la même raison : on se débarrasse d'eux, sous prétexte de veiller à leur bien-être. En Sicile, les enfants jouent jusqu'à minuit entre les jambes de leurs parents, et quant aux morts, ils resteraient tous éternellement debout, pour prouver qu'ils continuent à être présents, s'il y avait assez de place chez les Capucins. Signalons que dans l'Occident chrétien on n'a mis debout dans leur tombe que certains militaires ou chefs politiques (Clemenceau), ou quelques héros du Far West, pistolet au poing. Le mort que n'auréole pas une rhétorique belliqueuse est traité en bambin, on l'expédie tout bonnement au lit, alors qu'il n'y a pas besoin d'être un surhomme en Sicile pour avoir droit à une destinée posthume verticale.

Reste un dernier sujet de stupeur. L'ensevelissement dans le sol a toujours été et partout le principal moyen de rendre la paix aux morts. Dans quel pays plus qu'en Italie du Sud assimile-t-on le retour à la terre au retour à la mère ? Les Capucins commençaient par enfouir les défunts dans le tuf apaisant, mais ils les ressortaient au bout d'un an, ils les arrachaient au milieu clos et sécurisant de la terre et les abandonnaient à l'air. L'air, le milieu le plus incertain, le plus changeant, dont la couleur et la température varient selon les heures de la journée, selon les mois et les saisons, au mépris du vœu d'éternité des morts. Voilà sans doute ce qui heurte le plus le visiteur. L'exhumation des cadavres est ressentie comme la profanation du fantasme le plus cher à tous les hommes, le plus sacré pour eux. Extirper les morts de leur séjour souterrain viole leurs droits fondamentaux beaucoup plus scandaleusement encore que la promiscuité et la verticalité.

Les morts du cimetière des Capucins à Palerme ne sont pas des morts au repos. Leur inquiétude nous inquiète, leur désarroi nous bouleverse. Ce sont des morts déterrés, expulsés une seconde fois du giron maternel et remis en circulation comme des vivants, pour jouir, souffrir et grelotter dans le jour blafard des galeries exposées aux courants d'air. Pas des revenants, comme l'avait bien compris Alexandre Dumas. Les revenants « reviennent » des royaumes de l'au-delà où ils ont vu, entendu, touché des certitudes. Les morts de Palerme ne « reviennent » pas d'ailleurs. Ils sont restés là, empêtrés dans leur condition humaine ; ayant subi, après le premier trauma de la naissance, le second trauma de l'exhumation. Créatures doublement et infiniment misérables, que l'avantage de se retrouver à huit mille et le bonheur de se serrer les coudes en nombreuse compagnie ne consolent pas d'avoir perdu l'intimité d'un lieu clos.

Babouins et filles-fleurs

La fermeture du cimetière des Capucins, en 1880, coïncide avec l'ascension d'une nouvelle classe sociale, née de l'Unité italienne et de l'essor économique de la nouvelle nation. On veut s'émanciper de la Sicile traditionnelle, des us et coutumes antiques, le passé bourbonien et rituel fait honte. Armateurs, industriels, commerçants prennent la relève des barons et des princes. La ville est à nouveau en chantier, comme elle l'avait été au XVIIe siècle, lorsque les énormes colonnes pour l'église San Giuseppe, monolithes hauts de dix mètres, étaient traînées dans les rues sous le regard stupéfait des passants. Les témoignages de Renan et de Maupassant nous le confirment : vivacité, animation, gaieté carctérisaient la Palerme fin de siècle. Devons-nous donc réviser notre jugement sur les conséquences de la victoire des garibaldiens ?

Il n'y a qu'à se promener autour de la cathédrale, soit à l'ouest du côté du marché aux puces et des rues poussiéreuses, au sol de terre battue, jamais refaites depuis la colonisation arabe, soit à l'est où les fiacres et les chevaux de la via Porta di Castro sont mieux logés que les humains, pour se rendre compte que la modernisation de Palerme ne toucha qu'une partie minime de la ville. En quoi consista-t-elle ? À démolir ce qui était jugé rétrograde, boursouflé, décadent, et à y substituer des immeubles rectilignes et froids, temples de la nouvelle rationalité. Palais et églises de l'époque honnie furent rasés, la moitié des œuvres de Serpotta disparurent, on perça de nouvelles rues à la place des monuments sacrifiés, on délaissa les Quattro Canti et leurs parages pour s'installer dans ce *no man's land* de béton qui commence au-delà de la piazza Verdi. « On », c'est-à-dire ceux qui le pouvaient, en abandonnant à un sort qui devint de plus en plus misérable la plus grande partie de la population, relogée dans des palais impossibles à entretenir, reléguée dans les quartiers dont la désertion par la noblesse précipita l'appauvrissement et la dégradation.

Mais, dans la mémoire, ces années où une classe supplantait l'autre ont laissé de poétiques vestiges, dans la mémoire au moins d'un vieux duc qui ne voulut pas mourir avant d'avoir évoqué, en un livre écrit à soixante-dix-sept ans, les dernières heures d'une caste d'autant plus brillante que les rayons du soir la touchaient.

Cette *Enfance sicilienne* de Fulco di Verdura[1] nous livre les codes d'une société aussi éloignée de notre monde bourgeois que pouvaient l'être, pour le petit garçon de Combray, les Guermantes « enveloppés du mystère des temps mérovingiens ».

Un coup de cloche pour annoncer un homme seul, deux coups pour un couple ou pour les dames, trois coups pour les membres de la famille, quatre pour le maître de maison : tel était le protocole rigoureux observé par le concierge du palais Verdura, à l'aube de ce siècle. Les prêtres faisaient l'objet d'un compromis : personnages du sexe masculin, donc bénéficiaires du viril coup de cloche unique réservé aux hommes ; mais, en hommage à leur soutane féminine, un tintement délicat prolongeait la sonnerie. Quand l'héritier du

1. Remarquablement traduite et enrichie de précisions historiques par Edmonde Charles-Roux, Grasset, 1981.

nom, auteur de ce récit, revint de l'enterrement de son père, tout abasourdi et les esprits confus, il ne prit conscience de la perte qu'il venait de faire que lorsque le portier, en l'honneur du nouveau chef de famille, fit retentir la cloche quatre fois.

À cette habitude de transmettre les messages par de simples signaux sonores qui dispensent de la parole articulée, on reconnaît la Sicile archaïque, méfiante et rituelle dont Pirandello dénonçait le formalisme étouffant, quoique non dénué d'humour, à l'époque même où le jeune Fulco déroulait les jours heureux de son enfance entre la villa Niscemi aux portes de la ville, le palais Verdura intra-muros et une troisième demeure presque aussi somptueuse dans le faubourg élégant de Bagheria. Résidences magnifiques et funèbres qui rappellent les splendeurs décrites par le prince de Lampedusa auquel Fulco était apparenté et qui emprunta à la grand-mère du duc les traits d'Angélique, la jeune héroïne du *Guépard*. Enfilades de pièces sombres, surchargées de meubles, débordantes de bibelots, aux tentures rouge sang, d'une tristesse crépusculaire malgré les voûtes rehaussées de stucs et les immenses panneaux de miroirs, le tout donnant l'impression d'un mausolée solennel plutôt que d'une habitation à usage familial.

Et pourtant, rien de plus charmant et de plus drôle que ce livre de souvenirs, qui nous restitue un monde à jamais défunt, d'un relief exceptionnel, où le goût du cérémonial était poussé jusqu'à l'absurde. Entre les nombreux animaux élevés dans le parc de la villa Niscemi, figurait un couple de babouins, laids, puants et malfaisants, dont on essayait de noyer l'odeur sous une profusion de daturas plantés près de leur cage. Pourquoi gardait-on ces animaux qui ne présentaient aucun attrait ni sentimental ni ornemental ? Mystère, répond l'auteur. La seule réponse étant, aussi péremptoire que loufoque : « Il fallait avoir des babouins dans son jardin... »

Que d'autres obligations, moins désagréables mais presque aussi bizarres ! Bien que les pâtisseries fussent nombreuses et excellentes à Palerme, interdiction pour les membres du clan Verdura de s'approvisionner en confiseries ailleurs que dans les couvents, où les nonnes cloîtrées se surpassaient en inventions sucrières, tourtes de pistache, coquilles de massepain, et jusqu'aux célèbres « seins de vierge », gâteaux impudiques en forme de tétons, sans compter le majestueux dessert appelé « triomphe de la gorge ».

Pour les glaces, heureusement, non moins variées et délicieuses, on était autorisé à s'arrêter en ville, devant une *gelateria*, mais à condition de ne pas descendre de voiture et de se faire apporter la *cassata* ou la *granita* dans le carrosse armorié. S'asseoir à une table posée sur le trottoir eût été d'une suprême inconvenance. À moins qu'on ne fût venu en fiacre, auquel cas il fallait absolument descendre, car seules les femmes de mauvaise vie se faisaient servir dans les voitures de place.

C'est à l'opéra que l'obsession de l'étiquette et du cérémonial confinait à la folie. Cinq rangs de loges, dont chacun correspondait à un degré très précis de la hiérarchie sociale. L'administration et l'armée occupaient le premier. Le deuxième, de beaucoup plus recherché, s'étendait de part et d'autre de la loge royale : réservée à la haute aristocratie. Le troisième aux grands bourgeois, souvent bien plus riches que les nobles, mais à qui tout l'argent de la terre n'aurait pas suffi pour être admis dans les loges du deuxième rang. Au cinquième rang se regroupaient les familles en deuil, les jeunes filles qui n'avaient pas encore fait leur entrée dans le monde et les patriciens ruinés, qui préféraient cet exil temporaire aux loges du quatrième rang, refuge honteux de la classe moyenne qui n'avait pu se caser ailleurs. Le comble de l'horreur étant les fauteuils d'orchestre, bons pour les commis voyageurs et les touristes sans relations.

En dépit de ce cloisonnement étanche, une authentique « maladie d'opéra » tourmentait les Palermitains, et en particulier le jeune Fulco qui, à l'âge de sept ans, se pâmait dans des flots de larmes aux malheurs de Norma, d'Aïda et de Mimi. Ce chapitre est le plus savoureux de tout le livre et permettra au lecteur français d'apprécier quel rôle joue l'opéra dans la vie quotidienne des insulaires — mais sans l'empêcher de rester perplexe devant l'architecture des deux grands théâtres de Palerme.

Commencés tous les deux en même temps, au cours de la seule année 1875, ils reflètent le goût de la petite bourgeoisie ascendante plutôt que celui de l'aristocratie en déclin. La première n'avait pas encore conquis le droit de descendre des quatrièmes loges, mais c'est elle, désormais, qui imposait son style à la seconde, laquelle ne trônerait plus longtemps aux meilleures places. Le Politeama Garibaldi, à la façade demi-circulaire enchâssant un arc de triomphe, plagie des monuments pompéiens : seul en relève la lourde silhouette un yucca planté au coin, dont la hampe porte à la saison des fleurs une panicule de clochettes rosées. Le Teatro Massimo, le plus grand opéra d'Italie, exhibe une colonnade corinthienne, une coupole de panthéon et un toit en pente — le tout sans proportions ni rythme, comme un pot-pourri de réminiscences romaines. Dans le pays où les architectes de théâtres avaient toujours été à la pointe du raffinement, les dégâts commencèrent bien avant l'arrivée au pouvoir de Mussolini.

Pour revenir à Fulco di Verdura, reconnaissons qu'il est plus intéressant en ethnologue involontaire, quand il décrit les mœurs de son île, que lorsqu'il s'essaie dans le portrait psychologique. Peut-être parce que en Sicile la pesanteur des rites et des traditions étouffe le développement des individus. Les quelques cas évoqués — un duc qui tire au fusil sur une religieuse coupable de faire sonner trop fort les cloches de son église, une vieille marquise bouffe-curé qui au moment de mourir accepte la communion mais à condition que le prêtre, caché derrière un paravent, lui tende l'hostie au bout d'une gaule — ressortissent plus à la curiosité anthropologique qu'à l'étude du caractère. Cette réserve faite, il y avait du romancier en lui. La scène où pour essayer de marier la tante Gertrude, d'une repoussante laideur, on l'expose, habillée et parée comme une châsse, dans une loge d'opéra, telle une marchandise à vendre, en face de la loge où l'on a invité le préfet de Messine dans l'espoir que cet important fonctionnaire, désireux de s'établir dans la noblesse, sera trompé sur la hideur de la promise par la pénombre des chandelles et les volutes du *bel canto*, cette scène, d'un haut comique et d'une insigne cruauté, aurait enchanté Proust. Auquel on pense souvent tout au long de ces pages qui dépeignent une fin de race et le couchant d'une époque, sans le génie littéraire d'un grand écrivain, mais avec la probité d'un témoin et la mélancolie d'un survivant.

Je ne connais aucun document qui nous parle de la Sicile avec plus de grâce et de malice. Il ne fallait rien moins, pour causer encore quelque sensation chez les Verdura rompus à toutes les cocasseries, que l'arrivée d'un dromadaire acheté par le père en Afrique et conduit par un chamelier arabe — mais bien des choses qui nous plongent dans un étonnement amusé allaient de soi en 1900. Les défunts, et non le père Noël inconnu de ce peuple sans sapins, déposaient les cadeaux au pied du lit des enfants, la nuit du 1er novembre. On ne s'étonnait point de voir les familles pique-niquer dans les cimetières le jour de la

Toussaint, ni déployer un journal sur la tombe de leur mort, afin qu'il prît connaissance des dernières nouvelles. Les lourds portails des palais restaient fermés un an après la disparition du chef de la lignée, et ne s'ouvraient pendant un an encore qu'à un seul battant, en signe de demi-deuil.

Tout cela paraissait naturel — comme semble naturel, aux derniers rescapés du naufrage de leur caste, de se laisser dériver tout doucement vers le fond de l'abîme, sans essayer de reprendre en main leur destin. Aujourd'hui, dans cette ville qui a peur de s'attabler aux terrasses de restaurants et même de prendre un café en plein air, il n'y a guère que la pâtisserie Caflish, sur le moderne et banal viale della Libertà (la dérision, à Palerme, contamine jusqu'aux places toponymiques), qui étale devant sa vitrine des tables et des chaises. Pour prendre un *gelato* l'après-midi, dans des conditions presque agréables, c'est là qu'il faut se rendre, malgré la froideur inhospitalière du quartier. Avec un peu de chance — et ce sera, plus que la médiocre glace, indigne du génie confiseur des Siciliens, la prime de ce détour en terre de spéculation mafieuse — on peut encore y apercevoir, comme échappé des souvenirs de Fulco di Verdura, quelque vieux gentilhomme, désargenté et nostalgique. En canotier et en complet d'alpaga, impeccable dans sa mise, il rêve devant un verre d'eau minérale, faute de pouvoir se payer friandise plus moelleuse. C'est la décadence pour lui, comme pour les sucreries elles-mêmes. Elles ne sont plus mitonnées par les recluses des couvents, qui glissaient dans le tour un potiron confit ou un « délice de la langue » empanaché de sirops, mais confectionnées par un professionnel du gâteau et servies par un garçon de café.

Des années 1900, qui furent florissantes pour le commerce mais désastreuses pour l'art, subsiste pourtant un monument insigne, né à peu près en même temps que Fulco di Verdura, le Grand Hôtel Villa Igiea, situé dans une position admirable, à l'ouest de la rade, au bord de la mer. Pourquoi, puisqu'on parle toujours des diverses Palerme, l'arabe, la normande, l'espagnole, la basque, ne pas citer la Palerme Liberty, dont cet édifice est un témoignage remarquable ? Il fut construit en 1900 par l'architecte palermitain Ernesto Basile, qui ajouta au Modern Style européen des touches typiquement siciliennes. Ainsi, l'extérieur se présente comme un palais arabo-normand, massif, à deux grosses tours, tout bardé de créneaux. Fenêtres pointues en ogive. Il ne faut pas se laisser décourager par cet aspect rébarbatif, car l'intérieur réserve la surprise la moins militaire, la moins virile. Comme un burg médiéval, ce château fort abrite un temple dédié exclusivement à Ève. Entrons dans la salle à manger d'hiver, achevée en 1908 et décorée par le peintre Ettore De Maria Bergler. C'est un chef-d'œuvre du goût Liberty, dont il exalte avec une amusante rigueur la végétale exubérance.

Le mobilier lui-même, les guéridons, les fauteuils, les paravents de cristal, ainsi que les armatures des portes et la corniche des miroirs, montrent le même style sinueux, contourné et tarabiscoté que les nervures de la voûte et les poutres du plafond. Par une ligne droite, tout est courbes et volutes. Aux murs, qui sont très élevés (la salle a une hauteur de deux étages), d'immenses fresques célèbrent le triomphe de la femme, dans une nature aussi évanescente que sophistiquée. D'un côté, on voit le soleil surgir de la mer, et des bacchantes, à moitié nues ou drapées d'étoffes à fleurs, brandir des coupes pleines d'encens, courir dans un

champ de narcisses, s'enivrer de lumière. Ailleurs, près d'un étang où des cygnes s'étirent entre des nénuphars, elles dansent de dionysiaques caroles en agitant des guirlandes de roses. Sur le troisième mur, ce sont d'autres pâmoisons, d'autres extases, toujours dans ce style délicatement floral. Teintes pastel, comme il convient à ces ballets de sylphides, que Wagner aurait pu choisir telles quelles, et dans le même décor, pour ses filles-fleurs, s'il avait écrit *Parsifal* vingt ans plus tard en élisant comme domicile, au lieu de l'hôtel des Palmes, la Villa Igiea.

Du plafond pend un lustre extravagant, tout en longueur, soutenu par quatre paires de serpents en fer forgé, moins lustre que rampe de lumière, hérissé de feuilles de cristal. Beaucoup de miroirs multiplient l'image des meubles et des fresques, c'est la salle tout entière qui semble entrer dans la danse et s'abandonner aux rites et aux délires du printemps. Salle de bal idéale pour un *Guépard* 1900, plus que salle à manger. Ah ! qui dira encore que les Siciliens sont un peuple misogyne, après cet hommage éclatant rendu à la femme, à la grâce et aux sortilèges féminins ? Pas un mâle dans ces fresques. Ces rondes de jeunes personnes court-vêtues reposent l'œil et rachètent l'île des sinistres *mammas* en noir encore en faction devant leur seuil dans les rues tortueuses de Palerme.

Parmi les vieilles photos d'époque qui ornent les immenses couloirs, avec l'effigie des hôtes de marque, on distingue des messieurs en panama, qui sont le roi de Siam, fluet et frileux comme Rilke, ou Edouard VII d'Angleterre, à la barbiche débonnaire, et des dames longilignes, en toque de fourrure et triple collier de perles, dont l'air impérieux laisse penser que les Palermitaines des années 1900 n'abandonnaient pas leur pouvoir sur les murs en gracieuses farandoles, mais l'exerçaient réellement. Une de ces femmes est « donna

Francesca Florio». Les Florio étaient une des plus puissantes familles de Palerme. Ce sont eux qui firent élever la Villa Igiea, destinée d'abord à être un hôpital, où serait soigné un de leurs enfants tuberculeux. On s'aperçut que le climat humide ne rendrait pas la santé aux malades. Pas de chance pour Palerme, où l'état calamiteux des établissements hospitaliers n'a pu être amélioré par l'argent des Florio.

Selon une autre légende, un Anglais aurait projeté de faire bâtir à cet emplacement, avant les Florio, une villa pour une petite Sicilienne dont il s'était épris. Peut-être, en la comparant à l'exquise *Vierge au voile bleu* d'Antonello de Messine, admirée au musée de peinture, renonça-t-il à son projet, trop coûteux pour une fillette qui ne valait pas le modèle du XVe siècle.

Au numéro 15 de la via Siracusa, traverse du viale della Libertà, Ernesto Basile, fils de l'architecte G.B. Filippo Basile à qui l'on doit la construction discutable du Teatro Massimo (d'autant plus discutable qu'il fallut raser pour lui faire place un couvent et deux églises, dont l'une entièrement décorée par Serpotta), éleva sa propre maison, où sont installés aujourd'hui les bureaux de la Surintendance des Beaux-Arts. C'est une riche demeure d'angle, dont l'entrée porte comme devise: *Dispar et Unum,* avec la date: 1906. Un vestibule-escalier en plein air, glauque, en carreaux de salle de bains, introduit de la cour intérieure à une belle suite de pièces, dont les plafonds à voûte s'agrémentent d'une décoration peinte florale et de lustres de fer forgé, en forme de tulipes. Des ornements en fleurs de lotus enjolivent les portes. Somptueux balcon d'angle à consoles et ferronneries florales. La plaque toponymique elle-même, *Via Siracusa*, est gravée en caractères ondulants Liberty.

Le quartier Liberty, dénommé Olivuzza, zone alors de parcs et de jardins, s'étend au bout de la via Dante, laquelle commence place du Politeama. En face du numéro 81 de via Dante, au coin de piazza Virgilio, voici la belle villa Favaloro-Di Stefano, très élégante, carrée, de proportions classiques, avec son revêtement de marbres blancs, sa loggia à colonnettes, ses incrustations de mosaïques, ses fenêtres ornées de colonnettes. Sur la façade postérieure, tourelle octogonale à loggia, couronnée de fleurs de lis. Sur le côté, véranda à riches ferronneries. La villa abrite les bureaux des services de la Culture, et semble en bon état. Au numéro 159, grande villa jaune, avec atelier d'artiste, habitée.

Mais l'abandon et la ruine ont gagné aussi certains des chefs-d'œuvre de l'Art nouveau. Nous cherchions la villa construite par Ernesto Basile pour les Florio eux-mêmes : un édifice illustre dans les annales palermitaines. Dans les années 1900, Palerme n'était seconde qu'à Paris pour l'éclat mondain des fêtes. Les souverains d'Europe, en croisière sur leur yacht, faisaient escale à Palerme. Les Florio mettaient à leur disposition leur parc d'automobiles Mercedes et Isotta Fraschini. Edouard VII et la reine Alexandra d'Angleterre, Guillaume II et l'impératrice Augusta Victoria d'Allemagne franchirent les grilles de la villa pour prendre le thé chez leurs hôtes siciliens. Au numéro 38 du viale Regina Margherita, traverse de la via Dante, nous découvrons enfin, enfouie dans un désordre inextricable de verdure, derrière une grille qui ne s'ouvre plus, la villa Florio, vidée, humiliée, misérable. On entrevoit à grand-peine, entre les arbres, un pignon soutenu par de grandes poutres sculptées, une tourelle surmontée d'un bizarre chapeau de cuivre, des terrasses, des balcons, le tout dans un style composite et alambiqué. En faisant le tour du pâté de maisons, on distingue mieux, derrière la grille de la via Pasculli, la partie postérieure de la maison : une tour carrée à échauguettes, des balcons ventrus ovales, une tourelle gothique pour l'escalier, une véranda dont la verrière a brûlé. Le jardin est jonché de papiers sales, et, sur le trottoir, un tapis de seringues indique l'usage fait aujourd'hui de ce témoin déchu de la Belle Époque. À Barcelone ou à Bruxelles, d'un tel édifice on eût fait un musée.

« La villa a brûlé », nous dit une concierge du viale Regina Margherita, sorte de Pythie échevelée qui, au lieu de deviner l'avenir, réinvente le passé. « Les Américains y ont mis le feu... Ou les Allemands... C'était pendant la guerre... » En réalité, l'intérieur de la villa Florio a été détruit en 1962, par un incendie criminel, œuvre de la Mafia de l'immobilier, qui avait des vues sur le terrain. Une autre construction de Basile, qu'on disait particulièrement harmonieuse, fut démolie, par une équipe clandestine, en un jour et deux nuits de week-end du printemps 1967. Elle était sur le point d'être classée monument historique. À sa place, on a élevé un immeuble de rapport. De la villa Deliella, il ne subsiste que le nom.

De même que le XVIIIe siècle avait baroquisé de nombreux édifices des époques précédentes, de même l'Art nouveau, quoique plus timidement, a libertisé certains monuments de Palerme. Au numéro 8 de la via Ruggero Settimo, élégante rue commerciale qui relie les deux théâtres, de grosses tulipes éclatées, en fer forgé, flanquent le porche intérieur de l'ancien palais Francavilla-Pecoraro, dévolu aux bureaux de la Justice. Plus surprenante encore, au cœur de la vieille ville bourbonienne, la transformation de la façade du palais qui fait face, piazza Croce dei Vespri, au palais Gangi. Ernesto Basile a mis des dentelles aux fenêtres et décoré le portail d'une bordure de lianes. Le restaurant si agréable installé devant le palais Gangi s'agrémente ainsi d'un décor végétal adapté au lieu.

Un souvenir d'enfance de Vincenzo Bellini

Piazza San Francesco, en bas de la via dei Crociferi : un des rares endroits tout de suite agréables de Catane, ville toute de lave et de pierre sombre. Alexandre Dumas, débarquant dans le port, crut qu'on l'avait tendue de noir pour un enterrement. En face de l'église des Frères mineurs, à l'angle de la place, dans un renfoncement abrité, voici une petite cour silencieuse d'où on accède, par un escalier de pierre blanche, à l'appartement où est né Vincenzo Bellini, la nuit du 2 au 3 novembre 1801. Trois chambres relativement spacieuses, dont la première renferme une alcôve creusée dans le mur. Le lit des parents se trouvait là, près d'une niche réservée aux images de sainte Agathe et des autres saints protecteurs. Le petit musée contient aujourd'hui un pieux bric-à-brac de partitions, de photographies d'actrices, de souvenirs mortuaires, ainsi qu'une affiche du théâtre de Riga, pour rappeler que Wagner, aigre contempteur de l'opéra italien, ne dédaigna pas de diriger *Norma* dans la capitale lettonne. Caution nécessaire, sans doute, à ceux qui auraient peur de s'avouer que ce compositeur à la technique rudimentaire les émeut plus que tous les musiciens plus savants. Nul, à part Chopin, qui se fit chanter sur son lit de mort la cavatine finale de *La Somnambule*, n'a su allier dans un équilibre aussi miraculeux la beauté mélodique la plus pure et le pathétique humain le plus fort.

Je n'entreprendrais pas d'écrire un chapitre sur mon auteur d'opéras préféré, sans la conviction que Vincenzo Bellini est l'artiste italien le plus imprégné de sicilitude. Bien qu'il ait quitté Catane avant dix-huit ans, pour faire carrière à Naples, à Milan et à Paris, toute son œuvre est traversée par une nostalgie et une obsession de la Sicile. Je dirais même qu'il n'a rien fait d'autre dans ses opéras que de mettre en scène, sous diverses allégories, la tragédie de son île natale.

À vingt-cinq ans, après un premier essai hybride[1], il donne un ouvrage déjà accompli : *Bianca e Fernando*, représenté au théâtre San Carlo de Naples. Le livret était tiré d'un drame à la mode, *Carlo, duca d'Agrigento*. L'action se passe donc en Sicile. Le changement du titre est en lui-même significatif : la fantaisie de Bellini a besoin d'un nom de femme pour s'exalter. Mais, surprise, cette femme n'est pas une amante, et cet opéra n'est pas un opéra d'amour. Bianca et Fernando sont une sœur et un frère qui luttent pour reconquérir le trône paternel usurpé par un imposteur. C'est là le vrai sujet : la spoliation, la violence frauduleuse, l'abus de pouvoir et l'injuste oppression des victimes. Bien que Bellini soit un auteur romantique (à Leonardo Sciascia, qui affirmait un jour que le romantisme n'avait jamais pénétré en Sicile, j'objectai l'exemple du musicien de Catane), un des thèmes majeurs du romantisme, l'amour, ne l'intéresse que médiocrement. Nous en aurons mainte preuve. À vingt-cinq ans, il n'a l'idée de prêter ni au frère ni à la sœur, jeunes gens qui ont le même âge que lui, la moindre aventure, la

1. *Adelson e Salvini*, influencé par Rossini et l'opéra bouffe napolitain. L'inaptitude de Bellini au génie comique éclate dans cette farce, sauvée par un seul très bel air de tristesse.

moindre émotion amoureuse. Leur cœur ne bat que pour le sort misérable d'Agrigente, leur patrie.

L'examen de la musique va confirmer nos soupçons. La cavatine d'entrée de Fernando est un air dolent. « Devant tant de souffrance, mon âme/languit, déjà la vigueur lui manque », chante-t-il sur un ravissant motif élégiaque. Bientôt après il se reprend, sans doute ; mais, outre que le courage ne lui vient qu'en second lieu, la soif de vengeance n'a inspiré au compositeur qu'une phrase forcée, peu convaincante. Les dernières notes sont plus senties : mais elles célèbrent, outre le désir de « combattre » pour le père emprisonné par le tyran, l'aspiration à « mourir » pour lui. Et que dire du rôle confié à Bianca ? Chaque fois que la jeune fille invoque la foudre du ciel et le châtiment de l'usurpateur, l'écriture vocale peine, Bellini s'impose un effort qui lui coûte. Au contraire, lorsqu'il s'agit de se plaindre, de verser des larmes, d'appeler la mort avec des soupirs, la musique prend son essor et plane avec une liberté merveilleuse.

Le plus bel air de la partition est la scène 2 de l'acte I, où la jeune fille, seule avec sa suivante, exhale sa douleur. Un solo de flûte précède le récitatif, puis le hautbois accompagne l'aria. À l'origine de cette prédilection, qu'il gardera toute sa vie, pour les instruments à vent et leur souple complainte, on voudrait savoir si Bellini enfant n'a pas écouté le pipeau des bergers dans les campagnes siciliennes. Seul fait attesté, dès l'âge de six ans le petit garçon suivait les orgues de Barbarie dans les rues et en notait les motifs dans un cahier. Bianca en appelle à son père, enchaîné au fond d'un donjon :

Lève-toi, ô père, et regarde ta fille,
qui se plaint, qui pleure et soupire,
et déjà défaille, transpercée, oppressée,
par la plus amère et la plus cruelle des douleurs.

Sur ces paroles, le musicien a écrit une sublime cantilène où la voix, soutenue par le mélancolique envol de l'instrument à vent, s'élève peu à peu et se balance à de mystérieuses hauteurs, suspendue entre ciel et terre dans un vertige qui se prolonge, s'étire puis bascule et s'éteint en une chute langoureuse. Comment ne pas reconnaître, dans ce personnage de femme éperdue, la Sicile elle-même ? Et dans ce pathos élégiaque, la compassion pour le destin de l'île éternellement spoliée, bafouée, vilipendée ? Tout jeune encore, le compositeur a posé la figure centrale de son œuvre : une femme, dolente, accablée par le spectacle de sa propre misère, qui n'est pas un chagrin d'amour mais le désespoir de se sentir dépossédée d'elle-même. La fantaisie créatrice de Bellini ne pourra se déployer qu'autour de cette situation fondamentale : une femme, une victime, la pantelante soumission au malheur.

Imogène, Agnese, Giulietta, Amina, Béatrice, Elvira, nous les verrons prostrées sous les coups d'une fatalité qui les brise. Gardons-nous de croire, cependant, que le musicien ait pris pour modèles les femmes de son île, les Siciliennes sujettes et résignées, épargnons-nous le ridicule d'une lecture féministe de ses opéras. Ce serait réduire à des proportions chétives l'univers de Bellini que d'expliquer les mésaventures de ses héroïnes par l'état d'infériorité sociale et psychologique de la femme du Sud. Il savait par expérience qu'elle ne dispose d'aucune liberté : amoureux à Catane de Maddalena Fumaroli, fille d'un magistrat, il fut éconduit par le père lorsqu'il la demanda en mariage. Il n'était, lui, que le fils d'un modeste organiste. Les deux jeunes gens se dirent adieu en secret lorsque Vincenzo partit pour Naples ; ils ne devaient plus jamais se revoir ; Maddalena, inconsolable, mourut plus tard de chagrin. Que cet échec ait coloré d'amers accents personnels les partitions du *Pirate*, de *La Somnambule*, des *Puritains*, ce n'est pas contestable. Mais les amoureuses délaissées de Bellini renvoient toujours à une déchéance fondamentale, à un sacrifice métaphysique qui dépasse de beaucoup leur aventure individuelle.

(Ce n'est pas le lieu ici de retracer la vie sentimentale du compositeur. Signalons seulement que ses liaisons furent pour la plupart platoniques ; qu'il s'enflammait à distance pour des femmes inaccessibles ; qu'il ne se maria jamais ; qu'il n'eut pas d'enfants ; et qu'enfin il mourut dans des conditions mystérieuses — peut-être empoisonné. D'où l'hypothèse partagée par quelques-uns dont je suis, que « le soupir en escarpins de bal » évoqué par Heinrich Heine, le joli garçon au teint pâle et aux cheveux bouclés n'était pas attiré principalement par les femmes.)

Le Pirate (Milan, 1827) met en scène la jeune Imogène, partagée entre un mari qu'elle n'aime pas mais dont elle a eu un fils, et un ancien amant (le pirate) qui tente de la reconquérir. De nouveau un décor sicilien — planté cette fois sur la côte de Messine — et un opéra qui n'est pas un opéra d'amour. Imogène ne peut choisir entre son mari et l'homme qu'elle aime : elle est sans cesse déchirée, et c'est ce déchirement d'une femme entre deux maîtres — l'un et l'autre violents — qui a excité le génie du compositeur. Le pirate ne se conduit pas en tendre amant, mais en patron, en tyran, qui essaie d'enlever de force celle qu'il considère comme sa propriété. Imogène se dépeint elle-même comme « muette, oppressée, épouvantée », elle déclare qu'elle vit « inconsolable », qu'elle n'est qu'une femme « malade, épuisée », son cœur est en proie à « l'effroi », son mari la trouve « abattue, effondrée ». En effet, elle se débat dans une situation impossible. Quand les deux hommes se ruent l'un sur l'autre pour se battre en duel et se disputer sa possession, elle supplie le ciel de la faire mourir, elle seule. Aspiration au sacrifice, délire d'immolation qui rend transparente l'allégorie. L'amant tue le mari d'un coup d'épée : loin de se réjouir d'être enfin libre de rester avec celui qu'elle aime — ce qui eût été le cas si Bellini avait senti *Le Pirate* comme un opéra d'amour — cet événement emporte le peu de raison qui lui restait. Égarée, délirante, elle se lance dans la *scena e aria finale* célèbre, le premier de ces grands airs de déploration qui feront la gloire du musicien. D'abord le hautbois, puis la flûte déroulent leur nostalgique cantilène. « Air de la folie », appelle-t-on cette bouleversante litanie du malheur où la jeune femme chante : « Mais déjà le sang jaillit, et d'horreur me voilà inondée. » Le rouge du sang et de la mort : autre métaphore de la Sicile.

Les « airs de la folie » deviendront un lieu commun dans la littérature romantique. Avant Bellini, on ne trouve guère que le Napolitain Giovanni Paisiello pour avoir mis en scène dans son opéra *Nina pazza per amore* une folle : mais c'était une folie momentanée d'amour, une folie légère, un piquant supplémentaire, un surcroît de fantaisie dans une cervelle charmante. Rien à voir avec le délire d'Imogène, qui est un délire existentiel, la seule réponse possible d'une femme — de la Sicile tout entière — devenue le champ de bataille de convoitises opposées. Si tant d'insulaires deviennent fous, si Pirandello a choisi la folie comme thème dominant de son œuvre, c'est qu'il n'y a souvent pas d'autre solution, quand on vit avec une pathétique intensité les contradictions de la Sicile et la succession des désastres qui constituent son histoire, que de perdre l'esprit. Presque au même moment où Bellini composait *Le Pirate*, Alexandre Dumas visitait à Palerme la

Casa dei matti fondée par le baron Pisani, asile modèle où les fous, au lieu d'être enchaînés comme c'était l'usage, poursuivaient dans une semi-liberté des activités créatrices. Le récit de cette visite, dans *Le Capitaine Aréna*, est une saisissante plongée dans l'aliénation sicilienne. L'un peint, l'autre fait de la musique, un troisième joue à être mort. À celui qui se prend pour Dante, Dumas souffle les vers de *L'Enfer* qui lui manquent. Dans ce lieu étrange et si représentatif du microscope insulaire, il aurait pu rencontrer Imogène, à qui le baron Pisani, mécène à la sollicitude éclairée, eût adjoint un joueur de flûte ou de hautbois.

Une autre nouveauté du *Pirate*, c'est de faire accompagner l'héroïne (dans la cavatine d'entrée d'Imogène) par le chœur de ses suivantes. La longue phrase de la *prima donna* s'élève et se balance au-dessus du murmure mélodieux de ses compagnes : procédé, me semble-t-il, qui indique bien qu'à travers le malheur particulier d'une femme s'expriment la douleur et l'accablement de tout un peuple. Imogène ne chante pas et ne gémit pas pour elle seule. En elle s'exhale et se libère la plainte de ses compatriotes. Et c'est pourquoi la mélodie de Bellini, dans les grands airs féminins, n'est jamais circonscrite par un trait — malgré la perfection du dessin. Quelque chose d'infini la soulève — un souffle immense qui flotte et nous entraîne. Une aventure privée, si émouvante soit-elle, est toujours limitée. Mais un drame collectif nous subjugue par sa mystérieuse ampleur.

Comme chez tous les grands créateurs, on chercherait en vain une « évolution » chez Bellini : à vingt-six ans, son univers était déjà constitué. Des sept opéras qu'il lui reste à écrire, cinq auront pour titre un nom de femme ; dont deux, *L'Étrangère* et *La Somnambule*, un nom emblématique.

La Straniera : Eléonore d'Aragon par Francesco Laurana (Galleria Nazionale de Palerme).

L'Étrangère (*La Straniera*, Milan, 1829) raconte la mélancolique histoire d'Agnese, princesse de Poméranie, épouse du roi de France Philippe Auguste, puis répudiée par celui-ci, exilée dans un château breton et contrainte à se cacher sous le nom d'Alaïde. Sujet non plus sicilien, mais septentrional. Agnese ne paraît que voilée dans l'opéra ; elle traîne dans son exil une tristesse incurable. C'est une femme « solitaire », « errante », condamnée à souffrir. Dans sa cavatine d'entrée, annoncée par un hautbois solo, elle chante :

Tout espoir, tout bonheur
s'évanouit en un moment.
Seules, hélas, seules demeurent les larmes
et je ne cesserai jamais de pleurer.

Bellini a trouvé des accents d'une grande douceur pour évoquer cette victime de la cruauté des hommes. « Je suis née pour souffrir. » Plus aucune véhémence, ici, comme il y en avait dans *Le Pirate*. Agnese se soumet passivement à son destin. N'osant même plus se regarder en face, elle ne quitte pas son voile. « Étrangère » à elle-même, elle est une figure poétique de l'aliénation. La musique, pour présenter celle qui est une des héroïnes les plus élégiaques de Bellini, se nimbe de couleurs blanches. Une sorte de brume diaphane estompe les couleurs de la mélodie. Comme ce sera le cas pour les autres opéras « septentrionaux », *La Somnambule* (sujet suisse) ou *Les Puritains* (sujet anglais), le climat nordique prête son ciel délavé, sa pâleur, ses nuances à la face cachée de la Sicile. La couleur, le pittoresque siciliens ne sont qu'une apparence : le bruit, la gaieté, l'exubérance, un mensonge. Dans cette femme dolente qui dérobe son visage et clame l'éternité de sa misère, sachez reconnaître le drame du peuple le plus piétiné et malmené par l'histoire.

Zaïra, mélodrame turc (Parme, 1829) n'est pas du meilleur Bellini ; et non plus *Capuleti e Montecchi* (Venise, 1830) ; et sans doute pour la même raison : ce sont deux opéras d'amour, que sauvent seulement les passages où l'héroïne chante sa détresse. L'amour, insistons sur ce point, est un sentiment trop individuel pour la Sicile, où la pression sociale est trop forte pour laisser à chacun la liberté de son moi. Aucun roman d'amour dans l'abondante littérature sicilienne. Un auteur aussi représentatif que Sciascia s'est montré incapable d'écrire une scène d'amour. Dans son roman *Candido*, pour raconter le premier baiser de son héros, il n'a eu d'autre ressource que de recopier le dernier paragraphe du premier chapitre du *Candide* de Voltaire. « Leurs bouches se rencontrèrent, leurs yeux s'enflammèrent, leurs genoux tremblèrent, leurs mains s'égarèrent. » Même pas une paraphrase : une citation pure et simple, aveu d'impuissance. Il y a un très bel air de Juliette dans *Capuleti e Montecchi*, une des plus admirables mélodies jamais écrites par Bellini, rescapée de son premier ouvrage, *Adelson e Salvini*. Les duos de Juliette et Roméo sont faibles. Au reste, le titre le dit assez : ce qui a intéressé le compositeur, ce n'est pas l'histoire qui a pu se dérouler entre Roméo et Juliette, mais l'écartèlement de la jeune fille entre les deux groupes familiaux des Capulet et des Montaigu.

Dans *La Somnambule* (Milan, 1831), Amina est une jeune villageoise fiancée à un paysan. Au cours d'une crise de somnambulisme, elle se retrouve une nuit sous le toit du châtelain. Stupeur et indignation du village, qui croit à une trahison. Sur ce double thème de l'innocente accusée à tort et de la victime d'un état pathologique, Bellini a écrit un chef-d'œuvre. Bien que l'histoire se déroule dans les montagnes suisses, le climat est typiquement sicilien. Répudiée par son fiancé, Amina entre en délire. Deux symboles de son bonheur perdu l'obsèdent au milieu de ses divagations : l'anneau de fiançailles, la couronne de fleurs. On peut se demander si elle est aussi pure qu'elle le prétend : le somnambulisme n'exprime-t-il pas son vœu inconscient ? Pourquoi, quitte à se tromper de maison, se fourvoie-t-elle précisément dans celle du comte Rodolfo ? Cette scène lui offre l'occasion, comme dans le rêve freudien, de réaliser un désir caché. Et les spectateurs vivent à travers elle ce qui est communément interdit : tromper un paysan pour un seigneur. Ne négligeons pas cependant le sens plus général du titre : le sommeil n'est-il pas, après la folie d'Imogène et l'aliénation de l'Étrangère, une nouvelle métaphore de la Sicile ?

L'illustre *Norma* (Milan, 1831) résonne d'accents héroïques qui semblent mettre cet opéra à part dans la production de Bellini. Norma, énergique druidesse gauloise, n'est ni résignée ni soumise ni élégiaque. Elle lance des imprécations contre son amant, le proconsul romain Pollion, qui l'abandonne pour une maîtresse plus jeune, bien qu'elle ait violé naguère pour lui son serment de chasteté. Parallèlement à l'intrigue principale, on assiste à une tentative de soulèvement politique. Le grand prêtre appelle les Celtes à la révolte contre les occupants romains : allusion transparente aux patriotes italiens du premier Risorgimento. Reste que la musique nous paraît quelque peu soufflée et grandiloquente dans ces moments d'exaltation nationaliste, et que nous la retrouvons pure, harmonieuse, bouleversante chaque fois qu'elle revient au sujet fondamental de l'opéra, qui est la protestation impuissante d'une femme trahie. La magie lunaire de *Casta diva* imprègne l'œuvre tout entière, le clair-obscur du désenchantement y répand une nocturne douceur. La druidesse, dont les Gaulois ont découvert la liaison, est condamnée au bûcher, telle une vestale parjure. Elle proclame son intention de mourir en compagnie de Pollion reconquis par son courage. Et la voilà, se livrant aux flammes dans une ivresse d'immolation, seule issue permise à la triple faillite de l'amante, de la prêtresse et de la patriote.

Beatrice di Tenda (Venise, 1833), opéra injustement méconnu, nous ramène à Milan. Le duc Filippo Visconti, qui ne peut plus supporter son épouse Béatrice parce qu'il aime une autre dame de la cour, cherche un moyen pour la perdre. Il l'accuse d'adultère, elle qui depuis sa répudiation a choisi une digne retraite et ne cesse d'affirmer, au seigneur qui la courtise, qu'elle n'est amoureuse de personne et ne veut plus aimer. Traînée devant le tribunal, elle proteste de son innocence. Une merveilleuse phrase à la clarinette symbolise ses plaintes et l'inutilité de ses soupirs. Tandis que le chœur des dames d'honneur vante sa pureté angélique, Béatrice marche au supplice au son d'une musique funèbre et triomphante. Sans amour, mais non sans délectation dans la mort. Ce sec résumé laisse bien mal deviner l'intensité élégiaque d'un ouvrage consacré à l'exaltation d'une innocente persécutée.

Retour au Nord — à l'Angleterre de Cromwell — avec *I Puritani* (Paris, 1835). Elvira : se voyant incompréhensiblement abandonnée par son amant, elle sombre dans la folie. Le chœur déplore la cruauté du destin, car en réalité Arturo n'a pas trahi Elvira, il a dû, sans la prévenir, s'en éloigner momentanément à cause d'une mission à remplir dans la lutte qui oppose les Têtes rondes (partisans de Cromwell) aux Cavaliers (partisans des Stuarts). Une jeune fille, victime du jeu politique ; la folie comme unique refuge : quel plus beau sujet aurait pu trouver Bellini pour son dernier opéra ?

Parallèlement à toutes ces métaphores de la Sicile — la femme trahie, la femme abandonnée, la femme accusée à tort, la femme déchirée entre plusieurs maîtres, la femme dépossédée d'elle-même, la femme en proie à des états seconds, la femme somnambule, la femme aliénée, la femme impuissante à faire reconnaître son innocence, la femme condamnée à souffrir, à se plaindre, à mourir — il faudrait étudier les innovations musicales au moyen desquelles Bellini a su rendre ce pathos de la spoliation, de la persécution, de l'égarement.

En voici quelques-unes : abandon définitif du *recitativo secco* (passages parlés accompagnés du seul clavecin) ; valeur dramatique conférée au récitatif avec orchestre, qui n'est jamais détaché mais se fond avec les airs ; beauté de ces passages à demi parlés (les *recitativi ariosi* d'Amina, le phrasé de Norma dans la chambre des enfants), quelquefois aussi poignante que celle des morceaux chantés ; incorporation des arias dans un ensemble à plusieurs voix ou dans le chœur ; longueur des airs qui s'étirent en une cantilène éperdue ; sincérité de l'écriture, à rebours de l'humour rossinien (Bellini s'identifie complètement à ses héroïnes, il a exposé sa méthode de composition dans une lettre écrite au moment où il travaillait au *Pirate*) ; fluidité de l'opéra, qui ondule en un flot de musique ininterrompu, sans coupures entre les différents morceaux ; simplicité du chant, après la profusion rossinienne des fioritures ; et surtout, pour couronner cette esthétique de l'hésitation, de la transe, de la pâmoison, impulsion brûlante qui lance la mélodie à des hauteurs vertigineuses. La voix s'élève en souplesse sur un prélude orchestral très discret, cherche sa route vers le ciel en délicates arabesques, puis, soutenue par le groupe des

autres voix ou portée par la masse chorale, elle se hisse par ondes successives jusqu'au sommet de la plus haute vague où elle reste un instant suspendue, dans une stupeur hallucinée qui tient du rêve, de l'orgasme et de l'extase.

Un soir de février 1835, quelques jours après la première des *Puritains*, Alexandre Dumas rencontra Vincenzo Bellini, au numéro 4 du faubourg Montmartre. L'écrivain français s'apprêtait à partir pour la Sicile. Le compositeur lui recommanda de visiter le village de Bauso, près de Messine. Le souvenir du bandit Pasquale Bruno était lié à la citadelle qui surplombe le village. Dumas, surpris de l'émotion qui avait gagné son interlocuteur, le pria de lui raconter l'histoire de ce bandit. « À une condition, répondit Bellini, c'est qu'à votre retour, quand vous aurez visité les lieux, vous me ferez un opéra de Pasquale Bruno. » Dumas se rendit à Bauso, monta jusqu'à la citadelle, explora l'île pour compléter sa documentation. Enthousiasmé par la geste du brigand et apitoyé par sa fin lamentable, il n'aurait pas demandé mieux que de tenir parole. Mais quand il revint à Paris, à la fin de l'année, Bellini était mort, emporté, affirmait-on, par une fièvre pernicieuse.

Quel admirable livret l'histoire de Pasquale Bruno eût fourni à l'auteur du *Pirate* ! Deux scènes culminantes. D'abord le *terzetto* du mariage. Teresa, jeune paysanne au service de la comtesse de Castelnuovo, a été fiancée autrefois à un hardi montagnard, Pasquale Bruno. Mais maintenant, elle préfère épouser Gaetano, un domestique de la suite du vice-roi, qui lui paraît un parti plus raisonnable et plus rassurant. Le jour des noces, Pasquale surgit à l'improviste et exige de danser avec la mariée la première tarentelle. Refus de Gaetano : « Ce droit appartient au fiancé », proteste-t-il indigné. « C'est le droit de l'amant », répond Pasquale.

et l'abandon (Sant'Agostino de Palerme).

« Teresa est ma femme », s'écrie Gaetano. « Teresa est ma maîtresse », rétorque Pasquale, en plongeant son poignard dans le cœur de son rival. Puis il s'éclipse, sans que les assistants songent à le poursuivre, occupés comme ils sont à secourir Gaetano et Teresa. « L'un était mort, l'autre était folle. »

Une jeune femme déchirée entre deux hommes qui revendiquent sa possession : la folie comme unique issue à cette situation impossible... Faut-il recommencer la litanie des occupants successifs de la Sicile ? Grecs, Romains, Byzantins, Arabes, Normands, Français, Espagnols, Napolitains... Inutile aussi de rappeler comment, lasse de subir ces violences répétées, l'île s'est laissée glisser dans une léthargie stupéfaite. Soulignons seulement que c'est Bellini lui-même qui a raconté l'histoire de Pasquale Bruno à Dumas, avec une chaleur qui a frappé celui-ci. Preuve que le compositeur, contrairement à ce qu'on dit souvent, s'intéressait au contenu de ses livrets ; qu'il se sentait attiré, après le détour par les Celtes et les Anglais, à nouveau par un sujet sicilien ; et qu'enfin rien ne pouvait le stimuler autant à écrire que le malheur d'une jeune fille soumise à la volonté de plusieurs maîtres.

Seconde scène qui aurait enflammé son imagination : les retrouvailles de Teresa et de Pasquale. Celui-ci, devenu bandit après le meurtre de Gaetano — mais bandit d'honneur, redresseur de torts, justicier, paladin —, échappe pendant trois ans aux poursuites. À la fin, car la logique d'une histoire sicilienne veut que le héros soit toujours vaincu, Pasquale est pris et condamné à mort. On le transfère, la veille de l'exécution, dans une chapelle attenante à l'hôpital des fous du baron Pisani, pour qu'il y entende la messe des morts. Enchaîné à un pilier du chœur, il voit un des moines apporter un cercueil qui renferme le cadavre d'une aliénée décédée dans la journée. En vain essaie-

La folle, par Serpotta (San Francesco de Palerme

t-il de s'approcher de la bière, encore découverte, pour reconnaître le visage : sa chaîne — l'éternelle chaîne du preux humilié — n'est pas assez longue. Mais il devine — pressentiment que son confesseur lui confirmera — que c'est Teresa. « Teresa, sa fiancée, avec laquelle il se retrouvait au pied de l'autel, où il avait espéré si longtemps la conduire, et où ils venaient enfin, par une amère décision de la destinée, se rejoindre, elle morte et lui près de mourir. »

Pasquale Bruno est un excellent roman d'Alexandre Dumas. Ce fût devenu, sous la plume de Bellini, un opéra sublime. Vingt ans plus tard, un autre opéra à sujet sicilien serait écrit, mais par Verdi, et dans un tout autre climat. En 1855, il fallait exalter la nation italienne : *Les Vêpres siciliennes* vibrent d'une âpre ardeur patriotique. Giuseppe Mazzini, qui fut avec Cavour et Garibaldi un des trois artisans de l'unité italienne, avait rédigé, l'année même de la mort de Bellini, un curieux opuscule, *Philosophie de la musique* (signe de l'importance attachée à l'opéra par les hommes politiques de la péninsule). Le compositeur de Catane y était jugé, sans indulgence, comme un esprit insuffisamment « progressif », « Poésie douce, amoureuse, pathétique, mais résignée, soumise, et plus apte, dans ses dernières conséquences, à alanguir, à ramollir et à stériliser la puissance de l'âme humaine qu'à l'exciter, à la renforcer et à la rendre féconde. »

Ce n'était pas mal jugé. Verdi entendit la leçon et composa un ouvrage pour prouver que même en Sicile l'énergie pouvait souffler en rafale et racheter la population de son antique servitude. Il prit soin, pour rendre sa démonstration convaincante, de choisir le seul épisode, dans l'histoire sicilienne, de révolte réussie. *Les Vêpres siciliennes*, qui célèbrent le massacre des Français de Charles d'Anjou en 1282, sont un vigoureux cri de guerre contre les envahisseurs de tout poil.

Est-ce un opéra qui reflète la sensibilité sicilienne ? Ce ton martial, gonflé, forcé, exprime bien plutôt la volonté politique d'un homme du Nord d'associer au réveil de la nation italienne la province la plus méridionale, la plus défavorisée. Laquelle ne tarderait pas, à peine annexée au royaume du Piémont, et malgré les fanfares lancées en son honneur par le bouillant Verdi, à tomber sous une autre domination plus rude que, jadis, celle des Angevins, ou, plus récemment, la débonnaire tyrannie des Bourbons : l'implacable pouvoir de la Mafia.

Après cent vingt-cinq ans d'unité, c'est la Sicile de Bellini qui reste la plus vraie. Telle qu'il l'avait aperçue, enfant, dans une rue de Catane, sous les traits symboliques d'une femme emmenée par deux gendarmes. Vincenzo n'avait pas sept ans lorsqu'il vit passer devant le seuil de sa maison — raconte un témoin, Filippo Cicconetti — une malheureuse en larmes que deux sbires conduisaient en prison. Il ne put se retenir, éclata en pleurs et s'élança pour libérer la captive. « Pendant plusieurs jours il en resta tout triste et taciturne, ou, s'il prononçait quelques mots, c'était seulement pour revenir sur cet épisode, qu'il gardait peint devant ses yeux et imprimés dans son esprit. »

Une femme en larmes, prisonnière de deux hommes qui aggravent sa honte en la rendant publique : Bellini tenait son « souvenir d'enfance », une scène de théâtre qui alimenterait toute son œuvre. Pas d'autre « libération » possible que dans les pleurs et les cris du petit garçon devenu un grand artiste. Pas d'autre salut, pour la femme-Sicile opprimée, que l'effusion lyrique. Faire contre mauvaise fortune *bel canto*.

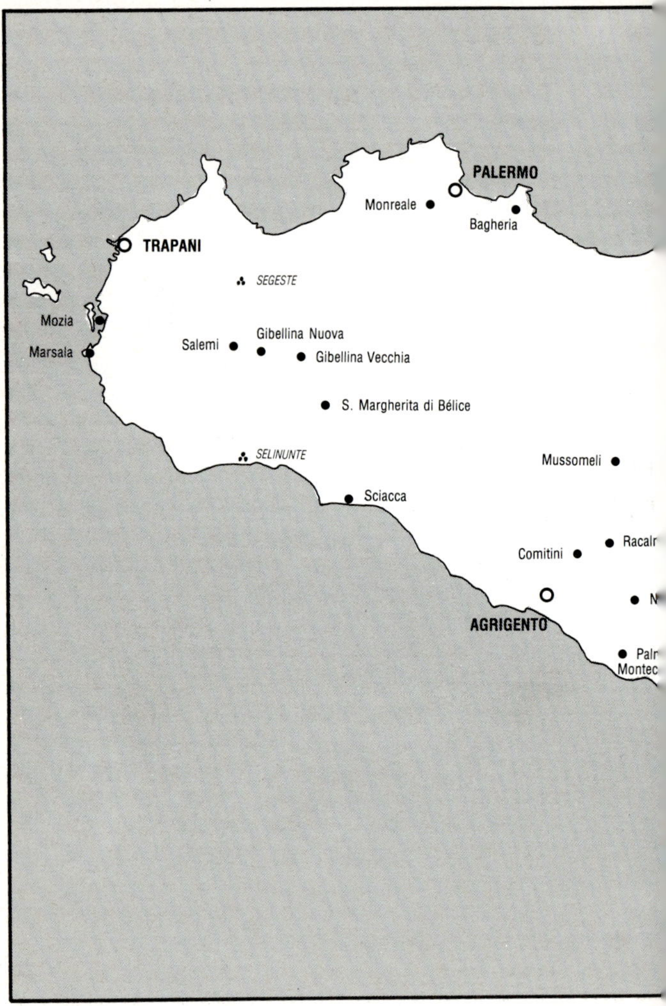
PALERMO
Monreale
Bagheria
TRAPANI
SEGESTE
Mozia
Marsala
Salemi
Gibellina Nuova
Gibellina Vecchia
S. Margherita di Bélice
SELINUNTE
Mussomeli
Sciacca
Comitini
AGRIGENTO

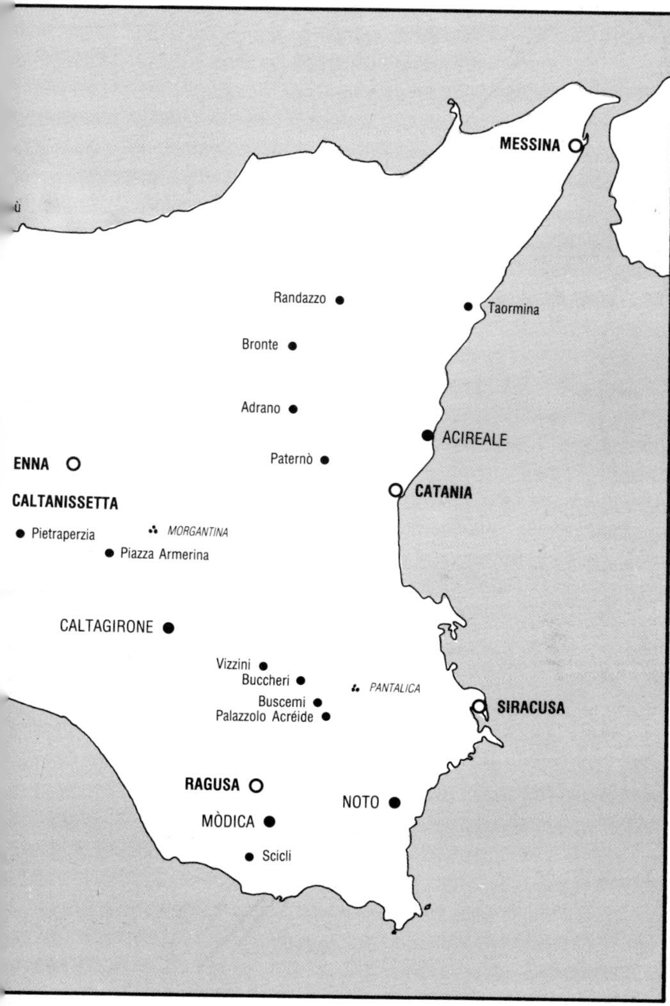
MESSINA
ù
Randazzo
Taormina
Bronte
Adrano
ACIREALE
ENNA
Paternò
CATANIA
CALTANISSETTA
Pietraperzia
MORGANTINA
Piazza Armerina
CALTAGIRONE
Vizzini
Buccheri
PANTALICA
Buscemi
Palazzolo Acréide
SIRACUSA
RAGUSA
NOTO
MÒDICA
Scicli

Au bout du monde

Il y a plus de vingt ans que, poussé par le désir de savoir comment l'Europe se termine en face de l'Afrique, je suis arrivé dans le petit village de Calataporto, construit sur le cap au large duquel Énée, en route, de Troie, vers Carthage, avait contourné la Sicile.

À l'entrée du village, un chemin de terre nous conduisit jusqu'à une maison très simple, mais qui avait charmante allure, avec son toit ancien de tuiles et sa terrasse qui surplombait la mer. Sur une plate-forme aménagée au ras des flots, nous aperçumes une vingtaine de thons et quelques poissons-épées. Déposés là par les barques, on s'apprêtait à les hisser au moyen d'un treuil rudimentaire le long d'un plan incliné, vers un hangar qui jouxtait la maison. Comme nous admirions le spectacle étincelant de ces monstres encore diaprés des couleurs de la mer auxquelles se mêlait la teinte rouge de leur sang, nous nous entendîmes héler, du haut de la terrasse, par deux messieurs qui se passaient une paire de jumelles pour scruter l'horizon.

Ils nous invitaient à prendre un café. L'un était corpulent, jovial, en habits de ville, coiffé d'un chapeau de paille ; l'autre fluet, malicieux, en maillot de corps et short. Ce dernier n'était autre que le prince N., napolitain de naissance, divorcé d'une Belfiore, laquelle appartenait à une des familles autrefois les plus riches et les plus puissantes du sud-est de l'île. Le prince, aidé de son *ragioniere* (à mi-chemin entre le comptable et l'intendant) qui, souffrant de la chaleur, s'éventait avec son chapeau, n'habitait sa maison de Calataporto que pendant les trois mois de l'été. La plate-forme, le hangar, l'usine désaffectée dont nous apercevions la haute cheminée, le magasin à glace, les barques que nous pouvions distinguer au loin à l'aide des jumelles, tout cela constituait la *tonnara*, d'où le prince tirait des revenus suffisants pour vivre neuf mois à Naples sans rien y faire d'autre que de jouer l'argent rapporté par les thons.

Même si notre hôte ne nous avait pas confié qu'il dirigeait un journal satirique où il fustigeait la noblesse napolitaine, j'aurais compris que j'avais affaire à un représentant de cette aristocratie désormais condamnée au déclin, qui a assez de lucidité pour se rendre compte que sa mission historique est finie, mais trouve un âcre enchantement à précipiter elle-même sa ruine.

Un homme petit et jaune qui se tenait à l'autre bout de la terrasse, un talkie-walkie à l'oreille, s'approcha et dit respectueusement, en s'adressant au *ragioniere* plutôt qu'au prince :

« Ils sont entrés dans la chambre de la mort.

— Voulez-vous, nous dit le prince, assister à une *mattanza ?* La barque va partir avec le raïs. »

Ce nom arabe indique celui qui, à terre, reste en contact avec les pêcheurs immobilisés à un kilomètre au large, autour des filets. Il communique au *ragioniere* le nombre des thons et des espadons repérés. Dès que les poissons sont entrés dans la nasse principale, dans la chambre de la mort qu'on referme derrière eux, les chaloupes se resserrent en carré, et les hommes, debout sur les embarcations, plantent leurs harpons dans les dos argentés. Quand nous arrivâmes avec le raïs, le carnage avait déjà commencé. Dans l'eau pourpre les monstres se débattaient furieux. Je notai que le visage des hommes qui se livraient à cette tuerie restait absolument impassible. Aucune ivresse du sang, aucune danse de la mort. Pas même un soupçon de colère, de vengeance contre ces thons, qu'ils avaient attendus depuis trois jours, affaissés sur leurs rames, sous l'impitoyable soleil qui avait usé leur peau et rendu transparente jusqu'à la paille de leur canotier. Il est vrai que, circonstance exceptionnelle, ils avaient capturé deux bancs en quelques heures. Mais j'aurais pu m'étonner alors de ne surprendre aucun signe de joie, d'humain enthousiasme sur leur face verrouillée, par la misère et l'hébétude, contre toute émotion.

Je ne savais pas que j'avais assisté à la dernière *mattanza* exécutée à Calataporto. Septembre touchait à sa fin. Les barques seraient bientôt remisées pour l'hiver. Elles ne se formeraient plus jamais en carré au large de la maison du prince, car il n'y aurait plus de proies à saisir. On ne laisserait plus les thons, qui venaient du Maroc en direction de la Tunisie, faire tranquillement, comme des touristes en croisière, le tour de la Sicile : on les prendrait en pleine mer, à l'entrée de la Méditerranée, et non plus avec des filets et des harpons archaïques ni au prix d'attentes exténuantes, mais avec de gros bateaux pourvus de moyens modernes, dont les équipages, faut-il le dire ? seraient plus souvent japonais que siciliens.

Déjà, avait eu le temps de me dire le *ragioniere*, les thons passaient beaucoup moins nombreux qu'autrefois. Ils avaient dû fermer l'usine qui mettait le poisson en conserve. Le prince en était à calculer, d'après le nombre de bêtes capturées, combien de mois encore il pourrait vivre à Naples oisivement.

Je me serais rendu compte tout seul, lors du repas auquel il eut la gentillesse de nous convier, de l'état délabré de ses finances. Un des hommes qui traînaient dans le hangar, le visage rongé par le sel et le soleil, revêtit une livrée effilochée aux manches. Il dressa quatre couverts dans une salle à manger nue, où, à part la table et les chaises, ne se trouvait qu'un vieux réfrigérateur calé sur des briques. De cette caisse rouillée fut extrait un carafon d'eau claire. Elle ne contenait rien d'autre, je pus m'en assurer. Chaque convive versa un peu d'une certaine poudre au fond de son verre, et put se désaltérer ainsi d'une illusion d'eau gazeuse. Quant aux mets — pâtes et filets de poisson, mais pas du thon ! trop précieux pour ne pas être échangé contre une promesse de jours désœuvrés à Naples — ils n'étaient qu'un prétexte à recouvrir de sauce tomate, préparée par la femme du *cameriere* de fortune, une nourriture insipide.

Le prince, cependant, ne cessait de plaisanter, comme si, au lieu de vivre au même niveau que les serfs de ses ancêtres, il nous recevait dans un palais splendide. Le *ragioniere* ne disait rien, mais, à sa corpulence et à sa jovialité, on devinait que lorsqu'il rentrait le soir chez lui, dans la petite ville de Rosalba distante de six kilomètres de Calataporto, un repas de famille d'une autre nature l'attendait.

Comme nous lui demandions si la région était riche en volailles, il s'arrêta de manger, planta sa fourchette sur la table par le manche, et nous dit gravement :

« Jamais de poulet, *professore* ! Les poulets sont nourris aux hormones, ce qui débilite la virilité. *Professore*, jamais de poulet !

— Il va vous parler de Mussolini ! nous glissa le prince avec un clin d'œil.

— N'avez-vous pas observé, continua l'autre imperturbable, comme l'Italie est en décadence ? En décadence elle est, l'Italie. Ce qu'on constate aujourd'hui n'aurait pu avoir lieu du temps de Mussolini. Ah ! pour sûr que lui, c'était un homme véritable ! Un homme véritable, que c'était ! »

Pendant les dix-huit ans où, chaque été, j'ai retrouvé le *ragioniere*, pas une seule fois où il ne m'ait vanté les mérites de Mussolini, pas une seule fois où je n'aie dû me défendre qu'il me remît en cadeau une photographie du Duce à cheval. Au demeurant, le meilleur des hommes, incapable de tuer une mouche. Par fascisme, je m'en suis rendu compte peu à peu, il entendait une organisation politique qui lui aurait permis, à lui et à une poignée d'amis sûrs, de mettre tous les citoyens mâles en prison, pour rester seuls à se pavaner au milieu de la population féminine. Je jurerais cependant que ce don Giovanni de tête était le mari le plus fidèle, le plus casanier. En exaltant Mussolini et en prêtant une vie ardente à son héros, il épanchait la nostalgie de l'aventurier, du séducteur extraordinaire qu'il aurait pu être lui-même si, comme beaucoup de Siciliens, le besoin de la sieste, de la *pasta*, du poulet sans hormones, ne l'avait conduit à mener une existence routinière de *ragioniere*, entièrement soumis à son épouse.

D'une couardise physique incroyable, il descendait de voiture avant un tournant en épingle à cheveux, et ne remontait que de l'autre côté du virage : ce qu'il fit, sans se gêner, pendant que nous l'emmenions sur la falaise jusqu'à une maison qu'il voulait nous montrer. Pour achever le portrait du *ragioniere*, il faut dire que, après la Libération, on réunit les hommes de Rosalba dans un cinéma et on demanda à ceux qui avaient été fascistes de se lever. Il fut le seul à avoir ce courage.

Nous traversâmes le village de Calataporto, qui nous apparut dans une condition encore proche de la misère. Maisons basses, à un seul étage, le plus souvent inachevées, montrant à nu leur armature de briques grossièrement jointoyées ; escaliers extérieurs, sans rampe, pour accéder aux toits-terrasses ; pas d'égouts ; flaques d'eau croupissante bourdonnantes de mouches au milieu de la rue poussiéreuse qui, pour s'appeler pompeusement *corso* Vittorio Emanuele, ne témoignait pas d'une bien vive sollicitude du Nord pour le Sud. Par des traverses qui coupaient cette rue, on entrevoyait, en contrebas, la mer.

« Je suis né dans ce village, nous confia le *ragioniere*. Le courant électrique n'y est arrivé qu'après guerre. Dans mon enfance, on se couchait avec le soleil. Avec le soleil on se couchait. Les femmes ramassaient de l'herbe pour confectionner une soupe qui faisait tout le repas du soir. Jamais de viande. Aujourd'hui encore, il n'y a pas de boucherie à Calataporto. À Calataporto il n'y a pas de boucherie. Les escargots ramassés sur la falaise constituaient un luxe. Le port, à présent très actif, n'était pas aménagé. On ne pouvait pêcher qu'avec des barques à rames, dans la proximité du rivage. Avec des barques à rames on pêchait. »

Après les dernières maisons du village, construit à une sage distance de la mer, nous vîmes surgir, isolée sur la falaise et étourdiment exposée aux ravages du vent, des embruns, du sel, une sorte de chalet suisse juché sur un socle provisoire de ciment. En vingt ans mon opinion n'a pas changé : aucun site n'est plus admirable au monde. Devant, la mer, ou plutôt la conjonction de deux mers, la Tyrrhénienne qui baigne la Corse et la Sardaigne, et la Ionienne, dont les flots battent le littoral grec. Elles se réunissent au pied d'un îlot qui porte un ancien fort espagnol du XVIIe siècle, rose, carré, solitaire. Des cargos, des navires de croisière, les grands pétroliers d'Augusta, le courrier de Malte passent au large et disparaissent à l'horizon.

À droite de la maison, jusqu'à perte de vue, des

champs de roseaux où çà et là se dresse l'agave hiératique, qui lance jusqu'à dix mètres de haut plusieurs étages de lourdes inflorescences. Derrière, le village, fait de cubes entassés, monte en pyramide jusqu'au phare, comme la Jérusalem céleste dans les tableaux de la Renaissance.

Le *ragioniere* me laissa à mon saisissement. Pour lui, la mer n'était qu'une étendue stérile, la lande de roseaux un terrain infécond, et la Jérusalem céleste un mauvais souvenir auquel, à force de travail et de comptabilité chez le prince, il avait su échapper.

La bâtisse elle-même, cet informe compromis entre la guérite et le bunker, lui inspirait plus de considération. Elle appartenait à un cousin Belfiore, le marquis G. Il vivait à Rome, en play-boy, et me la céderait volontiers pour payer ses notes dans les bars de la via Veneto. Il l'avait fait construire pour son amante anglaise, laquelle, épouvantée par l'isolement et vexée de ne pouvoir exhiber ses toilettes dans un village où toutes les femmes portaient le noir, avait exigé de repartir le lendemain. J'appris aussi que le marquis, pour survivre, se défaisait chaque année d'une propriété ou d'un terrain. Ce château néo-gothique, lubie d'un architecte fasciste, que j'avais aperçu à l'entrée du village, aussi incongru qu'un minaret en Laponie, il l'avait vendu il y a deux ans au pharmacien de Rosalba. Cette *casina*-ci, je pourrais l'avoir pour une bouchée de pain, inachevée comme elle était. Son gendre Vincenzo, qui se trouvait être *ingegnere* à Rosalba, se ferait un plaisir de me la transformer en coquette villa.

Le *ragioniere* ne me livrait que par bribes ces informations. Je le sentais partagé entre l'antique déférence du plébéien pour la famille qui avait dominé cette province pendant cinq siècles, et le mépris d'un homme qui sait le prix des choses pour ces dilapidateurs de patrimoines.

Ni lui ni son gendre, je crois, n'ont jamais compris pourquoi j'avais choisi de me fixer ici. Eux qui ne prenaient pas un seul jour de vacances, qui travaillaient dur toute l'année, ne pouvaient concevoir ce que voulait dire « l'été » pour un habitant de la grande ville ; encore moins au bord de la mer, résumé pour les Siciliens de leurs malheurs historiques : conquêtes, incursions, pillages, malaria. Ils ne savent pas nager, ne se baignent jamais. Quand, mû par le désir de me protéger contre d'éventuels voisins, j'ai demandé au *ragioniere* si je ne pouvais pas acquérir aussi le champ contigu, il s'est exclamé, en Sicilien pour qui la solitude est une calamité et la production de légumes la plus grande bénédiction de Dieu :

« Mais, *professore*, vous ne pourrez même pas faire pousser les tomates ni les haricots ! Ni les tomates ni les haricots, vous ne pourrez les faire pousser ! »

Des choses les plus simples on fait une cantilène en Sicile, une mélopée doucement obsessive, en répétant deux fois la phrase avec les mêmes mots à l'envers.

Je me souviens que le propriétaire de ce champ, prévenu de mon intention, arriva un jour avec un interminable tuyau d'arrosage qu'il déroula à partir d'un puits situé très en retrait dans la campagne. Puis, avec le plus grand sérieux, il se mit à asperger d'un maigre filet d'eau ce qui n'était manifestement qu'un désert de cailloux et de sable. Attendrissant stratagème pour faire monter l'offre.

Son nom à moitié arabe désigne-t-il Calataporto comme un avant-poste sarrasin fondé au Moyen Âge ? Formé, dans sa partie plus ancienne, de cahutes qui représentent, tout de suite après la grotte, le deuxième échelon dans la hiérarchie des habitations, le village n'a été que rarement visité par l'histoire. Seul événement dont on se souvienne : sa destruction, avec les autres villes de la côte, lors du tremblement de terre de 1693. On montre encore, sous l'eau, quelques ruines sous-marines qui remonteraient à la bourgade d'origine. Chaque année, le 11 janvier, la cloche de l'église sonne le glas en mémoire de la catastrophe.

Il y avait pourtant une date plus heureuse à commémorer. Le 10 juillet 1943, les premières forces alliées qui prirent pied en Europe débarquèrent sur les plages de Calataporto, de part et d'autre du fort espagnol. Le général Alexander installa son quartier général à Rosalba. Aucune plaque, nulle part, aucune mention de cet événement qui a changé le cours du monde. Les canons italiens qui défendaient les côtes avaient été sabotés, sur intervention de la Mafia, à qui Lucky Luciano, de New York, envoyait l'ordre d'aider les Américains. Quant aux avions de combat basés à Rosalba, ils étaient en bois. Pourquoi cette discrétion sur le 10 juillet 1943 ? Le débarquement n'a-t-il été pour les villageois qu'une invasion de plus, à ranger parmi les calamités périodiques ? Les canons sabotés, les avions en bois ont dû pourtant servir de pâture à leur humour ; à moins que, du même bord que le *ragioniere*, ils n'aient préféré ensevelir dans le silence le finale comique de la grande épopée fasciste. Je n'ai jamais pu obtenir la moindre information, le moindre souvenir personnel sur cette époque. Comme si tout ce qui venait de la mer était soumis à l'*omertà*.

Pas de belles maisons à Calataporto ; aucune même qui témoigne une pensée d'architecte. Pour la plupart, les habitants les ont construites de leurs mains. Quatre murs, un toit plat, une porte et une fenêtre. Les bâtisses de plus d'un étage sont de date plus récente. Je les ai vues grandir sous mes yeux, d'une année à l'autre, à mesure qu'on trouvait l'argent nécessaire pour rehausser un mur, mettre une rambarde à la dalle servant de balcon, ôter les planches de l'ouverture destinée à être une fenêtre. Malgré ce dénuement, cette absence d'imagination, ce manque d'ambition artistique, ou, quand pointe la prétention, cette manie des dorures tarabiscotées et des ferronneries biscornues, Calataporto, avec sa rue principale qui plonge brusquement vers la mer, possède un charme, une séduction qui ne m'ont jamais lassé. Peut-être parce qu'on sent ici une correspondance parfaite entre la rusticité de l'habitat et la simplicité, homérique, des habitants. Aujourd'hui, ils ont échappé à la misère, mais ne sont pas entrés dans la société de consommation.

Exempts de privations comme de besoins superflus, ils vivent selon la tradition de leurs pères tout en bénéficiant du progrès économique qui leur a apporté les égouts, trois boucheries, de nouveaux magasins chaque année, une poste plus spacieuse, une pharmacie moderne.

Avec le prince et l'*ingegnere*, nous allâmes, lors de notre premier séjour, visiter une villa autrefois somptueuse qui appartenait encore à la famille Belfiore. Le prince nous montra la chambre qui avait hébergé pour une nuit le roi de Naples Ferdinand. Du baldaquin en ruine pendait une tenture de velours mangée aux mites et pourrie. Dans un coin, le fermier avait entassé une provision de caroubes pour la nourriture de ses vaches. Toute la villa, l'escalier monumental, les couloirs, les enfilades de pièces, présentaient un état avancé de décrépitude. Ce qui avait été un monument baroque de la plus grande beauté achevait de s'avilir, dans l'indifférence complète des propriétaires.

Comment ne pas être ému par ce spectacle de dégradation et d'incurie ? Un décor baroque n'est jamais aussi poignant que lorsqu'il s'effrite en poussière dorée. Mais l'*ingegnere* Vincenzo, petit, râblé, volontaire, qui avait sa part de responsabilité dans l'architecture rudimentaire de plusieurs des maisons de Calataporto, critiquait sans se gêner ce gaspillage de pièces et ce luxe de décoration.

Dans son mépris, beaucoup plus franc que celui de son beau-père encore intimidé par l'antique sujétion, il englobait non seulement l'inaptitude du prince, mais la folie somptuaire de ses ancêtres dont les demeures trop ambitieuses finissent, comme celle-ci, en grenier à fourrage pour les bestiaux du fermier.

À droite de la *casina*, une sente longe la falaise jusqu'au port, qui se trouve à un kilomètre à peu près du village, à l'endroit où le littoral s'abaisse et forme une anse de sable à peine protégée du large. Les barques n'y étaient pas à l'abri des tempêtes. Il a fallu, grâce aux subsides de la *Cassa del Mezzogiorno*, construire une digue que j'ai vue s'allonger et se renforcer chaque année, par de gros blocs de ciment jetés comme brise-vagues. Le port ne consistait au début qu'en trois maisonnettes ; il s'est agrandi régulièrement. La prospérité de Calataporto est due en partie à l'essor de la pêche, une autre source de richesse étant la découverte de puits, qui permettent de récolter quatre fois par an les tomates et les fameux haricots.

Les barques partent vers trois heures du matin et reviennent vers deux heures de l'après-midi, pour la criée. Les plus considérables abritent un équipage de six hommes. Elles disposent d'un outillage moderne mais, avec leur peinture délavée et leurs agrès vermoulus, gardent un aspect vétuste. Une épave, coulée dans le port, est restée à pourrir pendant des années, le long du môle, à un des meilleurs endroits de mouillage.

Un édifice imposant s'élève maintenant près des maisonnettes : un réservoir à vin, de ce vin généreux de

Sicile, fourni par les vignes de l'arrière-pays. Il titre plus de seize degrés. Des bateaux de Sète viennent en charger de grandes quantités, qu'on mélangera aux chétifs crus du Languedoc, si les vignerons français, furieux de cette concurrence déloyale du soleil italien, ne les déversent pas sur les routes.

Troisième source de gains : la contrebande. Malte n'est qu'à quelques heures de navigation. Les cartouches de cigarettes et les caisses de whisky transitent dans des caches aménagées entre les rochers. Les carabiniers ne patrouillent que rarement. À bord de leur hélicoptère, ils s'amusent plus à repérer si quelque nudiste sur les plages n'enfreint pas la loi sur les mœurs qu'ils ne s'acharnent à récupérer les marchandises interdites. Une fois cependant, ils prirent en chasse une vedette suspecte, dont les occupants, ayant déchargé en hâte leur butin dans l'îlot au fort espagnol, s'enfuirent au large. Les riverains, à Calataporto, avaient suivi les péripéties de l'affaire. À peine eurent-ils vu s'éloigner les contrebandiers et leurs poursuivants, qu'ils montèrent dans leurs barques, se précipitèrent dans l'île et firent main basse sur les trésors abandonnés.

Craignant que je ne trouve la *casina* trop solitaire, et pour me présenter mon acquisition comme une aventure moins déprimante, l'*ingegnere* m'avait affirmé qu'un vaste complexe hôtelier serait bientôt construit sur la falaise, à mi-chemin du port. On aplanirait les rochers, on créerait des plages, on planterait des arbres... Mille lits, rien que cela ! La présence de « l'antenne militaire » constituait le seul obstacle. « L'antenne militaire » consistait en une masure de pierre devant laquelle se tenait en sentinelle une recrue de la marine nationale. Le malheureux, en uniforme aussi dépenaillé que la livrée du domestique de la *tonnara*, avait pour mission de scruter l'horizon en prévision d'une attaque. Lors de ma promenade du soir, le long de cette côte déchiquetée et lunaire, sublime sauf pour celui qui était chargé de la surveiller dans de telles conditions, je m'arrêtais pour échanger quelques mots avec ce jeune homme exténué par son interminable faction au milieu du désert, à qui ses chefs avaient vanté le métier des armes pour l'abondance des contacts humains.

Trois ou quatre ans plus tard, « l'antenne militaire » fut transportée en haut du village, près du phare. Mais j'avais cessé de trembler, ayant appris à connaître les Siciliens. Le projet de complexe hôtelier n'a pas avancé d'un pouce en vingt ans. Les Siciliens montrent une inaptitude peu commune au commerce et en particulier à l'exploitation touristique de leurs côtes. En plein mois d'août, sauf à proximité des grandes villes, d'immenses plages restent vides. Quelques familles viennent s'asseoir sur le sable. Agglutinés sous le parasol, ils mastiquent le repas chaud confectionné par la *mamma* puis dorment les uns sur les autres, en attendant l'heure du retour. L'hôtel de vacances, la pension balnéaire sont choses rarissimes ici. Pas de bars sur les plages. Pas de boîtes. Pas de juke-boxes. Je pouvais être tranquille pour une autre raison aussi. Entre la première ébauche de n'importe quel projet et le début d'exécution, il peut s'écouler en Sicile des années, un siècle, l'éternité : soit que la subtilité du jeu politique neutralise toute initiative qui a besoin des fonds publics, soit que le goût d'imaginer soit infiniment plus fort et présente plus d'attraits que la curiosité de voir le résultat.

Entre Catane et Syracuse, il y a plus de vingt ans que je remarque, sur la gauche, à un endroit où la route s'élève, une sorte de fortin carré, flanqué de quatre tours aux créneaux minutieusement ciselés. Seuls les murs extérieurs ont été achevés ; la structure est vide ; des ouvertures béantes tiennent lieu de portes et de fenêtres ; le ciment n'a jamais été revêtu. Rien de plus touchant que ce fantôme de villa, cette tombe d'un rêve avorté. La quantité de *non finito* en Sicile est incroyable. Soudains revers de fortune ? Incapacité d'établir un devis ? Sentiment de l'inutilité de l'effort, qui vient paralyser l'action ? Ou refus métaphysique de dégrader un songe en le réalisant ?

Pourtant, un vieux projet a fini par prendre corps à Calataporto, parce que, lorsqu'il s'agit du football, les partis politiques arrivent à se mettre plus vite d'accord que pour voter la construction d'un hôpital ou d'une école. La commune a récupéré le fameux champ que le paysan, pour me le vendre plus cher, avait fait mine d'arroser. À vrai dire le terrain, rocailleux et venté, se prêtait aussi mal que possible à l'aménagement d'une belle aire de *calcio*. Mais il aurait fallu des années pour exproprier des paysans dans des endroits plus abrités. Avec un étranger, la procédure était facile. On dut creuser la falaise avec des engins mécaniques, opération fort coûteuse à laquelle s'ajoutèrent les frais (120 millions de lires 1983) d'un grillage parfaitement inutile, déjà rouillé et mal en point au bout d'un an. Mais voilà ! On disposait d'un vrai terrain, délimité par un enclos ! Il y aurait bientôt des vestiaires et des douches ! Part du rêve, cette dernière proclamation. Cependant, l'équipe de Calataporto a reçu une tenue jaune et rouge du meilleur effet. Elle s'entraîne chaque jour à la tombée de la nuit et le dimanche dispute un match avec une équipe d'un village voisin.

Les familles des joueurs, qui pourraient venir à pied en cinq minutes, rejoignent le stade à bord de voitures qu'on dispose en éventail près de l'entrée. (Sans clôture, j'y pense, il n'y aurait pu avoir ni séparation entre l'univers extérieur et l'arène sacrée, ni « entrée » solennelle.) Dès qu'un but est marqué, un concert de klaxons salue en fanfare l'événement. Et de buts, on en compte chaque fois par dizaines : moins à cause de l'habileté des athlètes, rudes costauds à peine dégrossis qui ont déserté provisoirement l'établi ou le comptoir, que par la malice du vent, qui souffle en rafales, et pousse le ballon sans le secours d'aucun pied. N'importe : les klaxons applaudissent à la vigueur et à la dextérité du vent. Admirables parties, si on peut, à ce sport également, appliquer un mythe grec ! Le dieu Zéphyr, jaloux qu'Apollon lui préférât le jeune Hyacinthe et jouât au palet avec son rival, ne souffla-t-il pas sur le disque pour en faire dévier la trajectoire ?

À quoi pouvaient bien s'amuser les garçons avant d'avoir un terrain de *calcio* à leur disposition ? C'est un sujet d'étonnement et de tristesse que de voir, dans les villages siciliens, le désœuvrement où sont laissés les enfants et les adolescents. On ne fait rien pour les occuper, les intéresser à quelque chose. Le cycle de l'éducation comprend quatre phases pluriquotidiennes.

1. Liberté absolue, d'où sottises, agressivité confuse, vandalisme aux dépens de l'éclairage public ou des maisons isolées.

2. Taloches de punition.

3. Consolations, caresses, moumoutage en réparation de l'offense.

4. Expulsion dans la rue, en priant le ciel que le mauvais sujet devienne bon.

Un jeu traditionnel, qui semble avoir disparu, avait l'avantage de combiner l'effort intellectuel et la dépense physique. *A rumè,* disait-on, en sicilien. (Aujourd'hui encore, à Calataporto, les habitants ne parlent entre eux que le dialecte.) L'étymologie du nom est contestée : vient-il du grec *rhuma,* corde de l'arc, du grec *rhumos*, timon de la charrette, ou, plus probablement, de l'espagnol *ramal*, licou ? Le *rumé* était une sorte de cravache, faite de deux ou trois mouchoirs étroitement noués et contenant des pierres. Les garçons se réunissaient autour du *mastru*, aîné du groupe ou élu par acclamation. Perché sur une marche, sur une souche, sur un mur, le *rum* à la main, ayant ordonné le silence, il posait la première devinette.

« J'ai un fruit, rond et robuste... »

Il ne fallait pas seulement appliquer son esprit aux mots, il fallait s'interroger sur les gestes, qui souvent démentaient les paroles. La main du *mastru* commençait par dessiner une sphère de belles proportions, qui se réduisait ensuite à la taille d'une bille. Ou inversement. Railleries et sarcasmes à l'adresse de celui qui, croyant avoir deviné, prenait une pastèque pour une cerise.

« On le mange ? A-t-il un os ? Quelle couleur ? »

Réponses à dessein ambiguës. Pour la couleur par exemple, le *mastru* en énumérait plusieurs qui semblaient énoncées au hasard mais qui correspondent, en fait, aux diverses phases de la maturation.

« Vert, jaune, grêlé, noir... »

Tel le fruit du micocoulier, du grec *melicoccola* (douce baie), appelé en Sicile *càccamu*. Tout le monde se creusait la tête, plissait le front, serrait les poings, à la recherche de la solution. Celui qui hurlait le premier : « *Càccamu !* » s'emparait d'un bond du *rumé*. Sauve-qui-peut général, le vainqueur ayant le droit, qu'il utilisait copieusement, de frapper à tour de bras ses concurrents. Jusqu'au moment où le *mastru* lançait un cri d'appel :

« *A rumé, ca u mastru è sulu !* »

Les fuyards faisaient alors volte-face et se jetaient sur leur poursuivant que, toujours selon les règles, ils rossaient à son tour tant qu'il n'avait pas réussi à se réfugier sous la protection du *mastru*. Commençait une nouvelle partie, occasion d'autres silences tendus, d'autres explosions de fureur, d'autres galopades, d'autres horions.

Certes, ce jeu avait pour fin principale de libérer la sauvagerie emprisonnée dans le sang de ces jeunes analphabètes ; mais, à la différence du *calcio* et à plus forte raison de la brutalité pure et simple du vandalisme, le défoulement musculaire n'était autorisé qu'après une sérieuse contention de l'esprit.

Ces devinettes dont certaines, codifiées, nous sont parvenues, pouvaient donner un raccourci saisissant de la hiérarchie sociale. « Le pauvre la jette, le riche se la garde, l'enfant se la lèche. » La morve. Ou tisser un ingénieux réseau d'associations. « Amère comme fiel, douce comme le miel. » Quoi ? L'olive. Incomestible comme fruit, elle fournit l'huile dont on frotte le pain (alliance qui constitue la plus antique nourriture en Sicile) et d'où on tirait, avant l'arrivée du courant électrique, l'éclairage des maisons. L'huile alimente aussi la lampe devant le saint tabernacle, à l'église. C'est elle encore qui, lors de l'extrême-onction, facilite le passage à une vie meilleure. Le rameau d'olivier bénit, accroché au-dessus de la porte, assure la paix et le bonheur du foyer.

Même si les habitants savent lire, aujourd'hui, je n'ai jamais vu, à Calataporto, personne, homme ni femme, jeune ni adulte, avec un livre. Une petite papeterie s'est ouverte, dans les années 1980, sur le *corso*. Au début, le marchand avait installé sur les étagères des collections complètes d'auteurs classiques et modernes en format de poche envoyées par quelques éditeurs de Milan. L'année suivante, j'ai trouvé les volumes relégués dans un coin, couchés tranche de gouttière par devant, en sorte qu'on ne pouvait même plus prendre connaissance des titres. Des babioles hideuses occupaient leur place sur les rayons.

« Que voulez-vous, me dirait plus tard le fils aîné de l'*ingegnere*, un garçon sérieux, instruit et membre du Parti socialiste, ici, on ne lit pas. Parce que, pour lire, il faut avoir pris l'habitude de lire. »

Quel déchaînement de bestialité physique, bien plus terrible que les anodins coups de cravache du jeu *a rumè*, serait nécessaire aux collégiens de Calataporto s'ils fournissaient l'effort, non plus seulement de percer les mystères de l'olive, mais d'avaler en entier un volume de Pirandello ou de Kafka ?

Le jeu *a rumé* a disparu et, avec lui, ces anciens métiers, le plus souvent savoureux, quelquefois cruels, dont Gesualdo Bufalino, un de ces écrivains locaux venus tard à la littérature, donne une liste établie pour la ville de Comiso, proche de Rosalba. On rencontrait au temps de sa jeunesse, dit-il, l'allumeur de réverbères, le vendeur de lupins, le raccommodeur de parapluies, la coiffeuse à domicile, le vendeur d'eau, le joueur de sérénades, le fendeur de pierres, le peintre de charrettes, le peseur de raisin, le fileur de fibres d'agave, le cuisinier de maison noble. Et aussi l'écorcheur de chiens, qui déambulait dans les campagnes, un sac sur le dos, un couteau à la main, à la chasse des quadrupèdes errants. Une fois accompli le sacrifice, il allait déverser son butin à la tannerie. Une nuée de corbeaux tournait au-dessus de sa tête et le suivait dans ses déplacements.

Si le « cuisinier de maison noble » est condamné définitivement au chômage, étant donné que même les princes ne peuvent plus se payer un tel luxe, il semble que le métier d'écorcheur de chiens puisse trouver encore des adeptes, dans un pays où la canophobie sévit à l'état endémique.

Un jour, je vis arriver au bord de la falaise, devant

la *casina*, deux enfants qui tiraient par une corde un jeune chien-loup. Le plus jeune pleurait, mais l'aîné, qui pouvait avoir douze ans, ayant lié la corde à une pierre, précipita l'animal du haut des dix mètres de rochers. Nous courûmes en bas de la falaise. Par bonheur, le chien était tombé dans une flaque d'eau qui avait amorti sa chute sans le noyer. Nous le libérâmes, il s'élança ventre à terre rejoindre ses bourreaux, frétillant de plaisir. Enjeu, nous l'apprîmes ensuite, d'une rivalité entre fanatiques de la chasse, cette plaie de la Sicile.

Une autre fois — il y a longtemps, puisque les mules ont disparu elles aussi, comme les charrettes et les peintres de charrettes —, je suivais en auto un attelage composé d'une mule, d'une voiture à deux places et d'un chien attaché par une chaîne entre les roues. Le chien, au lieu de trottiner comme avaient fait des milliers de ses congénères sous des milliers de charrettes à l'époque où les paysans partaient pour leurs champs le matin et revenaient le soir dans cet équipage, s'était écroulé à bout de forces et se laissait traîner sur l'asphalte brûlant. La peau était à vif, le sang coulait sur la route. Ayant doublé et bloqué leur charrette, je demandai aux occupants, une femme engoncée dans ses châles et un butor rougeaud, s'ils s'étaient rendu compte de ce qui se passait. « Il est méchant », grommelèrent-ils. La femme consentit enfin à descendre, enveloppa le chien moribond dans une couverture et le déposa derrière leur banc.

Je souhaite que ces épisodes n'aient été que les dernières survivances du temps de la misère et de la famine, de la soupe au chiendent et des festins aux escargots, quand les chiens ne représentaient qu'une bouche supplémentaire à nourrir. Je constate aujourd'hui que beaucoup de gens à Calataporto entretiennent des rapports affectueux avec leurs bêtes. Dans une cour, une jeune cane caquetait et nasillait sans trêve, le bec tourné vers un petit chien qui regardait de l'autre côté, dédaigneux. Elle revenait sans arrêt à l'assaut, virevoltant autour du roquet, déployant pour lui les charmes rauques d'un cancanement ininterrompu. Le chien détournait le museau mais restait sur place, nullement soucieux d'abréger un hommage aussi flatteur que bruyant. « Ils sont amoureux », me dit un bonhomme, tout attendri de cette idylle entre ses deux pensionnaires, et fier en même temps que, jusque dans le monde animal, la muflerie du chien attestât la supériorité des mâles.

Sur un point, les habitants de Calataporto ont renoncé au rêve pour faire preuve d'énergie. Les hommes qui ont soixante ans aujourd'hui sont presque tous, dans leur jeunesse, partis pour l'émigration. Bien qu'il y ait dans leur nature une tendance soumise, incrédule, procrastinatrice qui les apparente aux personnages de Tourgueniev ou de Tchekhov, ils ne s'écriaient pas avec des soupirs, comme les trois sœurs : « À Moscou, à Moscou ! », mais s'embarquaient pour de bon en direction de l'Australie ou du Venezuela. Un de ces émigrants acheta avant de partir un cercueil pour sa mère et le lui remit le jour des adieux. Récemment encore, on pouvait voir, dans la pièce unique de son logis toujours sombre, la vieille femme assise à côté de son cercueil. Sereine, elle attendait la mort que la prévenance de son fils lui avait aplanie.

Les hommes n'ont plus besoin d'émigrer, à présent. Chaque famille possède sa voiture (au moins une) et un équipement électroménager perfectionné. Mais cette « évolution », incontestable, ne prend jamais l'aspect, rationnel et banal, du « progrès ». Je vais tâcher de m'expliquer, sur un exemple qui soulignera la délicieuse persistance de l'absurdité de certaines coutumes, un des charmes du lieu.

Le médecin de Calataporto, qui ne devait pas avoir plus de trente-cinq ans, habitait un des plus beaux appartements du village : au premier étage d'une maison construite en solide pierre de taille, et pourvue d'un escalier intérieur. Rampe de métal doré, porte d'entrée en frêne rose. J'avais promis au *dottore* une visite de courtoisie.

Il me présenta à sa femme et à ses deux enfants et me montra les diverses pièces de son logis. Un lit monumental en acajou occupait presque en entier la chambre conjugale, deux lits jumeaux de fer et une armoire en sapin meublaient la chambre des enfants. De table, pas une seule. Puis, avec un air mystérieux, mon hôte entrouvrit une pièce plus spacieuse, protégée de la lumière par de lourds rideaux de velours et plongée dans une pénombre suffocante. On distinguait, sous les housses, les formes imposantes de fauteuils dont les pieds dorés se reflétaient sur le dallage de marbre. Entre les deux fenêtres, une collection de tasses à café en porcelaine lisérée d'un fil d'or brillait derrière la vitrine immaculée d'un buffet copié lui aussi sur un modèle du XVIIe siècle.

Le médecin referma avec précaution la porte, puis, non sans force soupirs, me poussa vers la quatrième et dernière pièce, une cuisine surchauffée, où les enfants s'évertuaient à chasser les mouches des bassines de sauce tomate mises à reposer sur l'appui de la fenêtre. La femme du *dottore* tira d'un réfrigérateur ultramoderne, en comparaison duquel la caisse rouillée du prince eût fait figure de pièce de musée, des canettes de bière qu'elle disposa devant nous, avec les verres, sur l'unique table de l'appartement.

« Compliments, dis-je. Vous êtes logés magnifiquement. »

Nouveaux soupirs du *dottore*.

« Il nous manque un *soggiorno*, fit-il en secouant la tête.

— Oui, reprit la femme, un *soggiorno* nous manque.

— Un *soggiorno* ?

— Une pièce où nous pourrions nous détendre avec nos enfants, avec nos amis.

— Nous reposer et être bien ensemble, reprit la femme en écho.

— Mais, demandai-je interloqué, cette grande pièce que j'ai vue tout à l'heure... »

Les deux époux se regardèrent, comme s'ils doutaient de ce qu'avaient entendu leurs oreilles. La femme fut la première à réagir.

« *Professore*, ce que vous avez vu, c'est le *salotto* !

— Le *salotto* ! » répéta son mari, qui protesta à son tour et ouvrit de grands yeux devant l'énormité que j'avais lâchée.

Ils me dévisageaient avec stupeur, scandalisés que j'aie pu leur suggérer de nous asseoir dans ces vastes bergères dont ils n'ôtaient les housses que trois ou quatre fois dans l'année, lors d'occasions solennelles, baptême, mariage ou funérailles. Nous achevâmes notre bière, entre les cris des enfants, le bourdonnement des mouches stimulées par la nourriture, l'odeur de la pizza refroidie et le sifflement du gaz allumé sous le ragoût.

Voilà des représentants de la nouvelle bourgeoisie libérale, jeunes, relativement instruits et ne manquant pas d'une certaine aisance ; mais encore si soumis à la tradition qu'ils vivent à l'étroit dans leur cuisine plutôt que d'avilir par un usage quotidien la pièce de cérémonie. Pour prouver qu'on a réussi en Sicile, il faut exhiber la possession d'un *salotto* meublé de fauteuils tarabiscotés et de tasses à café en porcelaine à liséré d'or. Malheur cependant à celui qui s'assiérait dans ces fauteuils et boirait son café dans ces tasses ! Car il montrerait aussitôt qu'il ne connaît pas les usages du monde et galvaude un bien mal acquis. Disposer de vingt mètres carrés somptueux et inutiles, telle est l'élégance de ce peuple miraculeusement protégé de l'idéologie du rendement et du culte de l'efficacité.

L'*ingegnere* Vincenzo R. n'avait pas encore son *salotto*, dans l'appartement qu'il occupait à Rosalba avec sa femme et ses deux jeunes fils, à l'époque où je l'ai connu et suis devenu son ami. Amitié qui ne s'est jamais démentie en vingt ans, qu'aucune crise n'a jamais traversée, mais qui est restée dans les limites d'une déférence réciproque plus respectueuse que familière. Nous nous donnons l'accolade, mais il ne m'appelle jamais que par le titre de *professore*, auquel je réponds par celui d'*ingegnere*. Pas de tutoiement bien sûr, recours exclusif au *lei*, avec la politesse cérémonieuse de deux cavaliers espagnols.

Court de taille, corpulent, la peau tendue à craquer, le sang à fleur de tête, une face ronde et rusée de maquignon, c'est le travailleur le plus acharné qu'il m'ait été donné de connaître. Ni vacances ni dimanches pour lui. Debout à six heures du matin, il court à son « office », un minuscule bureau blanchi à la chaux, où s'entassent des cartes, des plans, des cahiers, des registres de cadastre. Tour à tour géomètre, entrepreneur, arpenteur, il mesure les champs, élève des clôtures, bâtit des maisons, et, à toutes ces fonctions pratiques, joint celles morales et politiques d'avocat, de juge de paix, d'arbitre, tranchant parfois avec l'autorité du *mafioso* dans les innombrables litiges de ses rustiques clients. Non seulement taciturne, il parle sans desserrer les dents. On a beaucoup de mal à le comprendre, et je le soupçonne d'exploiter cette difficulté de prononciation pour rendre plus sibyllines certaines de ses sentences.

Il n'y a pas de Mafia proprement dite dans la partie orientale de la Sicile. La division du sol en petites et moyennes propriétés, le précoce développement du commerce ont épargné aux provinces de Messine, Catane, Syracuse, Raguse la tyrannie silencieuse qui depuis la fin du XIXe siècle opprime celles de Palerme, Agrigente et Trapani à la faveur des latifundia et de la misère paysanne. Je n'aurais jamais pu me fixer dans une *casina* en zone de Mafia sans payer un tribut substantiel ni rémunérer un « gardien ». Un incendie mystérieux eût tôt fait, si je n'avais pas obtempéré aux « usages », de réduire en cendres mes prétentions immobilières. Cela dit, il est indispensable, même à Calataporto, de pouvoir compter sur un réseau d'« amis ». Le vrai pouvoir, même s'ils n'en usent pas avec violence, appartient à ceux d'où rayonne un prestige occulte fondé sur la réussite, l'énergie, l'entêtement et l'astuce.

L'ascension sociale de l'*ingegnere* a été spectaculaire. Il faudrait remonter à la France de Zola pour en trouver une semblable. Marié très jeune à la fille du mangeur d'herbe de Calataporto, et ayant assuré sa descendance mâle, il s'est expatrié plusieurs années, au Venezuela et au Cameroun. Retour à Rosalba, ouverture de l'« office », résignation provisoire à un appartement loué sans *salotto*. Puis, à mesure que la fortune du prince N. déclinait, la sienne montait en flèche. Les Belfiore vendaient une propriété, lui achetait un terrain. Les Belfiore claquaient leurs dernières ressources, lui déposait à la banque de rondelets bénéfices. Une classe remplaçait l'autre : chaque année, sur le graphique du sociologue, on aurait pu voir la courbe de l'*ingegnere* grimper, celle du prince descendre. Il ne manquait même pas le double symbole matériel de cette chute et de cet essor. Très peu de temps après mon arrivée, le prince perdit un procès et la majorité des actions de la *tonnara* lui échappa. Les scellés furent mis sur la belle maison au toit de tuiles anciennes, sur le hangar, sur l'ancienne usine. Le prince n'est plus jamais reparu à Calataporto. D'année en année je vois les bâtiments où il m'avait accueilli tomber en ruine. La cheminée tient debout par miracle. Bientôt il ne restera plus rien qu'un monceau de gravats. Avec son ironie caustique, le prince n'avait pas prophétisé en vain la débâcle de sa famille et l'effondrement de la vieille aristocratie bourbonienne.

Pendant ce temps, l'*ingegnere* avait acheté un terrain au centre de Rosalba et commençait à se faire construire une maison. Une maison entière, toute à lui, dont il louerait le rez-de-chaussée et se réserverait l'étage pour y habiter avec sa femme et ses deux fils devenus grands. Une maison qui a coûté plus cher, bien plus cher que la grille d'enceinte du stade de *calcio*, et qui, selon les critères siciliens, est le comble du faste : portes de chêne, encadrements dorés, escalier intérieur à volute, revêtements de marbre, interphone, volets électriques. Même disposition, mais en plus grand, en infiniment plus riche, que chez le médecin de Calataporto : chambre conjugale dont le lit d'acajou aux proportions majestueuses arbore une courtepointe en satin et des coussins en dentelle ; chambre des enfants, qui ont maintenant trente ans et ont étudié le latin à Syracuse, mais partagent toujours, dans deux petits lits de fer jumeaux, quinze mètres carrés de soumission filiale. Et puis le *salotto*, où l'on ne m'a fait asseoir qu'une fois, après quinze ans de relations étroites et affectueuses, pour voir si je m'extasierais avec assez de conviction sur les raides fauteuils de velours aux ressorts intacts, sur le service de porcelaine à liséré d'or dans la vitrine, sur le velours prune des rideaux et les franges de guipure, sur le plateau de la table fait d'une seule dalle de marbre. Restait une importante question à résoudre, sur laquelle la femme de l'*ingegnere* voulait notre avis. Quelles œuvres d'art seraient dignes de parachever cet ensemble ? Devrait-elle acheter des tableaux ? Est-ce qu'une statue n'aurait pas meilleure allure ?

De *soggiorno*, point, bien qu'il y eût toute la place nécessaire. Je me demandais où se tenait la famille en dehors des trois ou quatre jours annuels de cérémonie, lorsque l'*ingegnere*, en me clignant de l'œil et en mâchonnant quelques mots incompréhensibles, nous fit signe de le suivre par un escalier dérobé qui menait à la terrasse. Là, au mépris des lois, m'expliqua-t-il avec un petit rire silencieux qui inondait de malice sa figure toute ronde, il avait fait surélever sa maison par deux pièces agréables à habiter. Elles étaient claires, en effet, meublées très simplement en bois et en osier. Un petit séjour et une cuisine, avec une table de formica pour les repas et une télévision pour les soirées. Par les portes-fenêtres, on sortait sur une vaste terrasse, où les inévitables bassines de sauce tomate laissaient encore beaucoup de place pour des plantes vertes et des fauteuils de jardin confortables.

Étonnant contraste entre l'atmosphère guindée, la pénombre, la richesse morose du premier étage, et la modestie pimpante de cette annexe qui était devenue l'habitation réelle. L'antique et la nouvelle Sicile se côtoient dans ce compromis entre la façade sociale imposée par la tradition et le goût de vivre plus à son aise. L'*ingegnere*, qui critiquait la folie somptuaire de l'ancienne villa du prince N., a dû sacrifier lui-même au rite du *salotto* bourbonien ; quitte à se faire aménager en douce deux pièces faciles à entretenir, plaisantes, aérées. Si on la mesure en mètres carrés, la révérence au passé est encore quatre fois plus importante que la tentative d'émancipation, me disais-je en contemplant, au-delà de la rambarde dorée de la terrasse, les toits de tuile de Rosalba et le dévalement des maisons vers la mer.

La ville de Rosalba compte vingt-cinq mille habitants et plusieurs milliards de lires thésaurisés par les cultivateurs. Ils font la queue à la fin du mois pour apporter leurs économies à l'unique banque que protègent deux portes de verre à l'épreuve des balles et, précaution supplémentaire, un premier sas où il faut déposer ses clefs ainsi que tout autre objet métallique.

La banque, comme la plupart des commerces, ouvre sur la place publique, un vaste quadrilatère bordé de chênes verts où pépient en permanence des milliers d'oiseaux invisibles. Cette place est une ancienne aire de campagne où l'on battait le blé. Elle occupait le sommet d'une colline. On a construit peu à peu les maisons, en damier. Les rues montent de partout et aboutissent à la place, où toute la vie de Rosalba est concentrée. L'esplanade du milieu, plantée d'un kiosque, reste vide. La promenade, les affaires, les négociations d'intérêt ou d'amour, tout a lieu sous les arbres. Les hommes mûrs, les retraités occupent un des côtés du quadrilatère. En pantalon noir et chemise blanche, ils commentent les nouvelles, debout ou assis sur des bancs. Les jeunes se réunissent d'un autre côté. Il y a vingt ans, les sexes étaient bien séparés. Les filles, par groupes de quatre ou cinq, déambulaient en se tenant par le bras, sous l'œil des garçons à califourchon sur leur moto. Puis, quittes à encourir la réprobation du *ragioniere*, qui jamais ne déplorait autant que devant ce spectacle l'absence d'un homme à poigne qui eût remis l'Italie sur la bonne voie, garçons et filles ont commencé à sortir par couples. Je garde mes doutes sur la réalité de leurs désirs mutuels, et ne serais pas loin de penser qu'ils agissent ainsi poussés bien plus par les vieux rites de la comédie érotique rafraîchis au moyen des *love stories* de la télévision que par l'attrait sexuel réciproque.

Quant aux femmes mûres et aux femmes âgées, on ne les voit jamais, même aujourd'hui, sur la place : soit qu'elles partagent les idées du *ragioniere* sur la réserve prescrite à la gent féminine, soit que l'abondance des tâches ménagères et la nécessité de faire trouver à tous ces flâneurs au retour du *corso* la *pasta* fumante au fond de l'assiette à soupe ne leur laissent pas le temps de réfléchir à la question.

Le pharmacien, qui a racheté au marquis Belfiore le château néo-gothique de Calataporto, tient boutique sur la place, en face de la banque. Revêtu de sa blouse blanche, il sert en personne les clients. Il a converti le château en hôtel, mais, en dehors du mois d'août, la location des salons pour les baptêmes ou les mariages est d'un profit bien supérieur. Il y a une dizaine d'années déjà, le pharmacien a donné lui-même, dans son château, une grande fête pour célébrer son deuxième milliard.

La ville de Rosalba, sans ancienneté, sans monuments, faite d'un réseau de rues parallèles qui coupent à angle droit d'autres rues parallèles, était autrefois le type de la ville-dortoir, d'où les paysans partaient le matin sur leur mule et où ils revenaient le soir, après le travail aux champs. Maintenant c'est un centre animé, avec de nombreux bars, deux pâtisseries hautement recommandables, des magasins de modes, une agence de voyages qui propose des excursions à Taormine ou à Malte. Et pourtant on ne peut pas dire que Rosalba ait perdu son caractère, qu'elle se soit banalisée. Dans quelque boutique qu'on entre, on sent une atmosphère de désordre charmant, de marchandises inutiles, de place perdue, de tiers monde. Les fruits et les légumes débordent en étalages polychromes sur les trottoirs du marché, un petit quartier à part qui tient du potager, de la foire et de la médina.

La Standa, chaîne de magasins analogues aux Monoprix, avait ouvert une succursale à Rosalba. Il me paraissait fort commode, quoique moins poétique, de trouver réunis en un seul endroit les produits de nettoyage, les denrées alimentaires, le charbon de bois pour le barbecue, les espadrilles, le grille-pain, les tablettes contre les moustiques, les bougies, les serviettes en papier. Au bout d'un an, portes closes, plus de Standa. Je me suis informé. Les employés partaient le soir en emportant sous leur blouse un objet ou un autre, en sorte qu'on eut tout juste le temps de fermer avant la faillite.

Première réaction du Français : « Quels voleurs, ces Siciliens ! » Eh non, ami lecteur, les choses sont plus subtiles. Les hommes et les femmes recrutés par la Standa travaillaient pour la première fois de leur vie et de l'histoire de la Sicile en dehors du contexte familial, selon un contrat rédigé froidement par deux parties qui ne se connaissaient pas, n'entretenaient pas de relations personnelles. Si ce contrat avait pour les employeurs pleine valeur juridique, pour les employés ce n'était qu'un morceau de papier sans âme, leur foi n'y était pas engagée. On faisait violence à leur besoin de rapports affectueux en les enrôlant pour une besogne organisée, disciplinée, purement fonctionnelle. En saine réponse à l'agression de la rationalité commerciale, ils se mirent à voler. Dérober un mouchoir ou une assiette, c'était réintroduire le jeu et l'enfance dans l'univers abstrait de la grande surface moderne.

À Rosalba comme à Calataporto, seuls les membres de la famille sont employés dans un magasin : règle d'or pour la Sicile traditionnelle. Cette vieille femme à la caisse, c'est la *mamma* ; cet homme qui arrive de la réserve, ployé sous les cartons de spaghetti, c'est le gendre ; ce gamin qui range les bouteilles, le petit-fils ; cette fillette qui découpe le jambon, une cousine. Aussi faire ses courses n'est jamais une corvée routinière, mais un plaisir, une détente, un réconfort. Échanger quelques billets de banque contre un certain nombre de produits, cette opération mercantile et nécessaire ne représente ici qu'une infime partie du temps consacré aux emplettes. L'essentiel, c'est de se retrouver entre amis, de causer, de montrer qu'on est venu poussé par le désir d'échanger des nouvelles, par la curiosité de se revoir, par le bonheur d'être ensemble, plus que pour acquérir un morceau de savon ou cent grammes de mortadelle. Ces commerçants se moquent de vendre : je n'en ai jamais rencontré un seul empressé. On les trouverait plutôt revêches. Ce qui leur importe, c'est l'humaine solidarité, les signes de connivence désintéressée. En quelques jours, vous ne faites plus partie de l'anonyme clientèle, vous êtes admis dans le cercle, chaleureux et roboratif, de la parentèle.

Dans les premiers temps, quand les R. habitaient encore l'appartement loué de la via Vincenzo Bellini, ils se croyaient tenus de nous inviter à déjeuner une fois par été. Même sans *salotto*, le repas revêtait l'apparat et la rigidité d'une cérémonie solennelle. Nappe damassée et brodée, sortie tout exprès du coffre, cassée aux plis ; vaisselle de porcelaine, verres de cristal, couverts d'argent : nous avions droit au trousseau de mariage complet. Et surtout, à des plats qui n'auraient pas déparé une noce et que, par cette chaleur caniculaire, je voyais arriver sur la table avec épouvante. D'abord, longuement préparée dans la cuisine par la *signora* qui nous l'apportait déjà versée dans les assiettes en sorte qu'il était impossible d'en modérer la portion, une *pasta* babylonienne, où toutes sortes d'ajouts noyaient le farineux dans une purée grasse, onctueuse, d'une opulence à peine comestible : lard, petits pois, crème fraîche, huile, *pecorino* râpé. Mon subterfuge était d'examiner un à un, du bout de la fourchette, chacun de ces ingrédients, de m'informer du nom des herbes qui entraient dans la composition de cette somme de toutes les richesses siciliennes. Mais la *signora* s'apercevait bientôt que la montagne posée devant moi diminuait à peine. Et c'étaient des remontrances, des gémissements, des objurgations à ne plus finir.

« Mangez, *professore.* »

« *Senza complimenti, professore.* »

« Vous ne mangez pas, *professore* ? »

« *Professore,* ne vous gênez pas pour manger. »

Jusqu'à l'emploi, inspiré de la vieille politesse castillane, de la troisième personne, en signe de commisération respectueuse :

« Le *professore* est-il malade ? »

L'*ingegnere*, cependant, ayant vidé son assiette, buvait d'un trait un mélange de sa façon, obtenu en versant à parts égales dans un bock de trente-trois centilitres du vin rouge et de la bière. Sa face ronde, colorée au naturel, devenait rubiconde. Il me clignait de l'œil, ce qui pouvait s'interpréter de deux manières : soit comme un encouragement amical à venir à bout du rite imposé par la tradition, soit comme une raillerie cruelle à l'égard de l'étranger fourvoyé dans une épreuve surhumaine.

La *pasta* était suivie d'un plat où les morceaux de poulet alternaient avec les tranches de poisson-épée, mais là, au moins, chacun se servait soi-même, et je m'en tirais par le choix d'un pilon qui malgré les hormones se révélait providentiellement osseux. Quelque gâteau, superlativement chargé de crèmes et de sirops, concluait les agapes, mais l'*ingegnere* lui-même n'y touchait qu'à peine. Le gâteau ne fait pas partie de la tradition sicilienne, comme la sacro-sainte *pasta*. Pendant tout le déjeuner, la *signora* s'était à peine assise à table. Elle courait à tout moment dans la cuisine ou fourgonnait dans le bahut à la recherche de la salière. L'*ingegnere* ne disait rien, ou lâchait entre ses dents serrées quelques sons indistincts, auxquels il répondait lui-même par un petit hennissement silencieux. Quant à la *signora*, ses questions répétées sur l'état de ma santé semblaient avoir épuisé les ressources de sa conversation.

Très vite, les R. ont eu pitié de nous, ou se sont dispensés d'une corvée qui ne leur pesait pas moins. Pendant des années, il n'y a plus eu d'invitations. J'apportais de petits cadeaux de Paris : un briquet, un porte-cartes, une cravate, dont l'*ingegnere* s'emparait sans une formule de remerciement et que par la suite il n'utilisait jamais, du moins devant moi. Mais j'aurais eu bien tort de me sentir mortifié. Ce n'était qu'une délicatesse de sa part, la peur de se montrer servile en m'exprimant avec des mots toujours menteurs une reconnaissance qu'il savait me faire comprendre autrement, par son dévouement à surveiller la *casina* exposée aux déprédations des terribles *ragazzi*, par la remise, au moment où je repartais pour la France, d'un bidon de vin à dix-huit degrés et d'une collection de pots où les tomates, séchées, en sauce, en concentré, pelées, confites, témoignaient de l'inépuisable ingéniosité de la *signora* à tirer du modeste *pomodoro* des saveurs aussi plaisantes que difficiles à identifier.

Après leur déménagement, je suis retourné les voir, en compagnie de Ferrante. Nous arrivions vers sept heures du soir, ayant annoncé quelques jours auparavant notre visite. Ou bien la *signora* nous servait un verre de bière et une variété exquise de beignets confectionnés de ses mains ; ou bien ils nous retenaient à dîner, mais sans cérémonie. Nous partagions le repas de famille, sur la table de formica de la cuisine, dans le petit appartement surélevé. Sur la terrasse, dehors, il faisait une fraîcheur délicieuse ; mais, au moment de passer à table, nous devions rentrer dans la pièce surchauffée. Étaient-ils des bohémiens, pour manger à l'air libre ? N'avaient-ils pas un toit à se mettre sur la tête ? « *Non siamo zingari, professore* » (« Nous ne sommes pas des tziganes »), protestait l'*ingegnere*, et, tout en épongeant sa figure cramoisie avec un soupir de regret pour la terrasse où les plantes vertes s'inclinaient à la brise vespérale, il me répétait plusieurs fois sa plaisanterie favorite.

À part cette concession au décorum, je garderai toujours un souvenir charmé de ces dînettes sans prétention, où je découvrais les vrais plats de la cuisine sicilienne, quand ils ne sont pas destinés aux pompes du *salotto* : la *caponata* de poivrons et d'aubergines, les beignets de crevettes, les salades au basilic.

La *signora*, maintenant, restait assise avec nous ; et celle qui, pendant des années, ne m'était apparue que comme l'ombre ménagère de son mari, le fantôme domestique affairé entre le fourneau et le balai, se mettait à parler, à affirmer une volonté, une personnalité indépendantes. Certes, nous ne l'appellerons jamais par son beau nom de Pia, elle sera toujours pour nous la *signora*, comme je serai pour elle *il professore* et Ferrante *l'architetto*. Mais des liens de confiance se sont établis entre nous. Qui aurait pu deviner, à voir ses mains rougies par la vaisselle et la lessive, qu'elle est maîtresse au jardin d'enfants ? Employée d'abord par l'école vaudoise de Rosalba (car il y a ici une colonie protestante), elle travaille maintenant à l'école publique. Moins pour gagner un salaire que pour exercer une activité qui l'intéresse. Elle parle avec beaucoup d'intelligence et de sensibilité des enfants, des problèmes de l'éducation en milieu paysan.

« *Professore*, quand je rentre à deux heures de l'école, je suis épuisée. Est-il juste que je doive encore préparer le repas ? »

Elle a risqué cette phrase, d'une audace révolutionnaire pour la Sicile, tout doucement, sans acrimonie, devant son mari et ses deux fils de trente ans, qui ne l'ont pas aidée à mettre le couvert et ne l'aideront pas, tout à l'heure, à desservir. L'un essaie d'entrer dans une banque et me demande si je ne dispose pas de *raccomandazioni* dans ce secteur, l'autre prépare éternellement un examen de notaire. Aucun des deux, pour rien au monde, même le membre du Parti socialiste, ne mettrait le pied dans la cuisine, sinon pour s'asseoir devant son assiette déjà remplie.

Leur mère, cependant, s'interroge sur le bien-fondé de son rôle dans la maison. Toute seule, sans le secours d'aucune thèse féministe, elle se demande si tant d'occupations différentes doivent retomber sur le dos d'une même personne.

« *Professore*, est-il juste que pendant tous les après-midi du mois de juin je doive étaler, faire sécher puis mettre en pots les tomates pour la provision d'hiver ? »

Sa voix s'élève comme une cantilène désolée, car elle sait très bien qu'elle accuse le destin pour la seule satisfaction d'épancher devant nous ce qui la tourmente en secret. Son mari et ses fils savent aussi qu'ils n'ont rien à craindre, que les tomates continueront à être étendues sur la terrasse puis mises en pots selon les règles de l'art. La *signora* est assez lucide pour se rendre compte de l'injustice de son sort, mais trop soumise encore à la tradition pour exprimer autrement que par des interrogations dolentes l'aspiration à s'émanciper.

Ce qui la rend si touchante, c'est le conflit entre ses devoirs de mère et d'épouse, et la nouvelle conscience de sa dignité de femme. Si touchante parce que, encore une fois, elle est seule à réfléchir et à se débattre, que les journaux qu'elle peut lire n'abordent jamais cette question, qu'elle n'obéit à aucun mot d'ordre mais n'écoute que le mouvement spontané de son cœur. Assez jolie au naturel, il ne lui manquerait qu'un peu de coquetterie et de soins pour devenir tout à fait séduisante.

Plusieurs fois elle a essayé de profiter du voyage organisé par l'école, sous la direction d'un prêtre. Mais tantôt c'était pendant les fêtes de Noël, tantôt son absence eût coïncidé avec l'anniversaire de son père. Elle ne pouvait pas non plus manquer la *pasquetta*, fête du lundi de Pâques, où toute famille sicilienne va pique-niquer à la campagne, pour marquer le retour du printemps. En réalité, la *signora* reculait devant la hardiesse de quitter les siens pour quelques jours, de les laisser se débrouiller seuls avec la *pasta* et la sauce tomate. Je ne crois pas que l'*ingegnere* exerçât la moindre pression pour la retenir : soit qu'il estimât assez son épouse pour la juger digne d'une récréation bien méritée, soit qu'il comptât sur son sens des responsabilités pour la river plus solidement à la maison qu'aucun discours autoritaire. Chaque fois qu'elle nous raconte, de sa voix chantante et plaintive, ses projets, toujours avortés, de voyage, il plisse les yeux et nous sourit d'un air entendu, sans que j'arrive à deviner s'il l'approuve pour sa docilité ou la raille de ses scrupules.

Enfin, ayant confié sa famille aux tantes, aux sœurs et aux cousines elle a réussi à partir. Après avoir « manqué » les bronzes de Riace, Pompéi, « manqué » Rome et les sept collines, elle a visité Assise, Sienne, Urbino, la maison de la Vierge à Lorette et le château de Saint-Marin. Saint-Marin ! La plus forte impression sur cette âme naïve qui, du haut de ce rocher d'opérette, a cru voir dans la plaine étendue à ses pieds un paysage « aussi beau qu'une carte postale ».

Les Bovary de l'amour ont été étudiées sous toutes les coutures. Restent les Bovary de l'art, qui attendent encore leur romancier. La *signora* R. est une Emma Bovary de l'art. Que la bonne volonté soit impuissante à pallier l'absence de culture, que l'enthousiasme sans références n'engendre qu'une exaltation puérile, cette femme qui n'est pas une sotte en offre la pathétique démonstration. Elle ne pourrait pas distinguer un Rubens d'un Raphaël, mais ne rêve que tableaux, statues, décorations, papiers peints, raffinements.

« *Architetto,* dois-je mettre, sur les murs du *salotto*, des fleurs ou des papillons ? »

« *Architetto,* ne pourrait-on pas aménager une niche dans ce coin, pour une statue ? »

L'affaire de la statue a longuement agité la famille. Ils étaient prêts à mettre cinq millions dans l'achat de cette œuvre d'art, mais aucun d'entre eux ne sait ce qu'elle doit représenter, ni où il faut s'adresser pour l'acquérir. Dans le hall d'entrée, au pied de l'escalier à volute, ils ont bien une Vénus sortant du bain ; mais elle est en plâtre, et n'atteint pas la grandeur nature : indigne, donc, de prendre place dans la future niche, sans compter qu'il ne serait peut-être pas très indiqué, nous confie la *signora*, de faire asseoir, le jour de Noël ou lors d'une fête de baptême, les invités devant une sculpture aussi osée.

« *Architetto,* je voudrais quelque chose de vraiment raffiné », soupire-t-elle.

En attendant, elle a disposé, sur les consoles rococo aux jambes torsadées, des napperons de dentelle de Malines et des assiettes façon chinoise.

Grande nouveauté cette année. La *signora*, pour la

première fois depuis que je la connais, n'a pas confectionné en vue de notre visite une de ces délicieuses friandises dont elle a le secret. Elle sort d'une boîte en fer-blanc des biscuits d'une marque industrielle, et, comble d'audace, nous sert la bière dans des verres en carton. Un sociologue indiquerait sans doute, comme signe caractéristique de l'évolution de la famille R., le passage du grand-père fasciste au petit-fils socialiste. Je trouve plus intéressante, plus significative, plus émouvante, plus riche pour l'avenir que la simple substitution d'une rhétorique à une autre, l'initiative de la *signora*. Grâce à l'inoffensif stratagème des *Mulino bianco* et des récipients qu'on jette après usage, elle aura gagné quelques minutes précieuses de liberté. De quoi s'attarder en imagination avec ses chères statues, en se demandant qui, de Vénus ou d'Apollon, conviendrait mieux à la dignité de son *salotto*.

Calataporto, vers sept heures du soir. L'heure de la promenade sur le *corso*. Une confusion de voitures, de motos, d'enfants. Revanche de la convivialité sur la télévision en disgrâce. De vieilles femmes, tout en noir, qui n'ont jamais quitté le deuil, se tiennent assises, hiératiques, devant leur seuil, le dos tourné à la rue. Un couple âgé a traîné dehors deux fauteuils de skaï, pour dîner au frais d'une pizza refroidie. Un ancien marin, à califourchon sur une chaise, tire sur sa pipe, l'œil vide. Chaque maison affiche un placard mortuaire ou un nœud de crêpe enroulé autour du bouton de la porte. La marchande de journaux, dans un coin de son échoppe, assise sur une pile de revues défraîchies, soulève avec des gestes très lents des morceaux de pastèque vers sa bouche. Il lui faudra dix minutes pour s'essuyer les doigts, se lever, aller jusqu'à son tiroir-caisse et rendre la monnaie pour un timbre-poste.

Sur le pas de la porte, les commerçants attendent, d'un air résigné et serein, où ne se lit nulle hâte de vendre leur marchandise. Affairée dans une sorte de souk qu'elle a baptisé « supermarket », plus en mémoire de l'ancien eldorado des émigrés que par émulation du pragmatisme américain, une petite femme boulotte fourrage dans les rayons à la recherche du tire-bouchon que j'ai eu le front de lui demander.

« Je l'ai, le tire-bouchon, assure-t-elle entre deux soupirs. Revenez demain. Le tire-bouchon, je l'ai. »

Découragée par le fatras qui encombre son magasin, elle se laisse tomber sur un pliant, s'éponge le front, souffle, gémit, ne se ranimant que lorsque nous prenons congé.

« Au revoir, au revoir », lance-t-elle précipitamment, de peur de nous voir revenir sur nos pas et la forcer une autre fois à courir après un article introuvable.

Les retraités, en chemise blanche et pantalon noir, occupent les chaises mises gratuitement à leur disposition devant le bar « Mediterraneo », le plus ancien du village, dont le propriétaire passe plus de temps et tire plus de profit à raser les barbes dans une échoppe de l'autre côté de la rue qu'à servir des consommations à ces spectres usés par l'âge et rongés par une hébétude incurable. Plus loin, la vitrine d'une boutique de modes heurte le regard par le miroitement criard d'une robe pailletée. Si mauvais goût qu'elle pût avoir, l'amante anglaise du marquis G., qui avait déguerpi faute de pouvoir exhiber ses toilettes, aurait trouvé aujourd'hui de redoutables concurrentes.

Redoublement de vacarme, soudain, et de cohue : nous approchons du bar fréquenté par les jeunes. Motos qui pilent, coups d'accélérateur, pétarades, les garçons font la roue devant les deux ou trois seules filles présentes. Puis, par couples sur leurs engins, le passager étroitement enlacé au pilote, ils partent à fond de train

dans les ténèbres, après s'être donné bonne conscience par cette ostentation de virilité.

Le bar s'appelait « Spuntino » l'année dernière et occupait un local modeste dans une rue transversale. Il a déménagé, s'est agrandi, a renoncé à ce trivial nom de « Casse-croûte », qui sentait son pain frotté à l'huile, pour arborer fièrement une enseigne où je lis : « Bar Principe ». Et princier, il l'est vraiment, cet établissement, par la qualité sublime de ses *granitas*, telles que je n'en ai jamais savouré d'aussi fines dans aucun autre endroit d'Italie. À l'amande, au citron, à la pêche, à la mûre, au melon ; d'un fondu et d'un lié impeccables, alors que le défaut ordinaire de ce type de préparation est de laisser subsister, derrière le goût du fruit, la consistance désagréable et l'insipidité des petits glaçons.

Ce soir, je prendrai un lait d'amande. Cette boisson, onctueuse, riche, fraîche, désaltérante, est une spécialité du sud-est de la Sicile, la récolte des amandes se faisant surtout dans la région d'Avola. En vidant mon verre, à la terrasse du bar « Principe », je songe à mon arrivée à Calataporto, il y a plus de vingt ans, et à mon premier déjeuner à la *tonnara*, chez mon aristocratique amphitryon. Le titre et la gloire de « prince » sont passés, avec une légitimité aveuglante, de ce rejeton désabusé d'une classe déchue, au jeune et vigoureux fabricant des meilleures glaces d'Italie.

Fin de notre promenade : la brusque plongée du *corso*, par une pente raide, jusqu'à la mer. Plus d'éclairage, ici, plus de vacarme, plus personne. La rue s'enfonce toute noire entre deux rangées de lauriers-roses. En bas, près de la minuscule digue où n'accostent que quelques barques légères, le marchand de poisson étale sur ses tréteaux les rougets, les sardines, les calamars, les anchois du jour. Une file de maisons de pêcheurs, les plus petites, les plus humbles

CUGNO SERAFINO
MAURIZIO
RO GIUSEPPE
GILIBERTO DOROTEA
CUGNO
SCONTI

mais non les moins jolies du village ; une statue de madone au bout de la digue ; la silhouette trapue du fort espagnol qui se découpe sur l'horizon marin ; autour de nous, le souffle du large, l'immensité du ciel, le silence de la nuit. Ce n'est pas seulement la fin de notre promenade : nous sommes arrivés ici à l'extrémité de la terre, à la Thulé méridionale, au bout du monde.

Le territoire baroque

La pointe sud-est de l'île est le territoire de l'urbanisme et de l'architecture baroques. Rien ne montre mieux le peu de cas que les Siciliens font de leurs richesses que la misère, l'oubli, l'indifférence où ils laissent péricliter les monuments des époques espagnole et bourbonienne. Beaucoup sont fermés, par négligence ou par résignation. La seule étude d'ensemble, quoique succincte, est celle du grand critique d'art anglais Anthony Blunt, publiée en 1968[1]. Vous trouverez bien, en fouillant dans les rayons poussiéreux de quelque librairie, des opuscules défraîchis qu'un érudit local aura fait imprimer à ses frais. Nulle part n'existe une histoire complète de cette prodigieuse floraison de palais, d'églises et de couvents qui a recouvert en quelques dizaines d'années, d'un seul élan après le tremblement de terre destructeur de 1693, les provinces de Catane et surtout de Syracuse et de Raguse.

Acireale

Du XVIIe siècle, très peu de monuments subsistent. Aussi vaut-il la peine de faire un détour par Acireale, à quelques kilomètres au nord de Catane. Les bossages fleuris du palazzo del Municipio donnent une idée de

1. *Sicilian Baroque,* Weidenfeld and Nicolson.

ce que devait être le premier baroque sicilien, imprégné de fantaisie et d'ingénuité paysannes. L'église San Sebastiano est remarquable à plus d'un titre : par l'insertion du clocher dans la façade, formule employée souvent dans les églises byzantines et grecques, mais ignorée des architectes de l'Italie continentale, qui préfèrent la tour isolée ; par la décoration de masques ; par la frise de *putti* reliés par des guirlandes ; par les grandes statues de pierre — mais celles-ci plus tardives — qui montrent des prophètes et des héros de la Bible — dont un David — empreints d'une mélancolie stupéfaite.

Catane

Catane fut rebâtie presque entièrement. Il faut surmonter l'antipathie que soulèvent au début ces alignements de rues noires pour découvrir, dans cette ville calomniée qui a une grande unité de style, des coins qui rappelle le Mexique, par la couleur sombre de la pierre, par le charme de patios aux arcades d'un dessin élégant, par une certaine atmosphère de moite et secrète opulence. Descendre la via dei Crociferi, où les couvents se touchent, bardés de grilles et de chaînes, San Giuliano, les Jésuites, San Benedetto, évoque un passé où la dévotion, l'intrigue et la gourmandise mêlaient leurs plaisirs en une capiteuse harmonie. Pour la gourmandise, Catane a gardé de solides traditions ; mais l'art du sucre et de la crème s'est laïcisé, transporté dans la voisine via Etnea, commerciale, bruyante, presque napolitaine, et épanoui dans ces deux temples de la pâtisserie et du *gelato* que sont le Caprice, en bas, près du Duomo, et Savia, en haut, en face du jardin Bellini.

La façade du palazzo Massa, commencée en 1694

Catane : que la fête commence.

sur la via Etnea, la façade du palazzo Biscari près du port (début du XVIIIe siècle), chargées d'Hermès, de *putti* et d'une décoration florale abondante, sont des témoignages de la riche imagination qui s'est donné libre cours lors des premiers temps de la reconstruction. Mais les autorités catanaises voulurent faire les choses en grand. Elles appelèrent en 1730 l'architecte Giovanni Battista Vaccarini, qui était né en 1702 à Palerme mais avait séjourné et étudié à Rome, d'où il rapporta une tout autre idée de l'architecture, moins décorative et amusante que guindée et solennelle. Vaccarini rebâtit Catane en la romanisant. Il utilisa le matériau provenant de l'Etna, maria sa couleur noire et sévère à la pierre blanche, et dressa partout des façades où ce contraste apporte la seule note un peu séduisante dans des ensembles trop rigides.

Les plus importantes œuvres de Vaccarini ornent la place du Duomo. Le palazzo Senatorio (ou du Municipio) qui borde le nord de la place est un bon exemple de la différence entre l'ancien et le nouveau style. La construction du palais était commencée avant l'arrivée de Vaccarini. Il trouva le socle déjà fait, avec un bossage rustique qui annonçait quelque brillant édifice. L'architecte formé à Rome s'empressa de donner un autre tour aux travaux. Il ajouta deux niveaux réunis par des pilastres d'un tenant de manière à effacer la division par étages en la subordonnant au mouvement vertical, selon la leçon de Bernini et de Borromini. Mais les pilastres, comme les murs, sont lisses; les fenêtres, régulières, à frontons brisés; la corniche, droite. Le portail, à colonnes de granit, et le balcon lui-même, ont été taillés selon une coupe rectiligne. Rien que de correct, de froid, de triste, dans ce monument qui respecte la grammaire du style baroque romain, mais non son esprit.

Dans l'éléphant inscrit au fronton de certaines fenêtres, on serait tenté de voir une idée un peu moins conventionnelle. Mais l'éléphant, motif obligé, était l'emblème de Catane. Devant le palais, Vaccarini a édifié une fontaine, composée d'un obélisque et d'un éléphant qui le soutient. Rappel manifeste du pachyderme berninien de la Minerve. L'élève, cependant, a compris tout de travers l'enseignement du maître. Alors qu'à Rome la base de la statue est rectangulaire et toute simple, et l'intérêt se porte sur le mouvement et la singularité du monstre, Vaccarini a concentré ses efforts sur le socle, qui retient davantage l'attention que l'animal grossièrement ébauché dans un bloc de lave. Rien de moins sicilien que cet escamotage de la bizarrerie zooïde : à Palerme, en 1900 encore, ne fallait-il pas, comme nous l'a rapporté Fulco di Verdura, avoir des babouins dans son jardin, si déplaisant qu'en fût le voisinage ?

Complètement ratée, la façade de la cathédrale, autre œuvre de Vaccarini. Lourde, terne, sans inspiration. Pour ne pas être injuste envers cet architecte, dont l'erreur involontaire fut d'être parti se former en terre étrangère au lieu de puiser dans la tradition locale, il faut aller à la recherche de ceux de ses autres travaux où il s'est montré plus Sicilien. À la façade du palazzo Valle, voici un splendide portail, surmonté d'un balcon qui a les proportions et la magnificence d'une tribune. Il repose sur des modillons richement sculptés, et présente une partie médiane convexe et deux côtés rentrants formant un angle de quarante-cinq degrés avec la façade. Rythme ternaire, auquel le renflement vers l'extérieur des grilles en fer forgé confère un supplément d'agitation. À l'origine de la forme boursouflée de ces grilles : la nécessité de faire asseoir les dames dans leurs robes à paniers. La mode en Sicile était restée prisonnière du faste et de la pompe espagnols. Ce motif utilitaire, les Siciliens l'ont génialement transformé en thème poétique. Le jeu de courbes et de contre-courbes de la tribune du palazzo Valle, avec cette opulence et cette luxuriance impensables à Rome, reste un des plus beaux exemplaires de tous les grands balcons siciliens.

Le dallage de la cour du palais de l'Université, avec son ingénieuse marqueterie de pierre blanche et de lave noire ; la façade curviligne de l'église Sant'Agata, avec la partie centrale concave et les côtés convexes, ce qui représente à la fois un hommage à l'église romaine de San Carlo alle Quattro Fontane, convexe au milieu et concave sur les côtés, et une hardiesse innovatrice par rapport à Borromini ; les deux jalousies pansues qui, sur la même façade de Sant'Agata, jaillissent à hauteur des chapiteaux, élément insolite et cette fois spécifiquement autochtone, toutes les églises de couvents siciliens renfermant une tribune grillagée qui d'habitude orne de ses ferronneries et de ses volutes l'intérieur de la nef, mais ici a explosé au-dehors ; l'église San Giuliano, surmontée d'une étrange loggia octogonale, où les sœurs, sans être vues de la rue, pouvaient jouir de la fraîcheur du soir et du spectacle des processions : telles sont les œuvres les plus remarquables laissées par Vaccarini et les preuves que, libéré de l'exemple romain, il pouvait devenir un créateur original.

Son influence fut considérable. Sans doute a-t-il inspiré le vestibule si singulier de l'église San Benedetto, via dei Crociferi. La nef est construite à un niveau beaucoup plus élevé que celui de la rue, à cause d'un éperon de lave qui s'était avancé en pleine ville. Un escalier de seize marches, interrompu par un palier et bordé de balustrades élégantes, relie les deux niveaux. Il s'inscrit dans une sorte de salon blanc et lumineux, que rehausse la présence de huit grands anges fort beaux, bien que totalement dépourvus de la

mélancolique sensualité des anges de Bernini. Ce sont de solides paysans, aux traits frustes, aux ailes épaisses, aux jambes plus robustes que gracieuses. L'un est casqué et joufflu comme un paladin.

Via dei Crociferi, piazza del Duomo, via Etnea : nous aurions manqué la plus grande merveille de Catane, si nous n'étions pas montés jusqu'à l'église San Niccolò, et au couvent annexe des Bénédictins, à peine mentionnés par Blunt et présentés dans le guide comme un exemple de « monstruosité » architecturale. L'église, en effet, fut bâtie sur un plan si gigantesque qu'elle resta inachevée. Mais quelle heureuse surprise de découvrir cette façade où huit troncs puissants de colonnes, interrompus à mi-hauteur, dressent leurs formes cyclopéennes entre des nuées de pigeons ! Intérieur blanc et nu (à cause du *restauro*). Derrière l'autel, le fameux orgue sur lequel Bellini joua enfant. Le magnifique buffet de 1765 subsiste, mais comme une carcasse désolée, aucun des 2916 tuyaux n'étant demeuré en place. Superbes commodes de sacristie, incrustées de plats ronds en or et d'aigles.

À gauche de l'église, un mur d'enceinte cache une des plus extraordinaires créations de toute la Sicile : le couvent lui-même, dont la façade déploie douze fenêtres ornées avec un raffinement inouï et dotées de balcons qui ont des consoles à têtes humaines ou de lions. Nous tournons le coin de l'édifice, et voici qu'apparaît une seconde façade, beaucoup plus longue celle-ci, de vingt et une fenêtres qui se détachent sur un mur lisse gris sombre, chacune étant séparée de l'autre par un pilastre blanc à bossages taillés en diamants. Caryatides, *putti,* motifs floraux décorent fenêtres et balcons. Un entablement à modillons richement sculptés longe le faîte.

Ce sont les proportions, surtout, qui sont magnifiques et rappellent le faste des couvents mexicains. Le

San Benedetto.

faste et la folie. Merveilleux contraste du gris sombre et du blanc. Les balcons et les bossages projettent leurs ombres sur les murs. À huit heures du matin, si on se place de biais et qu'on embrasse du regard l'immense surface de pierre, on est saisi par la vitalité qui anime cet ensemble d'un dessin pourtant parfaitement régulier. La lumière rasante fait palpiter chaque aspérité de la façade, et la répétition des mêmes motifs crée une fugue colossale en plein mouvement. Qui est l'auteur de cette prodigieuse invention, contemporaine de Bach et de Händel ? Plusieurs noms sont avancés, dont celui de Vaccarini. Quoi qu'il en soit, la démesure de cet édifice nous éclaire sur la vraie nature du génie sicilien, trop à l'étroit dans l'île, et qui aurait eu besoin d'un continent entier.

Qu'on est loin de Rome, ici ! Quelle arrogance ! Quel climat, somptueux et tropical, de Nouvelle-Espagne ! Et dire qu'un témoignage aussi stupéfiant de l'imagination baroque reste enfoui, caché, inconnu. Nous avons pu entrer dans la cour parce que, derrière le portail, on fouille à la recherche de quelques misérables vestiges antiques, au lieu de songer à restaurer le couvent fort délabré. Une vague tentative de rajeunissement est en cours sur la façade aux vingt et une fenêtres dont la plupart n'ont plus de carreaux. Nous avons vu un seul ouvrier occupé à taper avec un marteau. Caryatides et consoles s'effritent : union habituelle de la splendeur et de la misère.

Avant de quitter Catane, nous jetons un coup d'œil aux deux églises curvilignes et subtiles, San Placido (derrière le Duomo) et la Collegiata (via Etnea), joyaux de proportions menues, de Stefano Ittar, architecte de la deuxième génération, moins ambitieuse et déjà encline aux afféteries. Puis nous partons, sur le regret de n'avoir pu pénétrer à l'intérieur du palazzo Biscari, dont le propriétaire, le prince Ignazio Paternò, pour retenir Ittar à Catane, le maria à la fille d'un architecte local, Francesco Battaglia. Celui-ci travaillait à agrandir le palais en y ajoutant, sur la terrasse, des pavillons à toits pointus façon chinoise, et, dans la salle de bal, un plafond à stucs d'une exubérance déjà rococo qui attesterait, selon Anthony Blunt, l'intervention de quelque main bavaroise ou autrichienne.

Syracuse

Autant Catane est d'un abord difficile, autant Syracuse enjôle tout de suite. Du moins l'ancien quartier, enfermé sur l'île appelée Ortigia, et dont toutes les rues, aboutissant à la mer, montrent au loin quelque barque ou même de grands navires à l'ancre dans la rade.

Bien mieux que dans le site archéologique, où ne subsistent que des ruines à ras du sol, calcinées par le soleil, c'est là, dans ces rues ombreuses et fraîches, traversées d'odeurs d'algues et de sel, au pied de ces murs tendres et poreux, dans quelque cour retirée et discrète, que j'imagine les scènes décrites par Théocrite dans ses merveilleuses *Idylles*. Rites d'amour et de tendresse qui, s'ils ne portaient pas le label de la Grèce, pourraient être considérés à bon droit comme baroques. Ainsi, au pied du tertre de Dioclès, guerrier mort au combat pour sauver son ami, on avait institué un concours de baisers. Un adolescent était choisi pour sa beauté, et chaque jeune garçon, tour à tour, devait poser ses lèvres sur les lèvres de l'Adonis. Comme une pierre de touche qui sépare, de l'or pur, les métaux grossiers, la bouche de cet arbitre désignait le vainqueur.

Qu'il serait doux de s'abandonner à une flânerie sans but stimulée par de tels souvenirs ! Mais le sentiment d'une injustice à réparer nous pousse à entreprendre une visite méthodique. Et même d'une double injustice, commise une fois aux dépens de l'art baroque toujours sacrifié, dans les évocations de Syracuse, à la réminiscence de la cité antique, une seconde fois aux dépens des artistes locaux, victimes de la suspicion qui pèse sur une création provinciale. Les dictionnaires et les manuels daignent parfois citer Vaccarini, parce que son œuvre porte, comme garantie de sérieux, l'estampille romaine. Aucun des architectes qui ont travaillé à la reconstitution de Syracuse n'est parvenu à la connaissance du public, parce que leur talent ne s'est exercé que dans cette ville. Qu'il nous soit consenti d'exhumer leurs noms, même si l'énumération qui va suivre ne rend pas justice à l'originalité de leurs œuvres ni au charme qui s'en dégage.

Du XVIIe siècle, survivent plusieurs monuments. Andrea Vermexio a construit en 1618, place du Duomo, le palais épiscopal, de facture encore classique. Avec son fils, Giovanni Vermexio, commence l'ère baroque. Rien de plus instructif que de se placer, face au Duomo, à une distance convenable, et d'embrasser d'un seul regard les deux palais du père et du fils. À droite, la façade plate, divisée en trois étages bien séparés, les fenêtres sans ornements, les frontons réguliers, l'entablement rectiligne, l'apparence modeste et sévère de la résidence de l'évêque. À gauche, le palazzo del Senato (aujourd'hui la mairie) élevé en 1630 par Giovanni Vermexio. Ces deux édifices n'ont que douze ans d'écart, la différence est pourtant prodigieuse. Sans pitié le fils a détrôné son père. Pilastres en bossage au premier niveau, pilastres de plein corps au second, chapiteaux feuillus, profusion d'ornements en relief, dont un masque de tragédie au-dessus du portail, frises d'animaux symboliques, lévriers, oiseaux, serpents, et jusqu'à un lézard, qui serait la signature de l'architecte, aigle royal, blasons, panoplies, attique à modillons cannelés : pas un mètre carré qui ait été laissé nu, pas une occasion de charmer l'œil par un détail savoureux qui ait été négligée. La révolution baroque a brandi, contre l'ancien testament du dépouillement morose, le nouvel évangile de la gaieté et de l'abondance.

Attribuée à Giovanni Vermexio encore, l'église San Filippo Neri, difficile à trouver, dans la via Vittorio Veneto. Façade neutre, réduite à une muraille de pierre. On soupçonnerait à peine un édifice religieux, et pas du tout un édifice baroque. Tout est à l'intérieur, ici. Pour entrer, il faut passer par le couvent, annexe, des sœurs ursulines. Une sœur nous accueille dans le vestibule et, après nous avoir expliqué que son couvent a été retaillé dans un palais arabo-normand, elle nous ouvre la porte de l'église :

« Époque différente ! » nous dit-elle en riant de toutes les rides qui plissent finement son bon visage cordial.

Nef unique, blanche, elliptique, soutenue par une forêt de pilastres dont les chapiteaux, serrés les uns contre les autres, forment une corniche richement ouvragée.

« C'est du baroque, mais simple ! » continue la sœur, vaguement inquiète que nous n'aimions pas son église, et prête à s'excuser.

Le monument date de 1652. Vermexio a dû connaître, par des gravures, les églises de Borromini à Rome. La sienne préfigure aussi, me semble-t-il, ce que sera le style de la Contre-Réforme en Allemagne du Sud, cent ans plus tard. Ces proportions délicates, cette ellipse, cette débauche de blanc donnent au sanctuaire l'élégance d'un salon. Voyant notre surprise, la sœur croit que nous sommes fâchés. Elle nous fait voir, au-dessus de l'autel, un tableau représentant les quatre grands saints de la Contre-Réforme : saint Philippe Neri, saint Charles Borromée, saint François de Sales, saint Vincent de Paul. Il y a aussi, peints sur deux toiles de l'école d'Antonello, le supplice de sainte Lucie, et celui de sainte Agathe.

« À sainte Agathe, le bourreau coupe les mamelles. »

Elle a dit : « les mamelles », mot purement fonctionnel, qui désigne une partie de l'anatomie, et non : « les seins », chargé de connotations hédonistes.

Pour rassurer l'ursuline, nous lui affirmons que nous aimons beaucoup cet endroit, que distingue la régularité du premier baroque plus que la licence du futur rococo. Toute contente de notre jugement, et abandonnant ses velléités d'édification, elle se laisse reprendre par l'atmosphère mondaine de ce pimpant et lumineux boudoir. Je lis sur son visage une sorte de plaisir sensuel, de gourmandise, tandis qu'elle attire mon attention sur le dallage, une savante marqueterie de pierre noire et de pierre blanche. La pierre blanche, je la reconnais, a servi à construire les rues, les maisons de Syracuse : patinée, poreuse, tendre, chaude.

« La *giugiolena* », murmure la sœur.

Mot d'une consistance extrêmement savoureuse, qui se prononce « djioudjiolena », avec l'accent tonique sur le « e », et remplit la bouche comme un fruit bien charnu.

« L'autre, la noire, fait-elle avec dédain, c'est la *pietra asfaltica*, de Raguse, une variété de lave. La *giugiolena*, c'est la pierre de Syracuse, notre pierre. »

Je lui fais répéter plusieurs fois ce mot, d'abord parce qu'il me plaît et qu'il n'est pas facile à retenir, ensuite parce qu'il a établi un lien entre la sœur et nous, comme une complicité. Aimer le baroque, n'est-ce pas en premier lieu, peut-être, en dehors de toute question d'histoire, de religion, d'art, de style, savoir déguster, dans un décor où le Chevalier à la rose pourrait venir courtiser la comtesse Almaviva, quatre syllabes aussi chantantes, aussi pulpeuses, en vrais gourmets que ne dérangent ni la préséance qu'occupent dans l'opinion publique les monuments de l'époque arabo-normande, ni le soupçon que la Contre-Réforme a cherché à toucher par les sens davantage que par la foi ?

Bien qu'il nous répugne de sortir d'Ortigia, nous devons, par affection pour ce Giovanni Vermexio qui nous a fortifiés d'une amitié et enrichis d'un plaisir, nous rendre dans la partie ingrate de la ville, jusqu'à l'église, fort insignifiante, de Santa Lucia.

Trois saintes protègent la Sicile : Rosalie à Palerme, qui sauva les habitants de la peste, Agathe à Catane, martyrisée comme nous savons, et Lucie à Syracuse, dont on arracha les yeux. Exploiter les femmes, les humilier et en même temps les vénérer et les adorer, n'est-ce pas, *mutatis mutandis*, le sort que les Siciliens, dans la vie quotidienne, réservent à leurs compagnes ? Le culte rendu à Rosalie, Agathe et Lucie n'est que la juste réparation accordée à trois vierges exemplaires par un peuple fondamentalement misogyne. Pour abriter les restes de sainte Lucie, Giovanni Vermexio eut l'idée de bâtir, à côté de l'église, une petite tour octogonale. La construction fut à demi enterrée, sur l'ordre des autorités espagnoles, qui n'avaient pas envie que se dressât, non loin du rivage, un point de mire pour d'éventuels attaquants.

À travers la grille qui fait le tour de l'édifice et en condamne l'accès, nous admirons, une fois de plus, l'habileté décorative de Vermexio. La structure du bâtiment est simple, mais les niches, les pilastres, les chapiteaux suffisent à vivifier les murs. Volutes, coquilles, masques de théâtre, hiéroglyphes animent les chapiteaux de leurs signes mystérieux. En bas, au pied de la tour, dans le fossé qui ceinture l'étage inférieur,

l'herbe pousse entre les pavés. Les deux portes sont closes : visiblement, on a décidé de ne jamais plus les ouvrir. Deux chats ont élu cet enclos circulaire comme domicile et comme arène pour se poursuivre et combattre sans crainte d'être dérangés. Je reporte les yeux vers les masques, et crois voir dans le pli de leur bouche comme un sarcasme à notre adresse : oui, ils rient de notre prétention à vouloir entrer dans la tour. Des chaînes rouillées bloquent le portillon d'accès à l'escalier qui, par deux rampes, descend jusqu'aux portes. Autour de nous, pas une âme. Et pourtant, je sais que cette tombe n'est pas vide, qu'elle recèle une statue de sainte Lucie. Très peu de gens sont dans le secret, Anthony Blunt lui-même, qui cite le monument, ne souffle mot de ce qu'il contient. Sans doute s'est-il laissé intimider, comme tout le monde, par cet appareil de fossé, de grilles, de serrures, de chaînes, par la solitude de cette place, par l'isolement de ce sépulcre.

Essayons pourtant. Je me dirige vers la porte de l'église. Il est sept heures du matin, la seule heure en Sicile où l'on soit sûr de trouver les églises ouvertes. J'entre. Dans la nef vide, une vieille égrène un chapelet. Elle se retourne pour maugréer sur l'intrus. Je passe dans la sacristie. Personne. Je ressors sur la place. Le soleil a monté dans le ciel et frappe en plein un des masques qui a l'air à présent de se payer franchement ma tête. Vexé, je rentre dans l'église. Les taupes sont maintenant trois, elles me dévisagent d'un air outré. Au-delà de la sacristie, j'avise une enfilade de pièces vides. Un pas vif se rapproche. C'est un franciscain, qui n'est point gros et gras comme d'habitude, mais sec, émacié. Dans sa robe de bure, il ressemble à un moine de Zurbarán. À ma requête anxieuse, il réfléchit un instant, consulte sa montre, puis, d'une armoire de palissandre, tire une clef accrochée à une petite tête de mort en os.

« Suivez-moi », fait-il d'une voix brève.

Il traverse le chœur de l'église, ouvre à droite de l'autel une porte au-dessus de laquelle est écrit *Sepolcro* et, nous montrant un trou noir qui s'enfonce sous la terre, nous dit, après un rapide combat où l'envie de nous accompagner s'est inclinée devant le service des bigotes :

« Allez-y vous-mêmes. »

Le couloir descend d'abord en ligne droite, puis s'incurve en spirale. Après un parcours ténébreux qui nous fait craindre d'arriver, comme Léonore à la recherche de Florestan, dans quelque cachot où nous ne verrons goutte, nous débouchons au contraire dans un espace clair, lumineux, dépouillé.

L'intérieur de la tour forme un temple rond dont le seul ornement est un autel de pierre blanc appuyé sur deux balustres. Une niche creusée dans l'autel abrite la statue de marbre de sainte Lucie.

La jeune fille est couchée, entre le repos et l'extase, dans cette attitude que les grands baroques romains ont immortalisée. Le corps gît sur le côté droit. Deux coussins soutiennent la tête. Robe à plis bouillonnants. La main gauche est ramenée sur le ventre, la main droite, posée sur un livre à fermoir, tient la palme du martyre. Je songe aussitôt à la *Sainte Cécile* de Maderno ; à la *Sainte Martine* de l'église Saints-Luc-et-Martine, pour les mains. De qui est cette *Sainte Lucie ?* L'ignorance et l'incuriosité sont telles, autour des choses de Sicile, qu'un chef-d'œuvre de cette rareté et de cette importance n'a jamais donné lieu à une enquête approfondie. L'auteur serait un certain Gregorio Tedeschi. Florentin d'origine, il était venu travailler en Sicile. La mort le surprit à Syracuse, en 1634, juste après qu'il eut terminé cette statue.

De la Toscane et de l'idéal de la Renaissance, elle conserve plusieurs traits : la pureté du visage, la rete-

nue de l'expression. Dans quelques années, Bernini exaltera avec des procédés autrement éloquents les délices équivoques de la jouissance doloriste. À sainte Thérèse comme à la bienheureuse Ludovica Albertoni, il ouvrira la bouche, révulsera la face, soulèvera le corps de peu orthodoxes soubresauts. Le souvenir des beaux marbres lisses du Quattrocento florentin a protégé Lucie de tels excès. Sa bouche est close, ses cheveux, qui ondulent en longues boucles sur les côtés du visage, sont noués derrière la tête en une sage tresse. La paix et la sérénité accompagnent son voyage dans la mort. C'est un sommeil, plutôt qu'une transe. Les paupières recouvrent pieusement les yeux : aucun signe de l'énucléation subie. Un artiste plus engagé dans le nouveau style n'eût pas manqué d'exploiter la cruauté d'un tel détail. Maderno avait indiqué, sur le cou de Cécile, l'entaille faite par la hache.

Pourtant, baroque, elle l'est déjà, cette statue : par la localisation dans une niche, par la position couchée, par l'agitation des étoffes, par le frémissement des mains qui en dit plus long que le calme endormi de la figure. Oui, même si ses lèvres ne s'entrouvrent pas aux sortilèges du *bel canto*, elle clame par l'abandon de sa pose, par le désordre de ses vêtements, par la lumière extatique de son visage, le bonheur de souffrir et de mourir. L'autre Lucia, Lucia di Lammermoor, pourrait se reconnaître en elle. Peut-être Otello vient-il de l'étrangler, et, Desdemona éperdue, a-t-elle expiré dans le ravissement du sacrifice. Peut-être son sommeil est-il celui de la bellinienne Somnambule. Héroïne d'opéra, nous la rangeons d'emblée dans la galerie des victimes élégiaques qui ont découvert, en s'immolant parmi l'envol des vocalises, les cimes de la volupté.

Les chats miaulent au-dehors et rôdent contre les murs. Cependant, si nous devions distribuer cette Lucie dans un rôle, nous lui donnerions à chanter, à cause de son élégance, de sa discrétion, de sa légèreté pastorale de bergère entre les doigts de laquelle il ne manque que la flûte taillée dans un roseau de la fontaine Aréthuse, l'une ou l'autre des grandes amoureuses grecques : Ariane, Eurydice (Monteverdi continuait à écrire ses opéras dans le temps où Tedeschi travaillait à Syracuse), ou Sapho, dont nous nous récitons la plainte, telle que l'a transcrite Marguerite Yourcenar :

Je ne résiste pas au délire trop fort
Et ma gorge s'étrangle et mes genoux fléchissent
Et je connais la mort...

Théocrite de Syracuse et son disciple Virgile ont transmis à Lucie cette pâleur lunaire, cette pureté liliale, cette bucolique fraîcheur que mettent en valeur la luminosité du petit temple blanc, la solitude et le silence qui règnent dans ce qu'il m'est difficile de continuer à appeler un sépulcre. Ne sommes-nous pas plutôt dans une loge de théâtre, où l'actrice répète son rôle et se laisse choir, palpitante, après la cabalette finale ?

« Ici, nous dit le franciscain que, après avoir remonté le boyau en spirale puis le corridor en pente jusqu'à l'église, nous sommes allés remercier de nous avoir laissés, pendant plus d'une heure, en tête-à-tête, ici, dans cette salle en voie d'aménagement, reviendra bientôt le tableau de Caravage qui appartient à l'église. Il est exposé provisoirement au Musée national. »

Après plus de dix ans de villégiature dans les ateliers du *restauro* ! Je n'avais jamais vu *L'Enterrement de sainte Lucie*, une des dernières œuvres du peintre (1608, deux ans avant sa mort), peut-être sa plus forte. Détaché sur

un immense pan de mur brun sombre, qui occupe plus de la moitié de la hauteur du tableau (seul Goya aura de ces audaces), le groupe des parents et amis se tient debout autour du corps renversé de Lucie. Une vieille femme est tombée à genoux, la tête entre les mains. Une autre appuie son menton sur ses mains jointes. Au premier plan, les deux fossoyeurs, musclés, puissants, ont la carrure menaçante de forçats. Celui de gauche est barbu, mais celui de droite, avec sa tête rasée et son mufle épaté, semble encore plus terrible. Les tons sombres ou livides dominent : bruns, noirs, gris, couleur de bure pour les vêtements de l'assistance, couleur de suaire pour les braies du fossoyeur, couleur de plomb pour la main bénissante de l'évêque, la seule teinte vive étant donnée par la houppelande rouge du jeune homme qui contemple, tête baissée, le cadavre étendu.

Quand on le verra à l'église Santa Lucia, dans le voisinage immédiat du sépulcre, il sera passionnant de comparer le tableau à la statue. Même position couchée du corps, même ovale régulier du visage, même beauté calme dans la mort. Si ce n'est que le peintre, bien que son œuvre soit antérieure d'un quart de siècle, a plusieurs longueurs d'avance sur le sculpteur. Il entrouvre la bouche, lui, il suggère que les yeux ont été arrachés, il montre une blessure au cou, il dénude une épaule, il jette un des bras de côté, dans un raccourci saisissant. Plus réaliste, plus cruel, plus dramatique, Caravage exalte le pathos baroque de cette jeune morte. Enfin, au lieu d'un petit temple clair, lumineux, idyllique, il donne comme écrin à son héroïne un fond tourmenté et bitumineux.

Il est certain que Gregorio Tedeschi a connu la toile de Caravage, peinte pour l'église. Pourquoi, alors, cette timidité stylistique, qui n'ôte rien à la beauté de sa statue mais l'exposait (ce qui est arrivé) au dédain de la postérité ? Florence a toujours refusé le baroque, c'est la seule grande ville d'Italie qui, par une fidélité obtuse à l'époque de sa grandeur, ait rejeté le nouveau style. La bouche fermée, les yeux clos, le visage serein de la *Sainte Lucie* de Tedeschi auront été le sursaut de conscience d'un Florentin fasciné par la rhétorique baroque, mais trop timide pour s'affranchir d'une longue tradition d'ordre et d'équilibre encore bien ancrée dans sa patrie.

Faute de pouvoir rapprocher matériellement les deux Lucie, nous profitons de la présence, dans la même salle du Musée national, d'une *Annonciation* d'Antonello de Messine pour faire une constatation fort curieuse. Le peintre né en Sicile, mais que distinguent les suaves raffinements de son dessin et les nuances délicates de son coloris, a l'air très peu sicilien, auprès de Caravage, qui n'a fait qu'y passer en tempête mais semble avoir puisé dans l'île le soufre et les larmes dont il a nourri son génie. Les grands chefs-d'œuvre d'Antonello, le *Saint Sébastien* de Dresde, la *Crucifixion* d'Anvers, le *Christ soutenu par trois anges* de Venise, appartiennent aux courants majeurs de la peinture vénitienne et flamande, même si Leonardo Sciascia croit reconnaître dans le paysage de la *Crucifixion* le détroit de Messine. Peut-être la *Vierge au voile bleu* de Palerme évoque-t-elle quelque paysanne de la montagne dissimulée, pudique, fourbe, mystérieuse. Peut-être le *Portrait d'homme* de Cefalù, cet équivoque seigneur au sourire ambigu, porte-t-il sur son visage l'astuce et la duplicité des propriétaires de latifundia. Mais ces tableaux auraient pu être peints n'importe où. Ils reflètent les conquêtes stylistiques de la Renaissance européenne, non les orages qui ballottent le radeau de la Gorgone.

Caravage, au contraire, plonge son pinceau dans le sang noir de l'île. Les quatre œuvres peintes en Sicile

poussent jusqu'au paroxysme sa vision hagarde et convulsée de l'univers. Nous avons manqué à Palerme l'occasion de le vérifier, puisque son dernier tableau, une *Nativité*, volé à l'oratoire de San Lorenzo en 1969, n'a pas été récupéré. Les deux autres, *La Résurrection de Lazare* et une seconde *Nativité*, se trouvent, dûment exposés, au musée de Messine. On s'en réjouit pour cette ville qui devrait figurer au premier rang des capitales baroques de la Sicile, ne serait-ce que pour avoir donné le jour au grand Filippo Juvara, mais que le tremblement de terre de 1908 a dépossédée de tous les édifices — certains somptueux et d'une audace unique — élevés après celui de 1693.

Retour à Ortigia et à la place du Duomo. La façade du Duomo lui-même fut commencée en 1728 sur le dessin de l'architecte palermitain Andrea Palma. L'édifice, dans son ensemble et dans sa continuité historique, présente un des amalgames de styles les plus curieux de toute la Sicile. D'abord temple grec dédié à Athéna, il fut transformé au VIIe siècle de notre ère en église chrétienne. Les puissantes colonnes doriques du Ve siècle avant Jésus-Christ (parmi les plus belles qui nous restent de l'Antiquité, m'assure une des sommités de l'hellénisme français) furent intégrées dans le nouveau sanctuaire. Les Normands intervinrent à leur tour et ajoutèrent au XIIe siècle une façade. Celle-ci ayant été jetée à bas par le tremblement de terre (qui déchaussa aussi plusieurs des colonnes grecques, ainsi qu'on peut le voir dans la nef latérale gauche), Andrea Palma imagina un système ingénieux de colonnes détachées et de frontons, qui illustre avec éclat l'utilisation baroque de masses brisées pour créer des effets de profondeur et de clair-obscur.

Selon une opinion courante, cette façade pourrait être considérée ailleurs comme belle, mais ici, elle est une insulte à la simplicité classique, à la « noblesse » de l'intérieur. À ceux qui se scandalisent de la sorte, j'ai envie de demander : de quel intérieur parlez-vous ? du temple grec ? ou de la manipulation chrétienne du VIIe siècle ? ou des réaménagements de l'époque normande ? Et avez-vous songé que, si les chrétiens n'avaient pas inséré dans leur édifice les colonnes d'Athéna, celles-ci auraient purement et simplement disparu, détruites et réemployées comme matériau, ou abandonnées à l'usure du temps ? Andrea Palma n'a fait que suivre l'exemple de Normands, des premiers chrétiens et peut-être des Grecs eux-mêmes, à supposer qu'un sanctuaire sicule primitif ait pu s'élever à la place du temple de la déesse.

En outre, je ne trouve pas que la richesse de cette façade jure avec l'austérité de la nef. On pourrait même attribuer à ce contraste une signification philosophique. Tant qu'il regarde la cathédrale du dehors, le croyant a encore le droit de se laisser flatter par le plaisir esthétique de formes disposées avec art. Une fois le seuil franchi, place au seul recueillement. La faconde décorative d'Andrea Palma n'est pas le frivole placage d'une fantaisie gratuite, mais une préparation à l'ascèse, la dernière concession accordée aux sens avant le dépouillement purificateur.

Entre les deux ordres de la façade, d'opulentes volutes servent de raccords, procédé courant dans l'architecture baroque. Seulement, Andrea Palma, pour indiquer la subordination de l'ornement à la fonction initiatique, a prolongé les volutes en palmes feuillues de martyre[1]. Les statues sont de notre connaissance de Palerme, Ignazio Marabitti, l'auteur de *Re Palermo*.

À l'intérieur, dans la première chapelle de droite,

1. Il s'agit peut-être aussi d'une signature (jeu de mots).

étonnant blason de marbre qui figure, sur fond noir, un ciboire jaune où, comme deux étoiles étincelantes, brillent deux yeux grands ouverts. Un poignard est placé en travers du pied du ciboire. Allusion au supplice de sainte Lucie, bien sûr, mais cet emblème, stylisé comme une toile de Brauner, n'est ni classique ni baroque.

En sortant du Duomo, nous retrouvons encore, au coin de la même place, la jeune martyre, vénérée dans la seconde église que Syracuse lui a consacrée, Santa Lucia alla Badia, reconstruite dès 1695, sur le dessin d'un architecte local, Luciano Caracciolo, dont l'inexpérience se révèle dans le disparate des deux ordres de la façade, à moins que d'autres mains ne soient intervenues. L'ordre inférieur, de style encore solennel, malgré les colonnes torsadées qui flanquent le portail, évoque la rigidité de l'époque espagnole. Deux beaux reliefs représentent les armes de l'Espagne, telles que les rois les portaient avant la montée sur le trône de Philippe V, en 1705. L'ordre supérieur montre des éléments de décoration plus modernes, qui rappellent les panneaux de bois sculpté si fréquents dans le mobilier des sacristies siciliennes. Cependant, ce qui frappe d'abord le regard, c'est la longue grille de fer forgé finement ouvragée et bombée en son milieu, qui court entre les deux ordres, sur toute la longueur de la façade. Élément ornemental, mais aussi détail de mœurs, qui nous fait songer au temps où les sœurs, du haut de cette tribune, utilisaient comme elles pouvaient les interstices du grillage pour communiquer avec la rue.

Le palazzo Beneventano del Bosco, qui fait face au palais de la mairie, achève l'ordonnance de la place et l'équilibre entre édifices civils et édifices religieux. Élevé entre 1779 et 1789 par l'architecte syracusain Luciano Alì, il abrite, au fond de la cour, un des plus beaux escaliers de Sicile. Comme les escaliers de Sanfelice à Naples, ou celui d'Andrea Giganti à Palerme, c'est non seulement un lieu de passage pour mener du rez-de-chaussée au *piano nobile*, non seulement une preuve ostensible de la richesse et de la puissance du propriétaire, mais surtout une œuvre d'art en soi. L'escalier occupe toute l'aile du fond, soit le tiers de l'espace construit. Comme un édifice autonome, il a des portes, des fenêtres, des colonnes, des balcons, qui ne servent à rien d'autre qu'au plaisir des yeux. Dégagé pour ainsi dire de toute utilité pratique, il exalte l'alternance des arcades et des balustrades, des pleins et des vides, de l'ombre et de la lumière, et fait chanter la *giugiolena* avec tant de bonheur que nous imaginons la figure toute réjouie de notre amie ursuline.

Ne quittons pas la place du Duomo avant d'avoir fait un tour au Musée archéologique, pour revoir la Gorgone ailée, ce monstre mi-tragique mi-grotesque que nous avons choisi comme emblème de ce livre. Le musée est fermé ; on est en train de transporter ses collections dans un nouveau siège. Signe qu'il ne faut pas tout mettre sous les yeux du lecteur, mais le laisser rêver à sa guise.

Dernier nom à retenir : celui de Pompeo Picherali, né en 1667 à Syracuse et mort en 1746 dans sa ville natale. On sait qu'il construisait des machines en bois pour la fête de Corpus Domini, et qu'il intervenait comme expert et conseiller pour toutes les décorations d'églises et de couvents. Son prénom, qui le recommandait à une haute destinée, ne l'a pas sauvé de l'oubli. Il a dessiné les candélabres d'argent du grand autel du Duomo, et bâti, en 1727, l'église du Santo Spirito. Au bord de la mer, au bout de l'île, près d'un des plus beaux châteaux de Frédéric II, un des mieux conservés, en si bon état hélas ! que les militaires

l'ont confisqué, transformé en caserne et interdit au regard, même du dehors, par un mur d'enceinte. La date de l'église : 1727, inscrite au-dessus de la porte, fait partie des nombreux éléments qui animent la façade : pilastres à chapiteaux corinthiens, niches vides surmontées de coquilles, volutes de raccordement, guirlandes, aigle royal de Naples. Grande harmonie d'ensemble, due à la superposition de trois ordres de largeur et hauteur décroissantes. Le dernier, en haut, consiste en trois arcades pour les cloches. Les grands bateaux sont à l'ancre, presque au pied de l'église. Un porte-avions américain se balance au mouillage, pour nous rappeler que la Sicile, où les États-Unis entretiennent une base aérienne à Sigonella et stockent près de Comiso des missiles à tête nucléaire, est aux avant-postes de la défense atlantique. Une fusée expédiée de Libye toucherait comme première cible la façade du Santo Spirito, seul témoignage, parmi l'œuvre abondante de Pompeo Picherali, qu'on puisse lui attribuer avec certitude.

Noto

À Noto, terrain de choix pour les urbanistes et les architectes, puisque la ville fut reconstruite sur un site entièrement nouveau, au flanc d'une colline déserte, explose le génie bâtisseur de la Sicile. En un style qui, tout en ayant assimilé la leçon de Rome, intègre dans le baroque des éléments indigènes et le transforme en quelque chose de fruité et de solaire qui n'a pas son pareil en Europe. Gloire aussi au matériau de la région, un calcaire jaune-roux à la carnation chaleureuse.

Pour une population de peut-être dix mille habitants, Noto comptait dix-huit couvents et à peu près autant d'aristocratiques palais. Cité ecclésiastique et féodale, pour laquelle le roi de Naples Ferdinand II, qui la visita trois fois entre 1838 et 1844, marquait une prédilection. Noto, après l'Unité, paya cher cette tendresse bourbonienne. En 1865, les députés de Syracuse, arguant de la faveur dont elle avait joui auprès de la dynastie détrônée, obtinrent du Parlement national le transfert du chef-lieu de province dans leur ville. Noto perdit aussi ses tribunaux et son administration financière. De cette époque a commencé sa décadence, qui ajoute à l'éclat de ses monuments la poésie qui nimbe toute grande civilisation déchue.

Les édiles pourtant s'étaient empressés de rendre hommage à leurs nouveaux maîtres, en baptisant les deux principales rues, qui courent parallèles à flanc de coteau, corso Vittorio Emanuele et via Cavour. Notons la nuance, qui indique une longue habitude des hiérarchies et des préséances : l'artère la plus importante fut appelée *corso* et dédiée au roi, l'autre n'eut droit qu'au titre de *via* et au patronage du ministre.

On arrive de Syracuse par le jardin public, longue avenue bordée de ficus centenaires dont les feuillages s'emmêlent et forment une voûte délectable, propice à la halte auprès d'un kiosque à *gelati* et *semifreddi*, les meilleurs de la ville. Vous les dégusterez en dehors des murs, avant de franchir l'enceinte de la cité, comme l'esquimau que vous vous hâtez de finir dans les couloirs de l'opéra, avant de vous installer dans la salle. Bonne image pour vous faire comprendre qu'on n'entre pas n'importe comment à Noto, dans n'importe quel état d'esprit, mais avec l'émotion qui précède le moment magique où le rideau se lèvera et un monde d'illusions, de sortilèges, de merveilles jaillira sur le plateau illuminé.

Un arc de triomphe commande l'accès à la ville : la porte Royale, érigée pour la première visite à Noto, en

1838, du roi Ferdinand II. Deux pilastres cannelés à chapiteaux corinthiens agrémentent le pesant édifice que couronnent trois sculptures symboliques : une tour crénelée (la force), un pélican (l'abnégation) et un lévrier (la fidélité). On aimerait croire, pour les habitants de Noto, que l'ironie de cet hommage ne fut pas involontaire : car s'il y a trois qualités que ne possédèrent jamais ni Ferdinand II ni aucun des rois de Naples, ce sont bien celles dont les images de pierre adressèrent au souverain une inutile admonestation..

Le corso Vittorio Emanuele commence au-delà de la porte. À droite, en haut d'un imposant escalier à trois rampes, surgit, comme un décor de théâtre, l'église conventuelle de San Francesco, élevée à partir de 1704 par l'architecte local Vincenzo Sinatra, probablement assisté du jeune Rosario Gagliardi : première mention du plus grand nom de l'architecture baroque sicilienne. Inutile d'entrer dans l'église, froide et ennuyeuse à l'intérieur. Tout l'effet est dans la façade, la couleur dorée de la pierre, le luxe des trois rampes d'escalier.

La langue française ne connaît qu'un seul mot pour dire escalier. L'italien, outre le banal *scala*, à la valeur purement fonctionnelle, dispose d'une gamme de synonymes augmentatifs : *scalone, scalea, scalinata, gradinata.* Signe de la différence entre deux civilisations, dont l'une n'emprunte les marches que pour monter quelque part, dans un but pratique, alors que l'autre s'enchante des effets de perspective et exploite toutes les illusions du théâtre et de l'opéra.

Aussitôt après San Francesco, séparé seulement par la ruelle en pente qui rejoint plus haut la via Cavour, se dresse le flanc du monastère bénédictin du Santissimo Salvatore, qui aligne sur le corso treize fenêtres ornées richement et protégées par les habituelles grilles pansues. En face, à gauche du corso, église conven-

'an Francesco.

tuelle de Santa Chiara (Rosario Gagliardi, 1718), à plan ovale, de petites proportions, fort jolie. On ressort sur le corso et, à droite, voici paraître la cathédrale, dédiée à San Niccolò, en haut d'une *scalinata* monumentale à trois rampes, longue de trente-sept mètres et large de quarante. Ici encore, l'intérieur est décevant. Il faut contempler l'édifice du dehors, comme un chef-d'œuvre de scénographie. La façade se déploie avec un faste spectaculaire : corps central à deux ordres de colonnes et à fronton brisé, encadré par deux clochers de même hauteur. Anthony Blunt a rapproché ce dessin de celui de l'église Notre-Dame de Versailles par Jules Hardouin-Mansart. L'analogie paraît évidente. Il est peu probable que Vincenzo Sinatra soit allé en France, mais les échanges intellectuels entre les deux pays restèrent très vifs jusqu'à la fin du XVIIIe siècle. Cela dit, entre la façade de Versailles et celle de Noto, je vois l'incommensurable différence qui sépare une idée d'architecte correctement exécutée et la mise en scène brillante de la même idée grâce à l'exploitation du site, à l'éclat du matériau, au symbolisme initiatique des marches, à la splendeur du cérémonial déployé.

Si, debout face à la cathédrale, on tourne la tête à droite, on aperçoit, faisant angle droit avec la façade du Duomo, celle du monastère du Santissimo Salvatore. Elle semble bien sage et néo-classique, à côté de l'ostentation baroque. Tardive, elle ne fut construite qu'en 1791, sur l'ordre d'une abbesse ambitieuse, en remplacement de la façade primitive. Mais l'esplanade qui s'étend devant lui confère grande allure : toujours cet art de la mise en scène. Les trois bâtiments de San Francesco, du Santissimo Salvatore et du Duomo se touchent presque et forment un ensemble continu dont la prodigalité somptueuse n'est tempérée que par le ton doux et sensuel de la pierre.

Monastère du Santissimo Salvatore

Exactement en face de la cathédrale, à gauche sur le corso, le palazzo Ducezio, œuvre également de Vincenzo Sinatra, aligne une façade basse de onze arcades soutenues par des pilastres que renforcent des demi-colonnes à chapiteaux composites. Les trois arcades du milieu s'avancent en demi-cercle et forment un avant-corps bombé raccordé à la place par un escalier semi-circulaire. Le projet originel comportait ce seul rez-de-chaussée. Le palais fut promu ultérieurement à la dignité d'édifice municipal. « C'est le siège de la mairie, et il surgit en face de la cathédrale, pour symboliser la parfaite correspondance des deux pouvoirs, civil et religieux. »

Hélas ! cette pensée, que je lis dans un pieux opuscule dédié à Noto, a dû venir aussi à l'esprit des édiles. Ils se seront rendu compte que le palazzo ne « surgissait » pas, bas et à un seul étage comme il était ; et que, en face du pouvoir religieux incarné par la solennelle cathédrale précédée du non moins majestueux escalier, le pouvoir civil faisait piètre figure. D'où l'idée, profitable à la défense de la laïcité mais calamiteuse du point de vue de l'art, de surélever le palais en y ajoutant un étage copié sur le rez-de-chaussée. Ainsi monté en graine, le palazzo Ducezio a perdu ses proportions, sa ligne, son élégance Louis XV. Ce n'est plus qu'un pastiche rococo, bon pour un décor de Richard Strauss. On augure mal d'un maire qui, offusqué par le prestige intact de l'évêque, a besoin, pour se faire remarquer, de se hisser sur la pointe des pieds et de tendre le cou désespérément.

Après la cathédrale, à droite sur le corso, le palais Landolina, résidence de la plus illustre famille de Noto, eut l'honneur d'abriter par trois fois le couple des souverains napolitains. Le marquis avait fait murer dans son escalier deux plaques de marbre pour commémorer ces visites. Les patriotes de 1860 n'osèrent pas détruire les plaques ; ils se contentèrent de les desceller. Conservées aujourd'hui dans les réserves de la bibliothèque municipale, peut-être reviendront-elles un jour à leur place. On s'est aperçu que la Sicile, en troquant les Bourbons contre les Savoie, n'a guère gagné au change.

Trois cents jeunes gens de Noto, en tout cas, périrent pendant la Grande Guerre, sacrifiés aux intérêts de l'Italie du Nord, comme en témoigne le hideux monument aux morts élevé devant le palais Landolina, là où se dressait, du temps des Bourbons, une statue de marbre de Ferdinand II, que sans peine on imagine non seulement plus belle, mais agitant de moins mauvais souvenirs.

Reprenons le corso. À gauche, voici la petite église San Carlo, construite par Rosario Gagliardi entre 1736 et 1746. Façade concave à trois ordres, rehaussée de colonnes : un joyau, qui rappelle la manière savante et raffinée de Borromini. L'ancien collège des jésuites, où on élevait les fils de nobles, à présent siège du lycée classique, accolé à San Carlo, déploie une longue façade à trois portails, agrémentée de balcons soutenus par d'étranges monstres barbus et feuillus, à seins de femmes : encore plus étranges si on songe à la destination pédagogique du bâtiment.

Un peu plus loin, piazza XVI-Maggio, trône sur une fontaine entre deux pins colossaux une antique effigie en marbre d'Hercule, récupérée à Noto Antica, au milieu des ruines. La statue, qui représentait le repos du héros après qu'il eut tué le lion de Némée, ne dut pas sembler assez guerrière aux édiles : ils la firent remanier complètement, en sorte qu'Hercule exhibât, serré sous son bras gauche, à défaut de la massue légendaire, le blason de la ville.

Derrière la fontaine, à droite sur le corso, l'église San Domenico clôt la longue parade des édifices religieux.

Construite entre 1703 et 1727 par Rosario Gagliardi, elle présente une façade bombée, à deux ordres, enrichie de colonnes. Portail à fronton brisé, couronnement semi-circulaire entre deux mi-frontons brisés. En fin d'après-midi — le corso est orienté d'est en ouest — le soleil illumine le calcaire doré. Tendrement paresseuses, sous le rayon de miel qui les inonde, s'exalte l'eurythmie des courbes, blondoie la douceur de la pierre.

Ne quittons pas le quartier avant d'être descendus jusqu'à l'église del Carmine, où bute la rue plus basse parallèle au corso, via Ducezio. Façade concave, à trois ordres de pilastres superposés, de Vincenzo Sinatra. Deux *putti* soutiennent au-dessus du portail l'emblème des carmélitains. Les volutes latérales du deuxième ordre et les acrotères des deuxième et troisième ordres, qui découpent sur le ciel des formes bizarres, ajoutent une note exotique. Singulier également l'intérieur, tout blanc, ovale, chargé de stucs, ce qui est une exception à Noto. Précieux bénitiers récupérés à Noto Antica, mais de *pietra asfaltica*, cette lave noire où n'aurait pas trempé sa main notre ursuline de Syracuse.

D'ouest en est, revenons en arrière par la via Cavour. Je note aussitôt que, si le corso Vittorio Emanuele est la rue des églises, la via Cavour est la rue des palais. Signe que, à l'époque des Bourbons comme à celle des Savoie, la puissance ecclésiastique, trônant sur la voie principale, était considérée comme supérieure au pouvoir féodal, relégué dans l'artère secondaire.

À gauche, le palazzo di Lorenzo, à l'harmonieuse façade. Un peu plus loin, l'église de Montevergini présente une façade concave liée d'un seul tenant à deux clochers jumeaux. Façade nue, sans ornement, qui semble à première vue un peu fruste, comme une parente pauvre des splendeurs déployées sur le corso.

Devant l'église, descendons, en direction du corso, la raide petite rue Nicolaci, qui va nous réserver une des plus fortes surprises de Noto. Le palais des princes de Villadorata, aussi fastueux que le nom des propriétaires, dessiné par Rosario Gagliardi vers 1739, aligne six balcons dont les consoles anthropomorphes et zoomorphes auraient plu au prince de Palagonia. Cinq consoles par balcon, chacun étant dédié à une catégorie particulière de monstres. De haut en bas, en descendant la rue, dont la déclivité rapproche les premiers du regard, et éloigne peu à peu les autres : mascarons grotesques à figure humaine ; chimères ; sirènes à la chevelure ruisselante ; puis, de l'autre côté du portail, dont l'architrave est surmontée par une frise de griffons : centaures au visage douloureux ; hippogriffes aux pattes antérieures agressivement dressées ; sphinx à la figure enfantine, le regard énigmatique et absent. Chaque console repose à son tour sur un modillon qui renvoie en abîme les hantises du sculpteur (peut-être Vincenzo Sinatra en personne), sous la forme d'un bouc, d'un lion, d'un chérubin ailé, d'un masque comique. Théâtre de la dérison, qui contraste avec la cour, en pente elle aussi, ornée d'un puits rustique et de deux palmiers débonnaires, et d'où un escalier à rampe très faible, accolé à la muraille, permettait au prince de gagner le *piano nobile* sans descendre de cheval. Seul rappel de la morgue des patriciens d'autrefois, dans ce qui ressemble plus, avec ces pavés herbus et ces murs de guingois, à une cour de ferme qu'au vestibule d'un grand seigneur.

Lorsqu'on ressort du palais, par la voûte géante qui occupe toute l'épaisseur du bâtiment, et qu'on remonte vers la via Cavour, on redécouvre l'église de Montevergini et on corrige son premier jugement. L'église n'a pas été conçue pour être regardée de près, mais de loin, comme le point de convergence des lignes d'une ingénieuse perspective, comme le magistral complément à la construction de l'espace : surgissant en haut de la pente et semblant barrer la rue avec la profonde cavité de sa façade. Effet de théâtre, encore, prodigieuse scénographie.

Autres palais de la via Cavour, en direction de l'est : à gauche, le palazzo Astuto, à droite, le palazzo Trigona, agrémenté de huit balcons et d'un aigle de pierre qui, au coin du bâtiment, arbore le blason de la famille entre ses serres écartées. Resterait à explorer la ville haute, à longer les murs de l'ancien couvent de San Tommaso transformé en une des plus sinistres prisons d'Italie, à revoir, de chaque côté du portail de l'église del Crocifisso, les deux lions de pierre stylophores, d'époque romane, rapportés de Noto Antica, et, à l'intérieur du sanctuaire, la remarquable *Madone de la neige*, en marbre blanc, datée de 1471, du sculpteur dalmate Francesco Laurana, insolite et peu explicable témoignage, en plein territoire baroque, de l'idéal lisse, serein, impersonnel, des artistes de la Renaissance.

Mais cette longue énumération a été suffisamment fastidieuse. La régularité de la planimétrie, la couleur somptueuse de la pierre, la disposition dramatique des édifices, la mise en scène éclatante de l'espace, voilà ce qui fait, plus que les beautés de détail, la gloire unique de Noto.

Palazzolo, Buscemi, Buccheri

Dans l'arrière-pays de Noto, en direction de Caltagirone, le territoire baroque s'étend au milieu d'âpres et magnifiques paysages. Là aussi les villages furent reconstruits après le tremblement de terre, et ornés d'églises moins fastueuses qu'à Noto, mais d'une viva-

San Paolo, l'église théât

cité d'invention admirable. Après Noto Antica, but d'un pèlerinage mélancolique au milieu des ruines de 1693, voici Palazzolo Acreide, dont le théâtre grec, petit et charmant, n'est pas le principal attrait. Sur la place, au sommet d'un escalier, se dresse l'église San Sebastiano, à trois ordres décroissants, le dernier servant de clocher. Cette église date de 1609 et présente le même type de façade-clocher que son homonyme d'Acireale. En bas de la ville, l'église San Paolo, théâtralement baroque celle-là, est précédée d'un portique qui ressemble à un décor d'opéra, animé de colonnes et de statues, et creusé de loggias qui retiennent l'ombre sous leurs voûtes. Entre San Sebastiano et San Paolo, via Garibaldi, aussi mal nommée que possible pour présenter ce chef-d'œuvre de la fantaisie bourbonienne, extraordinaire balcon, d'une longueur démesurée, que ne soutiennent pas moins de vingt-sept consoles sculptées en masques drolatiques, en têtes d'idiots tirant la langue, en griffons dévorant des serpents.

C'est à Palazzolo aussi qu'Antonino Uccello, un de ces érudits siciliens isolés au milieu de l'indifférence générale et menant leur entreprise solitaire avec une absence pathétique de moyens, a réuni une collection exceptionnelle d'objets de l'antique folklore disparu : outils, meubles, pièces de charrettes, ex-voto, marionnettes, etc. Je me souviens de l'avoir rencontré, il y a une vingtaine d'années, dans le « palais » de la via Machiavelli où il venait de s'installer. De palais, cette maison n'avait que le nom, évocateur de salons splendides. La réalité consistait en pièces très vastes mais vides et délabrées. La *signora* Uccello avait colonisé une partie de ces pièces pour y faire sécher ses tomates, étendues à même le pavement, pendant que le propriétaire des lieux, accablé par l'immensité de la tâche entreprise, inventoriait ses trésors dénichés au cours de ses chasses à travers l'île.

Aujourd'hui, Antonino Uccello est mort, et sa maison, transformée en musée, complète le musée ethnographique Pitré de Palerme. *Casa Museo,* ainsi que l'indique une belle flèche jaune à l'angle de la via Machiavelli. Mais, à la porte d'entrée, est pendu un carton avec la mention *Chiuso*, sans explications. Un carton bien jauni, des lettres qui commencent à s'effacer : cet éternel *Chiuso* qui décourage les meilleures volontés retombe comme une pierre tombale sur les initiatives, et renvoie à la poussière d'où il les avait tirées les découvertes d'Antonino Uccello.

Palazzolo s'élève au milieu d'une région de gorges sauvages, percées de cavernes minuscules qui servaient de tombes aux premiers habitants de l'île, Sicules ou Sicanes. Visiter la Necropoli Pantalica, au nord-est de Palazzolo, vallée désolée et le plus grand rassemblement connu de ces tombes, demande plusieurs heures, mais c'est une promenade hautement recommandable. Rien n'introduit mieux à la sicilitude que ce désert fauve réservé aux morts.

Ferla, d'où on part pour visiter cette vallée, possède une intéressante église baroque, dédiée elle aussi à saint Sébastien ; qu'on retrouve — quel autre saint était plus indiqué pour patronner le territoire baroque que ce héros de la pâmoison extatique ? — dans le village voisin de Buscemi, étiré au sommet d'une colline. Deux mille habitants, et pas moins de quatre églises baroques, chacune plus originale que l'autre. Outre San Sebastiano, à façade-clocher toute simple mais relevée de moulures délicates, voici Sant'Antonio, dont seul le premier ordre, à ondulations mouvementées, a été achevé ; puis San Giacomo, à plan elliptique et dont la façade consiste en un vestibule, également elliptique, placé perpendiculairement à la nef. Enfin la plus belle, la plus étonnante, la *chiesa madre*, de petites proportions malgré le nom, située de travers par rapport à l'axe de la rue, en haut d'un escalier flanqué de deux arbustes de laurier-rose. Façade-clocher, remarquable par l'agencement des colonnes forjetées, qui donnent l'impression d'écarter le mur, d'ouvrir l'église sur le dehors.

Après Buscemi, village perché sur la hauteur, Buccheri, niché dans le creux de la vallée, a tiré un parti exceptionnel de cette position. Une très longue *scalinata* de douze volées de marches part du niveau inférieur et escalade la colline, vers Sant'Antonio qui la domine, du haut de sa façade-clocher au corps médian en forte saillie et flanqué de colonnes accouplées. Semblable description ne rend pas compte de la poésie de cet ensemble : les marches de la *scalinata* sont toutes de guingois, et l'église, loin d'avoir un caractère pompeux, a beaucoup plus de charme que de majesté. Autre monument insigne : l'église Santa Magdalena, à la façade-clocher richement décorée. On hésite à appeler « monuments » des édifices si intimement liés à la vie du village, et qui ont sans doute été construits avec l'argent commun, témoins ici, non de la volonté d'un prince ou de l'initiative d'un ordre monastique, mais du goût poétique des paysans eux-mêmes.

Avant de redescendre vers Modica et Ragusa, nous poussons une pointe jusqu'à Vizzini, bourgade célèbre pour le séjour que Giovanni Verga y fit dans les années 1880. Le village de *Cavalleria rusticana* serait Vizzini. Nous regardons la maison où le romancier habita, signalée par l'emphatique plaque commémorative habituelle. Puis, entrant par hasard dans la *chiesa matrice*, surprise d'y découvrir une toile aussi peu verghienne que possible, et qui exalte, au lieu de la rude virilité du mâle sicilien, toujours prêt à jouer du poignard pour défendre son honneur, un aspect dont

Buccheri : Sant'Antonio

on est peut-être moins fier dans l'île, mais qui repose agréablement des rodomontades machistes.

On peut représenter saint Laurent de beaucoup de façons, mettre en valeur son courage, sa résistance à la douleur, sa confiance en Dieu, la fermeté de ses convictions inaccessibles à la souffrance, l'héroïsme de son martyre. Le peintre de Vizzini avait une autre idée : saint Laurent, nu et pâmé sur le gril où il s'appuie du coude, soulève le buste et renverse la tête, avec une délicatesse extatique et une jouissance dans l'abandon qui l'apparentent à saint Sébastien. Au lieu de se tenir debout et d'offrir sa poitrine aux flèches, il est couché, lui, ce qui augmente l'impression de féminité dolente. On pense d'une part à Guido Reni, pour la grâce alanguie et fragile, d'autre part à Caravage, pour le clair-obscur dramatique (mais la toile est très endommagée) et la violence du contraste entre la chair tendre du corps et les ténèbres du fond. Renseignements pris, l'œuvre, datée et signée, est de Filippo Paladini, ce peintre que nous avons découvert à Palerme. Il était venu de Florence. Ayant apporté en Sicile la culture des maniéristes, il subit, au contact de Caravage, l'attirance du convulsif et du bitumineux. Le *San Lorenzo* fut peint en 1614, quatre ans après la mort de Caravage.

Modica

Redescendons maintenant vers le plateau où s'alignent les villes d'Ispica, Modica et Ragusa. Une campagne moins sauvage que les montagnes de l'intérieur, mais non moins suggestive. Strié de petits murs de pierres sèches qui délimitent les champs où poussent les arbres, au feuillage tantôt argenté et tantôt sombre, de la flore méditerranéenne, caroubiers, figuiers, amandiers, oliviers, mûriers, le plateau descend en pente douce vers la mer. De moins en moins de mules, à mesure qu'on s'éloigne des terres plus pauvres et qu'on s'avance en pays plus propice aux cultures. Seuls de très vieux paysans continuent à chevaucher leur monture, moins, sans doute, par impossibilité de s'acheter un de ces infernaux engins à trois roues, que par attachement sentimental au passé.

Au loin, contre le ciel, un araucaria solitaire étale comme les bras d'un candélabre ses branches horizontales.

À Modica, ville resserrée au fond d'un ravin tortueux que surplombent des saillies de roches abruptes, nous attire ce Rosario Gagliardi, né vers 1680, mort en 1762, syracusain de naissance, qui travailla toute sa vie à Noto dont il dirigea la reconstruction, mais eut l'élégance de réserver à deux autres villes ses chefs-d'œuvre. On ne sait presque rien de cet architecte, son nom n'est mentionné nulle part, et pourtant il mérite de figurer au rang des grands créateurs baroques européens. Certes, il lui a manqué la capacité spéculative, l'invention structurale qui caractérisent les édifices de Guarino Guarini à Turin, de Balthazar Neumann en Allemagne. Ses intérieurs, répétons-le, sont d'une banalité insigne. Son génie éclate ailleurs : dans le choix des sites et dans la manière d'en valoriser la beauté ; dans l'organisation spectaculaire des façades ; dans l'emploi théâtral des colonnes, des volutes, des balustres ; dans l'exploitation brillante des matériaux ; dans l'utilisation féerique du soleil comme projecteur naturel.

L'église San Giorgio de Modica, justement, se dresse en haut d'une immense *gradinata* qui déroule en savantes circonvolutions pas moins de deux cent cinquante marches. Elle fuse à la cime d'un seul jet. Sa façade consiste presque tout entière en une tour-clocher, arrondie et pansue, qui jaillit du corps central en trois ordres de colonnes. De face, on ne voit pas que c'est une tour ; il faut se placer de côté pour découvrir que, derrière les deux ordres supérieurs, il n'y a que du vide.

L'idée d'insérer le clocher dans la façade comme partie intégrante est une particularité sicilienne, qui remonte au XVIIe siècle, comme nous l'ont montré les églises San Sebastiano d'Acireale et de Palazzolo, où la paroi plate de la façade est surélevée par un mur percé de trois ouvertures pour les cloches. Pompeo Picherali, on l'a vu, se sert de ce procédé, pour le Santo Spirito de Syracuse, ainsi que les architectes anonymes de Buscemi ou Buccheri. Gagliardi le transforme et l'enrichit de toute la fantaisie du XVIIIe siècle. Aux lignes droites succèdent les lignes courbes, l'étage des cloches n'est pas distinct des étages inférieurs, tout l'édifice vibre d'une seule poussée ascensionnelle et palpite sous le soleil de l'après-midi qui le nimbe d'un glorieux frémissement.

Ragusa

Après Modica, Ragusa, dont la vieille ville, Ragusa Ibla, invraisemblablement tassée sur un piton, ne ressemble ni à la nonchalante Syracuse étendue au bord de la mer, ni à l'aristocratique Noto réglée à l'équerre, mais suggère plutôt quelque repaire de pirates que sa position escarpée et l'enchevêtrement de ses ruelles rendent invulnérable. Dédale de venelles tortueuses, au milieu desquelles s'ouvre, longue et étroite, une place en pente que Gagliardi a prolongée vers le haut par une *scalea* et une église, posées légèrement en biais par rapport à l'axe de la place. San Giorgio s'appelle également cette église, et, comme sa sœur de Modica, elle lance dans l'azur une façade-clocher à trois ordres de colonnes. Mais plus petite,

Modica : San Giorgi

moins élevée, plus ramassée, peut-être plus parfaite dans l'harmonie de ses proportions.

Difficile de s'arracher au charme de cette place ensoleillée, déserte, sans commerces, hors du temps, divisée en son milieu par une rangée de palmiers jaunis. Bien nous prit cependant de partir à la recherche de l'autre église de Rosario Gagliardi, la délicieuse San Giuseppe, car sur le chemin, nous découvrîmes un édifice qui outrepasse de loin l'époque historique baroque mais nous plongea plus que tout autre dans les bizarreries et les chimères de l'esprit sicilien. Une demi-douzaine de pilastres cannelés, couronnés par de frustes chapiteaux doriques, scandent la façade d'un rez-de-chaussée allongé. Trois portes-fenêtres, aux volets verts. Au-dessus de chaque porte, un bas-relief avec des sphinx. Une frise de triglyphes irrégulièrement espacés supporte l'attique, où l'inscription : *Circolo di Conversazione* s'étale en lettres noires, sous un blason découpé contre le ciel entre deux lions de pierre. Compromis entre l'élégance pompéienne et le symbolisme égyptien, ce pavillon, datable du début du XIXe siècle, montre que le néo-classicisme, quitte à n'y parvenir que sous une forme simpliste et provinciale, avait grimpé jusqu'à cette ville isolée. On rencontre souvent, en Sicile et en Italie du Sud, de ces cercles, appelés « de conversation » ou « des nobles », destinés à réunir quelques vieux messieurs autour d'une table à jouer. Une salle de palais ou l'arrière-boutique d'un café hébergent d'habitude ces institutions. Le *circolo* de Ragusa est le seul, à ma connaissance, pour lequel on ait construit un bâtiment à part.

Poussons une des portes. Le club, à l'intérieur, consiste en un salon unique de belles proportions, carré. Un immense canapé drapé d'étoffes rouges occupe chacun des quatre côtés. Un grand trumeau doré surplombe chacun des canapés. Celui qui est assis

Ragusa : San Giorgio.

voit son image répétée à l'infini. Judicieuse trouvaille pour peupler cette pièce, car, malgré son nom, le *circolo* n'a pour le moment attiré qu'un vénérable *galantuomo*, tiré à quatre épingles, penché sur un journal qu'il déchiffre de ses yeux presque éteints, en le tenant par la hampe de bois à laquelle il est fixé. Ce journal — en un exemplaire unique — semble la seule distraction proposée par le club. Il règne ici une atmosphère exquisément surannée et poétiquement sépulcrale. Qui, d'un canapé à l'autre, oserait faire retentir un bruit incongru de paroles ?

Mieux vaut rêver, les yeux fixés au plafond, qui offre une riche matière à la songerie. Car sur la voûte, peintes en trompe l'œil dans un décor de paradis terrestre délimité par des rambardes à balustres, surgissent des femmes nues aux seins lisses entre des brassées de fleurs que le temps a fanées. Mélange d'Andrea Pozzo pour la science de la perspective, de Canova pour l'élégance linéaire et de Bouguereau pour la facture léchée des sinuosités féminines, cette fresque insolite nous ravit d'une heureuse stupeur. Aux quatre coins, quatre médaillons représentent Dante, Michel-Ange, Bellini et Galilée. La littérature, les beaux-arts, la musique et la science ont été conviés à fournir des sujets de conversation aux habitués du cercle, mais ceux-ci, de peur sans doute de ne pas se montrer à la hauteur d'aussi illustres parrains, préfèrent s'enfermer dans une rumination taciturne. Peut-être méditent-ils sur l'injustice du sort, qui s'est moqué d'eux toute leur vie en leur imposant la comparaison entre les sveltes naïades du plafond, flottant dans un éternel bain de jouvence, et les volumineuses matrones que sont devenues leurs épouses après quelques mois de mariage.

Nous en voyons entrer et sortir quelques-uns. Spectres silencieux et inconsolables, rêvent-ils à ce que pourrait être une vie brillante de société, si la Sicile et la sicilitude ne les condamnaient à ce mutisme désolé, à ce ressassement stérile de regrets inavouables ?

Scicli

Nous reste à revoir Scicli, dernier haut lieu du baroque, encore plus méconnu, plus abandonné que Modica et Ragusa. Nous quittons Ragusa Ibla, cette casbah sans air ni lumière, ce nid d'aigle recroquevillé sur une poignée de maisonnettes, descendons dans le ravin qui la ceinture et remontons, de l'autre côté, dans la ville moderne où subsistent, toutefois, des vestiges du passé baroque puisque, le long du corso Italia, nous avisons à la façade d'un palais trois mascarons puissamment expressifs. Turban descendu sur l'œil, nez crochu, langue pendante, bouche édentée, lunettes ridicules, ces têtes réalisent la synthèse entre l'enseignement de Bernini et les obsessions du prince de Palagonia. L'art classique visait à saisir, d'un visage, la beauté intemporelle, éternelle. Bernini, au contraire, voulut dégager de la figure humaine tout ce qui est tics, manies, indications du caractère ; moments passagers de colère, de cupidité, de gourmandise. Révolution dans l'esthétique du portrait, qui le poussa vers la caricature. Les Siciliens ont entendu la leçon, en y coulant leurs propres hantises du bizarre et du grotesque.

À Scicli, bourgade perdue entre le plateau et la mer, c'est un vrai festival de grimaces que le palazzo Beneventano, au coin de deux ruelles poussiéreuses. Les habituels balcons-tribunes aux grilles pansues reposent sur des consoles aux formes fantastiques dont la dégradation de la pierre et l'usure du temps n'ont pas amorti la violence. Je distingue des yeux hébétés, des gueules béantes d'idiots, des monstres équins à la croupe couverte d'écailles chevauchés par des *putti*

Du bizarre (Palazzolo)...

... au grotesque (Ragusa).

ailés. À l'angle des deux façades, entre deux bandeaux de curieux motifs décoratifs en nids d'abeilles, deux têtes jumelles proéminentes, complètement chauves, aux lèvres épaisses, aux narines épatées, semblent clamer par leur bouche grande ouverte une détresse sans limites : peut-être s'agit-il de fœtus à la dérive dans la pénombre gélatineuse des limbes. Au-dessus des fenêtres, voici maintenant des têtes d'hommes où le sculpteur inconnu a concentré tous les caractères de la folie ou de l'imbécillité : yeux exorbités, langue hypertrophiée, bouche distendue, rictus dément, comme s'ils voyaient surgir devant eux le masque terrifiant de la Gorgone.

« Gracieuse petite ville », dit de Scicli le Guide Bleu, dans la seule et unique phrase qu'il lui consacre. Comme Modica, Scicli est bâtie dans une gorge fauve et aride : la nature, pas plus que les hommes, ne semble faire preuve ici d'une grande aménité. Scicli est la patrie de Piero Guccione. Ce peintre, un des meilleurs de l'Italie actuelle, vit et travaille dans sa ville natale la moitié de l'année. Rares sont les peintres en Sicile, pays trop fort, trop absolu pour permettre le jeu avec les couleurs. Guccione, ennemi juré du pittoresque, s'en tient à une contemplation hautaine de la mer et des champs, qu'il peint avec une rigueur cézannienne. Aucun élément décoratif dans ses tableaux, pas une barque sur ses mers, pas une mule dans ses champs. Un regard dur et distant, un azur vide, un horizon métaphysique. Apparemment, Guccione n'a pas encore découvert le caractère « gracieux » de sa terre natale. Il se pourrait bien que l'ascèse qu'il s'impose soit un moyen de protéger son intégrité intellectuelle contre les puissances destructrices, les démons de la folie et de la mort qui rôdent dans ce coin de Sicile.

Ainsi, ayant poussé la porte d'une belle église dont la façade-clocher à trois ordres de colonnes serait digne de porter la signature de Rosario Gagliardi, et rassuré par le nom de ce sanctuaire : Santa Maria Immacolata, qui contraste heureusement, me disais-je, avec la sauvagerie du cañon à l'entrée duquel se dresse l'édifice, je fus aussitôt rappelé à la férocité de la vie. Sur une plaque de marbre scellée dans le mur, je lus qu'un certain Raimondo Penna Giunta avait installé en 1930 à ses frais l'électricité dans ce *vetusto tempio* pour remercier la Madone d'avoir guéri son père mordu par un chien hydrophobe. Des chiens hydrophobes ! Il ne manquait plus que ce fléau à la collection des calamités siciliennes. Qu'est-ce qu'un chien hydrophobe ? Je le vois volontiers sous les traits d'une des têtes grimaçantes et convulsées du palazzo Beneventano. À moins que le masque de pierre, se détachant du mur, n'ait happé lui-même le malheureux entre ses crocs. Ces monstres doivent de temps à autre allonger le cou et enfourner dans leur gueule ouverte en permanence le passant qui ne se tient pas suffisamment en garde.

La Madone a beaucoup à faire pour sauvegarder tout son monde, et il n'est pas sûr que la qualité d'*immacolata* lui prête toujours l'efficacité nécessaire. En 1822 un ciboire d'or, rempli d'hosties consacrées, disparut de la cathédrale de Scicli. Une fillette qui cherchait des asperges le retrouva dans un champ où le voleur l'avait enterré. On éleva une chapelle sur le lieu du miracle, on y célébra force messes, de remerciement, de supplique, de conjuration. L'été, par les jours de grande sécheresse, des femmes faisaient le tour des maisons et recueillaient l'huile pour les lampes de l'autel. « Qui allume une lampe au doux Seigneur retrouvé ? » psalmodiaient les quêteuses. La chapelle est maintenant fermée, la clef en est perdue. Gesualdo Bufalino, qui relate cette anecdote, en rapporte une autre où, du témoignage sur l'affaiblissement du pouvoir de la religion chrétienne, on passe à la démonstra-

tion du redoutable mordant gardé par les démons païens.

Aux paysans qui revenaient en ville, sur leur mule chargée des produits des champs, longtemps fut imposé un extravagant péage. Ils devaient baiser un crâne de vache desséché, exposé à la barrière de l'octroi. C'étaient les charretiers du quartier qui prétendaient faire observer ce rite : « hommes aux grosses mains brunes, habillés de velours, ceints à la taille d'une écharpe couleur sang ». Échappés, en somme, d'un tableau de Caravage. Comme il est difficile de comprendre, ajoute le chroniqueur, « si c'était jeu et théâtre, ou quelque germe de vile violence ».

Les deux sans doute, dirais-je. De même, si l'art baroque en Sicile est jeu de formes et de lumières et, dans les plus hautes réalisations de Rosario Gagliardi à Noto, à Modica, à Ragusa, théâtre, splendide mise en scène d'un site naturel, il ne faut jamais oublier de quelles convulsions, géologiques et historiques, et de quelles habitudes de ruse et de prépotence, leurs conséquences psychologiques inévitables, a jailli ce qui ne nous semble plus qu'un pur objet de délectation.

Que le visiteur, devant le palais ou l'église qui l'enchantent, pour se rappeler le tribut de larmes et de sang qu'ils ont coûté, baise mentalement un crâne de vache !

e chien hydrophobe de Scicli.

La ville entière

« La *raccomandazione, professore* ! Êtes-vous sûr que vous n'avez pas de relations dans les banques ? » me demande une dernière fois la *signora* R., au moment où, sur le point de prendre congé, nous rangeons dans le coffre de la voiture les pots de sauce tomate et de tomates confites qu'elle a préparés pour nous.

Celui des deux fils qui cherche un emploi dans une banque assiste, les bras croisés, au chargement.

« Il faut la *raccomandazione* même pour mourir, ajoute l'*ingegnere*, en soulignant sa boutade de son habituel petit hennissement silencieux. Même pour mourir il faut la *raccomandazione* ! »

Puis, alors que nous leur redisons quel plaisir nous avons pris, comme les autres années, à notre séjour dans la *casina*, ce qui éveille toujours une petite polémique entre nous, car il est de bon ton, pour les habitants de Rosalba, de dénigrer ceux de Calataporto, l'*ingegnere* affirme sentencieusement :

« *Sono ladri, ma a-o-a-o.* »

« Ils sont voleurs », jugement gratuit et inique, qui prouve seulement le désir de trouver un défaut à des gens dont le tort est de faire partie d'une autre paroisse. Mais que signifie cet « a-o-a-o » mâchonné entre les dents, inintelligible comme les trois quarts des mots lâchés par l'*ingegnere ?* Cependant, à force de l'entendre répéter, selon sa coutume : « *Sono ladri, ma a-o-a-o* », je crois comprendre, soudain. « Ils sont voleurs, mais

Ragusa.

travaillent. » *Lavorano* : ils travaillent. Justice est rétablie : car, dans l'esprit de l'*ingegnere*, l'assiduité au travail pèse, sur la balance des mérites, d'un poids cent fois plus lourd que l'honnêteté. Je suis heureux, pour mes amis de Calataporto, que les R. les tiennent en estime. Je suis content aussi d'avoir découvert le système d'élocution de l'*ingegnere*. « A-o-a-o » : il supprime les consonnes, fardeau qui lui semble inutile à traîner, dans une langue aussi mélodieusement vocalique.

Entre Rosalba et Noto, petit détour pour observer l'état des travaux commencés depuis quinze ans en vue de relever une villa romaine. À l'endroit où, par hasard, on a trouvé des restes de mosaïques, s'élève une ferme qu'il faudrait démolir. Deux ou trois ouvriers grattent la terre au fond d'un hangar, au milieu des tonneaux et du pressoir. On ne dirait pas qu'il s'agit d'une des découvertes archéologiques les plus retentissantes de l'après-guerre. Les mosaïques, transportées à Syracuse et en cours de restauration, seraient plus belles, d'un travail plus fin, que les fameuses scènes de chasse et demoiselles en bikini de la villa du Casale mise au jour en 1929 à Piazza Armerina, qui est une des étapes obligées de tout voyage en Sicile.

Arrivée à San Cataldo, une des plages d'Agrigente et centre de résidence estivale. Atmosphère complètement différente des petites plages de Calataporto. Nous n'avons pas seulement changé de province, nous avons changé de siècle. Nous voici entrés dans un autre âge, celui de la « modernité ». Les gens se baignent, campent, achètent dans de grandes surfaces des montagnes de provisions, abandonnent sur le sable des coulées de détritus, allument le soir des grils en plein air et se réunissent autour d'énormes tablées. Triple avènement du touristique, du balnéaire et du commercial. Ce qui entraîne un bouleversement profond dans les mentalités, une dégradation évidente. Même si on ne partage pas les sévères jugements du *ragioniere* de Calataporto sur toutes les conquêtes du progrès, comment ne pas reconnaître les dégâts d'une mutation trop soudaine ? Ils ont quitté l'ombrageuse retenue de leurs pères, cette fierté répressive et hautaine, sans disposer d'une culture de rechange qui, tout en leur donnant les permissions légitimes, comprimerait en eux les poussées les plus discutables de l'instinct.

Le droit de vivre et s'épanouir en secouant les vieilles règles de réserve et de mutisme s'étale avec une triviale satisfaction. Les avis mortuaires, autrefois éparpillés sur toutes les maisons, remplissent maintenant quelques rares murs réservés à cet effet, afin que le rappel d'une fatalité inexorable ne vienne pas obscurcir la liesse des vacanciers. Le terrain perdu par Thanatos, Éros s'en empare avidement. Au bord des routes, sous les pins, à l'entrée de la plage, mais toujours dans leur voiture, pour que les sirupeuses publicités de la radio rythment leurs ébats, les couples rattrapent à la sauvette le temps perdu par leurs ancêtres, des siècles de frustration et d'obéissance aux tabous.

Si fort que j'aime les Italiens, si complaisant que je sois à leurs défauts, il me faut bien avouer que ce passage brusque des contraintes archaïques aux libertés du XXe siècle fait ressortir tout ce qu'il y a de pire en eux : la mauvaise éducation, le sans-gêne, le vacarme, la saleté. Essayer de lire sur les plages — aussi bien sommes-nous les seuls à apporter des livres — relève de l'exploit. Les enfants viennent jouer exprès devant nous en se lançant à la figure des poignées de sable humide qui giclent sur les pages, les *mammas* hurlent pour rappeler à terre celui qui a eu l'audace de s'enfoncer dans l'eau jusqu'au genou, les ballons de football se font un malin plaisir de finir leur course sur notre dos. Le seul recours est de choisir, sur la longue plage de plusieurs kilomètres séparée de la route par une dune dans laquelle on a creusé, à intervalles réguliers, des tranchées d'accès, un point situé à égale distance de deux de ces passages. Soit paresse de marcher sur le sable, soit découragement devant l'importance du matériel à transporter, soit désir de se regrouper en plus grand nombre possible, les gens se concentrent près de l'entrée. Ils transbahutent des tentes, des tables, des chaises, des nappes, des parasols, des fourneaux à charbon de bois, des bidons d'eau et de vin, des marmites, une batterie de cuisine complète, et là, à dix, à vingt, ils s'agglutinent dans l'ombre pour déglutir une *pasta* monumentale, à trois mètres d'une autre famille occupée au même travail de bovine mastication collective.

En France non plus, certes, une plage d'été n'offre pas un spectacle bien ragoûtant. Mais le caractère petit-bourgeois du Français, joint à son éducation démocratique, lui a permis de s'adapter avec des conséquences moins désastreuses aux rites des vacances de masse. En tout Parisien, notait déjà Dostoïevski vers les années 1860, dort le rêve de se rouler dans l'herbe et de courir jusqu'à la mer. Ce rêve est entré dans les mœurs, dans les faits, peu à peu, le temps de laisser s'assagir et se tempérer le sans-gêne animal. L'habitude des congés payés est devenue une culture, avec ses codes, ses restrictions, ses latitudes limitées par le respect du voisin. Pour les Siciliens d'Agrigente, et pour les Italiens en séjour balnéaire, être en vacances signifie crier le plus fort possible, déchaîner le braillement des transistors, laisser derrière soi des plantations d'ordures, renoncer aux rares principes d'éducation péniblement acquis et retourner à l'état de nature, mais une nature bruyante, grossière, polluante, aux antipodes des rêveries solitaires de Jean-Jacques Rousseau comme des utopies écologiques.

Le droit de vivre et de s'épanouir prend des formes aberrantes, où l'aspiration à la liberté cohabite avec un manque pathétique de jugement. Du côté où la dune, protégée par un treillis de fer, confine à la route parallèle au rivage, des tribus s'installent pour la journée, sous les pins chétifs corrodés par les gaz d'échappement, sur un tapis d'herbes sèches et d'aiguilles semé de papiers gras laissés par les occupants de la veille. Et là, entre leurs tables et leurs chaises passées par les trous du treillis, parqués comme au zoo derrière le grillage, ils mangent et dorment malgré le bruit infernal des voitures qui défilent sans répit sous leur nez. Exemple du conflit non résolu entre deux cultures. Ils ont gardé la méfiance historique des Siciliens envers le soleil, et cherchent à tout prix l'ombre ; mais la « villégiature » à la mer fait désormais partie de leurs mythes et de leurs revendications. Ils peuvent bien se traîner, du matin au soir, sous les branches déplumées de ces misérables conifères, respirer l'odeur de l'essence et des immondices, n'importe : ils pourront se dire qu'à la « partie de campagne », ils auront goûté eux aussi, que leur portion maritime de vacances, ils n'en auront pas été privés.

Une autre raison explique dans certains cas les énormes tablées que nous observons sous les loggias des villas. Les familles séparées par l'émigration se ressoudent pour l'été. Les frères installés à Paris ou à Bruxelles retrouvent, sous la présidence de l'immuable *mamma*, les frères restés sur place. Il y a à San Cataldo le coin des « Français », le coin des « Belges », et ainsi de suite. Fort sympathiques réunions, au demeurant, où la discipline apprise à l'étranger, le souci de maintenir en exil les vertus de la race, tempèrent le tapage des effusions. *Facciamo baccano*, « Nous faisons du chahut », nous dit en riant notre ami S., un homme d'une courtoisie parfaite, peintre en bâtiment à Antony, partagé entre le plaisir de se laisser inonder, lui et les siens, par la sève drue de leurs racines, toujours intacte malgré quelque trente ans de résidence dans la banlieue parisienne, et la conscience du caractère désuet de ce pathos familial dans le monde, qui est devenu le leur, de la petite bourgeoisie pratique, active, efficace. Ce sont des voisins d'un commerce extrêmement agréable, leur « chahut » restant très modéré. Ni lui ni sa femme n'ont cru que pour rendre heureux leurs enfants il fallait les affranchir de toute contrainte et laisser pousser en eux la bête.

D'autres regroupements, sur la plage, se font d'après les ethnies locales. On reconnaît ceux d'Agrigente à leur teint clair, à leurs yeux bleus, ceux de Favara à leur peau sombre et à leurs moustaches, ceux de Racalmuto à leur taille basse, à leur silhouette trapue. Chaque clan occupe ses arpents de sable. Le coin « chic » recueille des dames qui s'interpellent à voix de pie pour montrer qu'elles parlent l'italien. Au bout de deux minutes, comme elles sont incapables de soutenir une conversation dans la langue nationale, elles reviennent à leur dialecte.

Elles auraient bien tort d'en avoir honte, puisque Pirandello lui-même a écrit ses premières comédies en dialecte agrigentin. On joue cette année *Liolà*, histoire d'un don Juan solaire et rustique, pièce gaie et fraîche qui repose des arguties du pirandellisme. Les représentations ont lieu dans un théâtre de plein air, devant un public qui bouge, se promène, bavarde sans se gêner. Je ne pense pas qu'ils auraient une idée plus respectueuse de cet auteur s'ils visitaient sa maison natale, isolée sur un monticule au sortir de la ville, petite métairie sans apparence. La tombe se trouve à cinquante mètres, au bord du ravin, sous un pin solitaire. Dépouillement et simplicité.

Avant Pirandello, on considérait qu'un homme se définit par ses actes et par ses paroles. Pirandello a voulu nous convaincre — c'est le principe de sa révolution théâtrale — que rien de ce que nous pouvons faire ou dire ne reproduit fidèlement ce que nous sommes. Le père, dans les *Six personnages en quête d'auteur*, a rencontré par hasard, dans une maison de rendez-vous où il se présentait comme client, sa propre belle-fille devenue à son insu pensionnaire de cet établissement. Eh bien ! ne cesse-t-il de protester, vous n'avez pas le droit de me reprocher pour l'éternité ce qui n'a été qu'une minute dans ma vie. Vous n'avez pas le droit de réduire ce que je suis à un seul moment qui n'exprime pas l'ensemble de ma personnalité. Il se plaint également des mots, du pouvoir trompeur des mots, qui découpent artificiellement et montent en épingle un petit fragment d'une réalité toujours plus complexe que ce qui peut en être dit. Notre vérité — parce que, en dernière analyse, nous n'en avons pas — se situe toujours ailleurs que dans nos gestes, au-delà ou en deçà des mots que nous employons. Sommes-nous même sûrs de notre nom, de notre âge, de nos origines familiales ? Le tremblement de terre dévastateur de Messine, en 1908, inspira à Pirandello une autre pièce célèbre — *Chacun sa vérité* — où, après la perte des papiers d'état civil disparus sous les décombres, les habitants de la ville essaient en vain d'arracher à une femme le secret de son identité. Chacun de nous est « un », « cent mille » et « personne », selon le titre d'un autre ouvrage, romanesque cette fois. Le visage que nous montrons aux autres, ce qu'ils voient de nous, ce qu'ils entendent de notre bouche, n'a donc qu'une importance très relative, par rapport au mystère impénétrable de notre moi profond.

Théorie ingénieuse, excitante pour l'esprit, mais qu'on pourrait interpréter tendancieusement comme une invitation à ne pas trop réfléchir, à négliger les conséquences de ses actes, à se dispenser de peser ses mots, à ne jamais mettre le nez dans un texte écrit, à s'abandonner en somme à la sotte et irresponsable spontanéité de la plage. Imputer à l'influence de Pirandello la paresse intellectuelle et le désordre végétatif des estivants de San Cataldo serait leur faire trop d'honneur. Pour leur attribuer le nimbe d'une justification littéraire, il faudrait qu'ils ouvrent au moins ses livres, ou prennent la peine d'écouter au théâtre ce qu'il a à leur dire. Sa maison natale, sa tombe reçoivent très peu de visiteurs ; seulement des étrangers. Elle est très difficile à trouver ; personne ne sait vous renseigner. Lieu poétique et suggestif, mais qui a le défaut majeur, pour les Siciliens, d'exalter ce qu'ils détestent le plus, le recueillement et la solitude.

C'est dans les magasins que je note avec le plus de tristesse la dégradation de la mentalité sicilienne, quand elle passe du stade archaïque au stade commercial. L'épicière, la marchande de fruits, le poissonnier de Calataporto n'étaient pas avides de vendre leur marchandise. Au contraire, le plaisir de faire ses emplettes consistait dans le charme d'entretenir l'amitié. La nécessité de conclure la visite par l'achat de provisions ne constituait qu'une formalité accessoire, quelquefois une obligation fastidieuse pour le vendeur incapable de trouver dans le fouillis de son souk l'article demandé. Ici, tenir un magasin signifie réaliser par tous les moyens, pendant les deux mois d'été, le « chiffre d'affaires » le plus élevé possible. Seulement, le Sicilien étant dépourvu du sens petit-bourgeois qui permet d'avoir avec l'argent un rapport rationnel et cordial, la soif du lucre prend chez lui un tour cupide, aigre, déplaisant.

La *signora* R. nous confiait, avec sa naïveté coutumière : « Oh moi ! j'envoie mon mari faire les courses, car je trouve que les choses sont trop chères et je n'arrive pas à dépenser. Je reviens toujours les mains vides. » Réaction qui appartient à une civilisation précommerciale, où les prix ne sont pas fixes, où on espère que la malice, le prestige ou l'autorité de l'acheteur permettront de remplir le cabas à meilleur marché. À San Cataldo, la *signora* n'aurait pas de ces scrupules car le prix des denrées est net, impérieux, sans appel, mais elle serait horrifiée de constater avec quelle soupçonneuse vigilance on suit des yeux les ménagères dans les rayons du « supermarket ». Ordre d'entrer par une porte et de sortir par une autre, défense de choisir soi-même ses fruits, obligation de prendre un chariot.

Une hâte rapace éclate sur le visage des commerçants et des garçons de café, qui ne savent même pas — faute de tradition boutiquière et limonadière — qu'on plume mieux un client en le ménageant. Ils nous assènent des *Danke schön* obséquieux, les Allemands ayant depuis longtemps remplacé, comme touristes à gruger, les Américains de l'après-guerre. La plus ignoble *granita* qu'on m'ait jamais servie en Italie est arrivée sur notre table accompagnée d'un *Vier tausend lire* aussi infâme que le jus de citron chimique versé sur des glaçons à moitié fondus.

Au reste, la plage de San Cataldo est superbe, tard le soir ou tôt le matin, quand elle s'étend déserte au bord de la mer glauque. L'idée qu'ils sont « en vacances » et qu'ils doivent « profiter » de leur repos — ces concepts inconnus de l'*ingegnere* — oblige les estivants à se lever tard et à perdre les plus beaux moments de la journée. À sept heures le marchand de pastèques passe dans les rues en jetant son cri rauque — survivance des métiers et des coutumes d'autrefois.

Premier anniversaire du casque obligatoire, pour les deux millions et demi d'Italiens qui enfourchent des engins de plus de cinquante centimètres cubes de cylindrée, et pour tous les mineurs. La mesure a été adoptée sur l'initiative de citoyens privés, non de l'État, que le soin de ses sujets ne tracasse pas outre mesure. Les parents d'une jeune fille, tuée dans un accident de moto, réussirent à rassembler un nombre suffisant de signatures pour déposer un projet de loi au Parlement. Tous les journaux parlaient l'an dernier de la « révolution des centaures ». Très fortes amendes, confiscation des motos, vespas, mobylettes et autres deux-roues, il semble que, pour une fois en Italie, on ait voulu faire respecter la loi. Premier interlude comique : les policiers à moto n'étaient pourvus d'aucun des modèles homologués par les nouvelles dispositions. Ils durent, en attendant de se mettre en règle, faire leurs premiers contrôles à pied.

Dans les petits villages, où l'agent de la circulation connaît tout le monde, chacun a mis son casque. Mais, conséquence imprévue, les motos sont devenues du jour au lendemain beaucoup plus rares. Bon nombre de « centaures » portent leur casque au bras ou sur la selle de leur engin. On aurait pu penser que le casque, en leur conférant un supplément de virilité, encouragerait les jeunes gens à pétarader devant les terrasses de café avec deux fois plus d'insolence. Erreur, car le plaisir de la moto, ici, consiste à s'entendre faire le vacarme le plus fracassant possible. Le casque, en étouffant le bruit, les prive de leur principale jouissance. En outre, cette prison de fer les isole de la rue. Ils perdent le contact physique des filles, des copains.

« Centaures », ils l'étaient bien peu, au fond. Courir sur les routes, s'enivrer de vitesse, on n'en voit pas beaucoup que cette volupté excite. Ce qui les amuse, c'est d'arriver en trombe, de piler devant le bar, d'assourdir l'assistance en tournant au maximum la poignée de l'accélérateur, de repartir à pleins gaz, puis de revenir au bout de cent mètres en recommençant le même numéro de cirque. Le port du casque rend ridicules ces exhibitions. On ne distingue même plus les différents champions. Les chevaliers du Moyen Âge arboraient dans les tournois des rubans à leur cotte et un pennon à leur lance, qui leur permettaient d'être reconnus sous leur visière.

Le heaume moderne ne met en valeur que les yeux. Yeux souvent admirables, bleus, verts, dorés, qui ne cessent de nous étonner par leur coupe fendue et leur lumière. Comme à Palerme, le passage des Normands a-t-il laissé des traces au sud de l'île ? Ces prunelles éclatantes nous paraissent d'une force de séduction bien plus grande que le bas du visage, souvent lourd, mais ils sont d'un autre avis et considèrent que leur énergie, leur sensualité, leur pouvoir de conquête résident dans leur bouche et le pli de leur menton.

Seuls freins au droit de vivre et de s'épanouir, seuls obstacles à la déroute des tabous : l'interdiction légale qui proscrit le nudisme, la pudibonderie qui réprouve le *topless*. Tout au bout de la plage, à un endroit très éloigné de la dernière famille, nous pensions que nous pourrions, sans offense aux autres ni danger pour nous, sacrifier au dieu du soleil. Un jeune homme se détacha de l'aire balnéaire où campaient les tribus et, faisant semblant de flâner, s'approcha pour voir ce qu'il en était. Puis il revint avec un camarade. Le nombre grossit peu à peu. Enfin ils furent une vingtaine, entre quinze et vingt-cinq ans, et s'avancèrent en rangs serrés. Le plus gros et gras de la bande se planta devant nous, les jambes écartées dans le sable, et nous débita une harangue courroucée, d'où il ressortait que nous devions nous rhabiller illico par respect pour leurs mères, sœurs, cousines et autres parentes. Celles-ci, je le jure, à trois cents mètres de là, n'avaient rien vu, ne pouvaient rien voir et ne soupçonnaient même pas que leur honneur était ainsi défendu par de valeureux paladins. Si une femme eût été avec nous, c'eût été une autre chanson. De partout dans la dune auraient surgi des individus, en groupes ou isolés. Ils se seraient assis à deux mètres de nous en nous regardant fixement, sans dire un mot ni faire un geste, comme Bernadette devant la Madone.

Il arrive aussi que les carabiniers s'amusent. À Bovo Marina, au pied de la falaise qui porte les ruines d'Eraclea Minoa, sur la plage blanche où il n'y a pas vingt personnes sur plus d'un kilomètre, un hélicoptère passe de temps à autre, à très basse altitude. Les gardiens de la loi avisèrent l'autre jour un quatuor de nudistes (allemands). L'appareil s'abaissa à un mètre. Allaient-ils atterrir et arrêter les coupables ? Plus subtil fut le châtiment. Ils furent tourner à toute vitesse le rotor, en sorte que le sable s'éleva en tempête et s'engouffra dans tous les replis que la nature avait ménagés dans le corps de ces malheureux, et en particulier dans ceux qu'un maillot eût préservés de l'ouragan.

Pourquoi cette aversion (ou fascination) du nudisme ? Il me semble qu'à la base de cette attitude il y a la conviction, bien ancrée dans l'île, que deux êtres humains ne peuvent se déshabiller que pour faire l'amour, séance tenante. Le sport, l'hygiène, la culture physique, le culte solaire d'Apollon ? Notions inconnues ici, où les obèses et les flasques paradent sur le rivage. En tout homme et en toute femme les gens du Sud voient Adam et Ève. Le spectre du péché originel hante ces côtes bien qu'elles ne soient plus aussi vierges que le jour de la création. En quoi toute la Sicile, même celle où les Grecs n'ont pas laissé leur empreinte, baigne dans un climat mythologique. Sur la moindre plage, c'est Dieu en personne qui ordonne aux pécheurs de se couvrir.

En nous éloignant de cinquante brasses dans la mer, nous apercevons, au-dessus de San Cataldo, à l'intérieur des terres, compacte, altière, magnifique, la ville d'Agrigente, tassée sur une colline, amoncellement de maisons sans un espace libre, sans une percée de ciel, sans un arbre, sans une tour ni un clocher, hymne pur à la pierre, massive offrande minéralogique posée sur l'azur. Dans un texte plein de malice et de grâce, Georges Limbour comparait les pentes de l'Etna, avec leurs scories noirâtres et leurs rugueux débris calcinés, à un tableau de Dubuffet. Agrigente, vue d'en bas, me rappellerait ce tableau où Max Ernst a peint, en gris et rose, avec la technique du grattage, « la ville entière », aveugle et mystérieuse muraille retranchée sur la hauteur. Pourtant, s'il y a un peintre moderne à évoquer ici, ce serait d'abord Nicolas de Staël. Il a peut-être arrêté son camion sur le sable de San Cataldo, à une époque où la plage inhabitée le subjugua par l'éclat de ses couleurs.

« La plus belle des cités mortelles », disait le poète Pindare au sujet d'Akragas, disparue comme les autres colonies de Sicile. Au nom de l'infatuation pour la Grèce, c'est devenu un lieu commun que de dénigrer l'Agrigente actuelle, bâtie au-delà de la vallée des temples, en sorte qu'on visite ceux-ci sans même entrer dans la ville. « Un ignoble fouillis d'habitations d'une

laideur inexcusable sert de centre à la vieille cité»: ainsi Lawrence Durrell, par une seule ligne suivie de vingt pages sur les temples, se soustrait-il au devoir de prononcer le jugement personnel qu'on attendait d'un auteur par ailleurs estimable et qui, sur Agrigente, a écrit le plus mauvais chapitre de son médiocre *Carrousel sicilien.*

On aurait envie, pour réparer l'offense, de tourner le dos aux temples et de consacrer tout son temps à l'exploration des petites rues médiévales, arabes, normandes, espagnoles. Ce serait ajouter une sottise à une niaiserie. Loin de nous l'idée de déprécier cet admirable alignement de ruines, unique par le nombre et la disposition des édifices — d'abord, à l'ouest de la porte Marine, les trois colonnes du sanctuaire des Dioscures et les décombres du gigantesque temple de Zeus Olympien, trop grand pour avoir été jamais achevé, dont subsiste sur place un des télamons géants qui soutenaient l'architrave; puis les trois temples qui se succèdent à l'est en escaladant la crête, celui d'Héraklès, en partie relevé, ensuite le temple de la Concorde, presque intact parce que les chrétiens en firent une église dès le VIe siècle, de proportions classiques un peu lourdes, plus beau de loin que de près, enfin, à l'extrémité de l'éperon rocheux, svelte et légère, la colonnade à jour du temple d'Héra, aux cannelures presque effacées. Du haut de ce promontoire, on domine un vallon d'amandiers et d'oliviers, des landes de cactus et d'agaves, des vignobles en pente, des champs brûlés, des ravins arides, la ligne du rivage et la mer, face à la ville entière, dressée comme une fastueuse acropole.

Ensemble prestigieux, mais défiguré par les hordes de touristes à qui l'épreuve de la montée sous un soleil tropical inflige des empourprements vineux qui jurent avec la blondeur de miel du calcaire coquillier. Il faut

se lever très tôt pour voir les temples dans leur désert et leur pureté, mais, même de bon matin, on guetterait en vain le spectacle que Jean Bayet décrivait en 1930 dans *La Sicile grecque*, la meilleure étude sur le sujet, nerveuse, rapide, sensible, lorsqu'il parlait des « molles collines grises... où rôdent les chèvres blanches au front rouge, aux cornes d'antilope, qui sont une des grâces d'Agrigente ». Seules des pies, aujourd'hui, sautillent autour des bidons de Coca-Cola abandonnés, dans leur robe blanc et noir.

Parmi les vestiges de l'Antiquité, il y en a un presque inconnu, qui me touche beaucoup plus, au point que j'hésite à en dévoiler le secret, son plus grand prix consistant dans la solitude et le silence qui l'entourent. Au-delà du cimetière d'Agrigente, sur le flanc d'un ravin couvert d'une brousse épineuse, se cache un très ancien sanctuaire rupestre, encastré dans une paroi abrupte : dédié aux eaux souterraines, avant même l'invasion des Grecs, comme en témoigne un système de canaux, de rigoles et d'auges taillés dans les grosses pierres ; transformé ensuite par les Grecs en temple de Déméter. C'est à peine une construction : on s'est contenté d'habiller la paroi rocheuse verticale, au débouché de profondes cavernes, par d'énormes blocs dressés en guise de façade. Le pin, le genévrier, le cactus, l'eucalyptus croissent librement autour du sanctuaire, tourné vers l'est.

Les temples d'Agrigente faisaient partie d'une grande cité, comme les églises dans une ville moderne. Ils n'étaient pas faits pour être contemplés en dehors de leur environnement de rues et de maisons. Couronnement triomphal d'une civilisation brillante, il faut se les figurer au milieu de la foule, du mouvement et du bruit. Ici, au contraire, nul n'a jamais habité que le lézard et le hanneton. Dès l'origine ce fut un endroit retiré, modeste, mystérieux, voué aux puissances dont les hommes ne s'approchent qu'en tremblant parce que de leur bonne volonté dépend la survie du monde. Peu de sites donnent autant l'impression de lieu sacré : par l'isolement, par l'humilité, par l'orientation au soleil levant, par la vigueur primordiale des pierres à peine dégrossies, par le mythe de Perséphone et le culte des divinités chtoniennes. Est-ce bien à Enna que la jeune fille fut ravie par Hadès ? N'a-t-elle pas disparu au fond d'une de ces grottes, avec les fleurs mortes et les tiges coupées, un soir du début de l'automne, pour en resurgir au printemps suivant, en même temps que les premières pousses du blé ? Déméter et sa fille, qui présidaient chaque année au cycle de la végétation, étaient vénérées partout en Sicile. On s'imagine sans peine, au milieu de cette retraite enfouie dans la faille d'un mont, les cérémonies austères pour implorer la bienveillance des deux déesses sur le froment, le raisin, l'olive et l'amande.

En remontant du fond de cette gorge, par un escalier que ferme une grille aisément franchissable, on arrive à une petite église romane (en restauration : la voûte s'est effondrée) posée sur un socle de belles dalles brunes qui n'est autre que le soubassement d'un temple de Déméter construit dans la première moitié du Ve siècle, en remplacement, sans doute, du premier sanctuaire jugé trop primitif pour une ville qui était devenue une capitale de deux cent mille habitants, une des plus riches métropoles de l'Antiquité.

Le viale Vittoria, l'habituelle *passeggiata* ombragée qui introduit aux villes siciliennes, nous conduit, après la halte rituelle chez le glacier, dans l'agglomération moderne, qui n'a plus que cinquante mille habitants, mais ne mérite absolument pas d'être aussi méprisée. Pas un seul opuscule pour nous renseigner sur son histoire, ses monuments pourtant insignes ! La rue principale serpente entre de hautes maisons resserrées. Les édiles l'ont appelée Atenea, en invoquant le nom de la déesse Athéna, au lieu des coutumiers Vittorio Emanuele, Cavour ou Garibaldi, choix courageux mais anachronique. Les divinités de la Grèce sont bien mortes, et les pères nobles de la nouvelle Italie, courroucés, ont décidé d'abandonner la ville ingrate à son sort. Beaucoup de maisons en ruine. Toutes les rues transversales sont en escalier. Nous nous hissons dans un dédale pittoresque qui nous ramène cent ans en arrière, par le spectacle de femmes en noir et de vieillards ratatinés, et mille ans en arrière, à l'époque de la domination arabe, par la lenteur incantatoire des rauques mélopées qui s'étirent entre les balcons. Éboulements de terrain, manque d'eau, spéculation immobilière éhontée, scandale de l'hôpital psychiatrique, Agrigente tient la première place dans la chronique noire sicilienne.

L'ancienne abbaye du Santo Spirito, sur la place homonyme, est fermée. Qu'à cela ne tienne, nous frappons à la porte de la maison en face. Une femme lâche son balai en nous voyant et se saisit d'un trousseau de clefs. Elle nous fait entrer dans une cour dévastée, où deux ouvriers remuent des gravats. C'est le cloître, de proportions majestueuses. Par des corridors encombrés de moellons, de tas de sable, d'auges à ciment, de débris variés, et par des escaliers et des passerelles provisoires jetés entre des pans de murs qui ont résisté au milieu des ruines, nous arrivons dans une belle salle aux voûtes gothiques. « Ici était le dortoir », nous affirme notre guide. « Fenêtres bilobées. » Le réfectoire : « Fenêtres trilobées. » Elle nous montre un vestige de fresque, un reste de plafond. Nous escaladons des décombres. « *Bifore* », « *Trifore* », elle récite cette antienne dans chaque nouvelle pièce qu'elle nous présente, comme si elle n'avait aucun autre intérêt dans la vie que de cataloguer les fenêtres du Moyen Âge.

Peut-être ne lui paraissons-nous pas assez enthousiastes ? Elle s'arrête soudain sur un monceau de plâtras, et nous déclare d'un ton sévère (je cite la phrase d'abord en italien, tant le choix des mots m'a paru extraordinaire, dans ce coin de Sicile où l'on n'entend parler que le dialecte) :

« *Per chi non capisce l'architettura, è un cantiere. Ma per chi la capisce, è un tesoro.* »

« Pour celui qui ne comprend pas l'architecture, ce n'est qu'un chantier. Mais pour celui qui la comprend (elle soulignait ces dernières paroles en se frappant le front du doigt), c'est un trésor. »

Nous redescendons et traversons une nouvelle fois le cloître, en tâchant de prouver, par une attitude pénétrée et une démarche circonspecte, que notre cervelle a vibré agréablement aux sonorités magiques de *bifore* et *trifore*. Mais l'experte en croisées médiévales s'est fait son opinion sur nous. À la sortie, d'un geste dédaigneux qui signifie que les plaisirs auxquels elle nous juge le plus sensibles n'ont pas leur siège dans la boîte crânienne, elle nous indique une porte.

Monastero, lis-je sur une plaque minuscule qui porte cette seule mention.

« Si vous voulez des gâteaux à la pâte d'amandes, sonnez là.

— Le monastère est encore habité ?

— Par seize sœurs, des bénédictines cisterciennes. »

Ciel ! Des friandises confectionnées par des nonnes ! Notre vœu le plus cher, si cruellement déçu à Palerme, va-t-il être enfin exaucé ? Nous tâchons de refréner les signes de la gourmandise qui doit éclairer nos visages d'une lueur qui nous condamne définitivement aux yeux de notre guide. Elle a sonné elle-même et nous a poussés dans un parloir dont la porte s'est ouverte toute seule.

Personne. Nous attendons cinq minutes, dans une pièce ornée d'une image pieuse et de deux chaises. Enfin, nous entendons tirer un volet et, derrière une grille, apparaît le visage tout rond d'une sœur si petite que sa tête arrive à peine au niveau de la planche où elle a déposé, sur une barquette de carton ondulé, un monticule de petits fours qui ont la forme de boules, de serpents, de fleurs, de coquilles.

« Goûtez, nous dit la sœur d'une voix flûtée aussi charmeuse que les gâteaux qu'elle nous vante. *È tutto mandorla.* »

Oui, c'est « tout amande », et toute volupté. Je ne sais ce que valaient les potirons confits de Santa Caterina, mais les petits fours du Saint-Esprit, dont nous dégustons quelques échantillons pendant que la sœur, sur notre prière, va nous en chercher une autre ration, feraient se damner la Trinité entière. Onctuosité arabe ou opulence baroque ? Les coquilles sont fourrées de pistache et de citron : l'humble emblème des pèlerins de saint Jacques renferme un viatique qui nous mènerait au bout du monde. La croûte des boules, ferme et dorée, abrite de moelleuses et parfumées mixtures non identifiables tirées du fruit dont l'arbre tapisse la vallée au pied des temples. Les dieux de l'Olympe étaient-ils mieux traités ? Le patronage d'Athéna n'a donc pas été invoqué en vain par les habitants de la ville chrétienne si des bénédictines, de leurs doigts grassouillets, ont recueilli le secret de la mythologique ambroisie.

« C'est seize mille lires », fait la sœur, du ton céleste dont elle dirait : « C'est trois *Pater* et deux *Ave.* »

Elle ajoute, après nous avoir demandé notre origine :

« *Francia !* Nous aussi venons de la France. Cîteaux (qu'elle prononce *Citò*, avec un *o* très ouvert qui arrondit sa bouche menue). Vous pouvez en emporter dix kilos, si vous voulez », conclut-elle toute fière, en nous voyant ramasser les miettes de notre festin sucrier.

Comblés de ces douceurs, nous nous dirigeons vers l'église de l'abbaye, décorée par Giacomo Serpotta et ses aides. Les seuls travaux de ce sculpteur qu'on trouve en dehors de Palerme. Grands panneaux de stuc représentant des scènes de la Vie sainte. Nous remarquons, là une oreille d'âne brisée contre un *putto*, ailleurs un bras passé derrière une colonne : détails insolites, qui sont la signature du maître dans des œuvres moins fortes que celles des oratoires palermitains. À Palerme, je pensais à de la meringue. Ici, le fils du forçat a dû battre de la pâte d'amandes pour en tirer ces stucs capiteux. Dans l'abside, au-dessus de l'autel, une grande composition bouillonne de rayons, d'enfants et d'anges, l'un de ceux-ci tenant entre ses jambes un violoncelle dont il caresse les cordes avec son archet. Pâtisserie, sculpture et musique : la triple alliance baroque une fois de plus célébrée.

Les pentes montent raides en direction de la cathédrale. La via Duomo ondule tout en haut de la ville bâtie comme une casbah. Plusieurs façades baroques, arrivées au degré le plus extrême de la décrépitude. Le Duomo est un ancien édifice normand, plusieurs fois détérioré par les tremblements de terre. Superbe plafond de bois, aux poutres peintes et enluminées de personnages et d'armoiries. Au-dessus de la croisée, l'aigle à deux têtes des Habsbourg déploie son envergure despotique. Plusieurs tombeaux d'évêques, rangés le long des murs.

La chapelle de l'abside et les deux chapelles latérales du fond nous révèlent, ô surprise ! une riche parure de stuc qui ne ressemble à rien de ce que nous avons vu à Palerme. Des sirènes aux seins nus jaillissent de mascarons grimaçants, des grappes de fruits pendent lourdement du mur, des têtes de taureaux et de lions pointent leur mufle rageur, des *putti*, des coquillages, des volutes montent à l'assaut des parois avec une volubile exubérance. Derrière le maître-autel se dresse l'orgue enchâssé dans un buffet doré et surmonté de la couronne impériale : on dirait un arc de triomphe.

La nouveauté consiste d'abord dans la présence de grosses fleurs turgescentes employées comme motifs ornementaux : soit six pétales disposés à plat autour du pistil, soit un amoncellement de pétales drus comme une pivoine géante. Fleurs d'une taille inconnue sur notre continent, et qui évoquent la moite luxuriance des tropiques. Ensuite, je suis frappé par la disposition des stucs. Ils ne recouvrent pas la totalité des parois mais sont groupés en retables autour de grands tableaux noircis. Enfin, au lieu de la polychromie palermitaine, on n'a utilisé que le blanc et le doré. Dorées les volutes, les grappes, les fleurs, blancs les hermès, *putti* ou adolescents nus qui surgissent à mi-tronc du fouillis des spirales et des végétaux.

C'est la première fois que je pense à l'art mexicain des retables de bois doré et des *camarins* en stuc blanc et doré. Moins de folie ici : la déesse aux yeux pers, la sage Athéna, garde le contrôle de la situation. Non moins surprenante me paraît cette embardée vers le baroque colonial. Si le soleil ne se couchait pas sur l'empire de Charles Quint, si une des ailes de son aigle couvrait la Sicile et l'autre la Nouvelle-Espagne, pourquoi ne pas supposer une influence en retour de la possession américaine ?

L'unique librairie, malgré ses locaux sympathiques

gné Serpotta (Santo Spirito).

aménagés sous les voûtes d'une cave, ne pourra satisfaire notre curiosité. Les ouvrages sur « Agrigente monumentale » ou « les trésors d'Agrigente » traitent exclusivement de la cité antique et des temples. Pour le coup, la spécialiste en fenêtres préposée au Santo Spirito dirait que leurs auteurs entendent peu à l'architecture.

En flânant le long de la rue Atenea, vers laquelle toutes les ruelles descendent comme des affluents vers le fleuve, nous nous consolons devant une boutique surmontée de la claironnante enseigne : *Cà d'Arte*, « Maison d'art ». L'art consiste dans un étalage de cadeaux de mariage, lampes, miroirs, bonbonnières, plateaux, porte-photos indescriptibles, d'une fantaisie supérieure à tout ce que le délire kitsch le plus exalté pourrait inventer en fait de dorures, diaprures, tarabiscotages nacrés et jaspés.

Une des lampes, en particulier, que j'avais déjà vue l'an dernier à la même place, me plonge dans le ravissement.

Un abat-jour rose à franges surmonte de son dôme transparent un buste de femme posé sur un socle rond de marbre. La femme porte un chapeau cloche qui aurait pu coiffer Louise Brooks dans les films muets de Pabst, des mèches en accroche-cœur rebiquent leurs pointes sur son front opalin, elle est nue sous le boa de plumes roses qui recouvre de son nuage écumeux une paire de seins fermement modelés. Le jour on peut mettre cette lampe dans son *soggiorno*, et même, habillée et chaste comme elle se présente, à la différence de la Vénus en plâtre de la *signora* R., elle ne déshonorerait pas le plus « raffiné » des *salotti*. La nuit, le mari l'emporte et la pose sur sa table de chevet, il ôte le boa amovible et grâce à cette vision paradisiaque réussit à s'acquitter moins péniblement du devoir conjugal, avec une matrone dont les seins ne sont plus depuis longtemps que des mamelles, pour le dire avec la sœur ursuline de Syracuse, ou même des outres flasques, qui ne rappellent ni la femme ni la mère, ni la chair désirable ni le lait nourrissant, mais seulement la nature humaine dégradée. La plage de San Cataldo est impitoyable.

La dame de la lampe a les yeux ouverts et la bouche fermée — toujours en vue de l'admission au *salotto* — mais, dans la pénombre de l'alcôve, quand les statues s'animent à la faveur du clair-obscur, rien ne doit être plus facile que de se la représenter abandonnant sa dignité mondaine et cédant à la faiblesse des sens. Ce chapeau ne demande qu'à choir sur le tapis, ces mèches qu'à être bousculées par une main impatiente, ces yeux sont prêts à chavirer, ces lèvres à s'entrouvrir. Un baiser de cinéma, voilà ce qui reste, en 1987, des extases et pâmoisons baroques.

J'entre pour demander si le marchand fait de bonnes affaires avec un modèle aussi ingénieux, car la permanence de l'article dans la devanture peut signifier qu'on ne cesse de le réclamer ou qu'il décourage la clientèle. Les femmes doivent craindre la comparaison mais par ailleurs, comment ne pas apprécier une rivale qui n'est que de plâtre et pousse dans leur direction l'ardeur réveillée du mari ? Quant aux hommes, ils passent dix fois par jour devant la vitrine, qui occupe une position stratégique à mi-chemin de l'unique rue commerçante. Peut-être rêvent-ils de souffler sur le boa amovible. Ou, plus avisés, pensent-ils qu'il vaut mieux, selon le penchant décrit par Brancati, ruminer en esprit des étreintes dont la réalité se révèle toujours décevante.

J'apprends que l'objet est en albâtre. Il coûte la bagatelle de 270 000 lires. Une véritable œuvre d'art, un cadeau qu'on ne fait pas à n'importe qui. Les temples d'Akragas n'étaient pas ornés de statues, mais

Agrigente possède la sienne, aiguillon pour l'imagination, stimulant pour l'amour. Héra la sévère, l'acariâtre Junon des Romains, déesse du mariage, trône, superbe, sur son temple au bout de l'éperon rocheux. Ici, le galopin Éros, qui connaît la misère humaine et détient en maître l'art des compromis, vient en douce apporter près du lit des époux l'image vaporeuse indispensable aux accouplements matrimoniaux.

San Cataldo, 14 août. Animation insolite sur la plage. Des branches de pin sèches, des bûches, des troncs entiers sont arrachés de la dune et apportés sur le rivage. Çà et là on dresse des bûchers, en commençant par creuser un trou rond dans le sable. Puis on appuie l'une sur l'autre les plus grosses branches, plantées dans le sable tout autour du trou et réunies en faisceau au sommet. Dans la sorte de hutte ainsi obtenue, ils entassent des feuillages, du menu bois à brûler. Quelle cérémonie préparent-ils, avec une application et un sérieux si différents de leur débraillé ordinaire ? « Revenez cette nuit », telle est la seule réponse que nous obtenons.

Dès onze heures, la population tout entière s'est déversée sur la plage. La lune, à moitié pleine, brille sur la mer étale. Les premiers feux sont allumés. Les flammes éclairent à contre-jour des milliers d'ombres luisantes. Chaque tribu a construit son bûcher, haut de plusieurs mètres. Les uns continuent à jeter des branches et à consolider l'échafaudage ; d'autres contemplent, accroupis ; certains se mettent à faire des rondes et à frapper dans leurs mains. Ils ont apporté des nourritures mais aussi des guitares, qu'on ne voyait jamais pendant la journée, et qui ont remplacé miraculeusement les transistors. De rauques chants monotones, des mélopées s'élèvent, interrompus par des applaudissements lorsqu'une langue de feu grimpe soudain en haut d'un mât et projette une gerbe d'étincelles.

Sur plusieurs kilomètres de plage, des centaines de bûchers flambent et crépitent, embrasant l'obscurité comme des signaux mystérieux. À minuit, la jeunesse se précipite dans la mer ; non pour nager, mais pour s'asperger d'eau fraîche et se laver, selon un rituel d'ablutions qui nous rappelle les pratiques des Indiens dans le Gange. Les vieilles femmes, pelotonnées sur leur siège, sourient au spectacle éclatant des jeunes faunes presque nus qui sont revenus en courant du rivage et dansent maintenant autour des feux pour se réchauffer.

Les familles se promènent, dans un silence qui nous étonne. Les corps qui paraissaient à la lumière du soleil si difformes, si avilis, redeviennent sveltes à la lueur tremblante des flammes. Les ténèbres escamotent les papiers gras et les écorces de pastèques, l'ordre cosmique étend son manteau compatissant sur la trivialité du quotidien. Il semble que la nuit, la lune, le battement sourd du ressac, la réserve et la dignité extraordinaires de ces réjouissances opèrent comme une rédemption sur la foule purifiée. La vulgarité du jour a disparu comme par enchantement. Apollon n'est pas le dieu de ce peuple. Ah ! comme ils ont raison de se méfier du soleil, qui les enlaidit et les dénature. Aucun cri, aucun piaillement, malgré la présence d'innombrables enfants qui se faufilent entre les jambes des adultes sans se faire remarquer.

Pourquoi ces rites ont-ils lieu la nuit du 15 août ? Cette fête du feu, de la mer, de la jeunesse, a-t-elle le moindre rapport avec l'assomption de la Sainte Vierge ? Si on ne m'avait dit que cette coutume remonte à une époque immémoriale, je penserais que la Sicile se purge en une fois de ses noces impures avec l'été.

L'immense campement a rendu aux fils d'Héphaïstos et d'Hadès leurs vertus primitives. Ils ont dépouillé leur sotte enveloppe d'estivants balnéaires ; le rêve petit-bourgeois de s'installer sur la plage en y transportant les ustensiles du confort ménager les a quittés pour une nuit. Les voilà libres à nouveau ; disponibles pour la contemplation, la lecture des étoiles, la musique des éléments ; ouverts à la beauté du monde. Le bain lustral des plus jeunes les rachète tous du pêché touristique. Comme des nomades arrêtés pour une halte sur le long chemin de l'errance, ils offrent leurs paumes à la flamme, leur visage à la lune, leur âme au ciel. Non plus vacanciers défendant leur bout de plage, mais voyageurs entraînés dans une aventure qui n'a ni commencement ni fin.

Les tribus, fidèles à leur vocation première, se sont remises en route. Peut-être ce vaste rassemblement nocturne n'est-il qu'une préparation à l'exil. Leurs ancêtres, à la veille des grands départs, devaient se réunir ainsi, pour célébrer la solidarité de la race avant la diaspora. Si l'antique guimbarde, le *scacciapensieri* des bergers, ce petit instrument plat « qui chasse les soucis » et dont on tirait un son plaintif en faisant vibrer sous les lèvres une languette d'acier, si l'aigre ocarina ont cédé la place à la plus moderne guitare, les plages des Sicules, des Sicanes, des Grecs, des Arabes, des Normands, des émigrants pour l'Amérique ont dû voir s'élever les mêmes feux de camp, jaillir les mêmes étincelles, les mêmes bûchers s'écrouler sur les tisons ardents, la même lune humide se coucher dans les vagues au-dessus des dernières braises.

Amitiés dans la montagne

À soixante kilomètres à l'ouest d'Agrigente, course jusqu'à la petite ville de Sciacca, pour visiter *il castello incantato*, « le château enchanté ». Nous connaissions la légende : un paysan émigré aux États-Unis, Filippo Bentivegna, prit part à une rixe, reçut un coup sur la tête et devint fou. Comme le Henri IV de Pirandello. Rentré dans sa ville natale, il s'empara d'un marteau et se mit à sculpter, dans son jardin à flanc de colline où il les éparpilla, des centaines de têtes humaines. Ces événements avaient lieu dans les toutes premières années du siècle et aujourd'hui, selon la rumeur, il ne resterait plus, de cette fureur créatrice, qu'un chaos de pierres enfoui sous la végétation, et par surcroît impossible à trouver.

Version rustique et pauvre de la villa Palagonia ? Première surprise : à l'entrée de la ville, l'endroit est maintenant fort bien indiqué, par une belle flèche jaune : *Fondo Bentivegna.* Mur d'enceinte en excellent état, portail à deux battants, heures d'ouverture affichées et respectées par un gardien demeurant sur place. La mairie de Sciacca a racheté il y a une dizaine d'années la colline du paysan fou et en a fait un jardin public. Hélas ! avec un goût petit-bourgeois qui est la négation même du génie sicilien et de l'étincelle que devait en posséder l'auteur de ces sculptures. Des centaines de têtes, en effet, taillées d'une main expéditive non dépourvue de vigueur. Mais — erreur impardonnable — on les a sagement alignées sur des murets de pierre construits récemment, étagés sur la pente, en bordure d'allées bien tracées, comme dans n'importe quel jardin de France ou de Suisse. En elles-mêmes, ces têtes sont d'une facture rudimentaire, elles répètent une seule et unique obsession. Les exposer comme des œuvres d'art est un contresens. Il fallait les laisser comme on les avait trouvées, abandonnées pêle-mêle au milieu du fouillis de la verdure.

Je n'ai cessé de déplorer, tout au long de ce livre, l'incurie des pouvoirs publics et le délabrement du patrimoine artistique sicilien. Pour une fois où ils essayent de sauver un site et une œuvre, l'entreprise se révèle désastreuse. Bentivegna n'était sûrement pas un grand artiste, au sens occidental du mot, mais créateur, il le fut à sa façon. Je me l'imagine, frappant « comme un fou » sur les rochers de son jardin, pour en tirer, à peine dégrossis par son marteau rageur, quelques traits de figure humaine. Son génie était là, dans le désordre, le délire ou la démesure d'un geste unique répété des centaines de fois. On a ôté tout charme, tout « enchantement » à son « château », en le passant au peigne fin et en le transformant en musée. Si restaurer les monuments siciliens doit aboutir à ce résultat hygiénique et dépoétisé, mieux vaut les abandonner à leur détresse, d'où ils tirent une grande partie de leur magie.

Beaucoup plus belles que la côte, les montagnes de l'intérieur étagent leurs sommets arrondis ou dressent leurs cimes pointues au milieu de solitudes inviolées. Agrigente offre un point de départ idéal pour explorer cette partie de la Sicile et découvrir des paysages d'une beauté farouche. Contrairement à ce qu'on observe en France, le fond des vallées est inhabité : l'image classique du clocher blotti dans le creux d'un vallon, de la cheminée de brique dont la fumée bleue s'échappe d'un bouquet d'arbres niché au bord de la rivière, appartient à un monde confortable, étriqué, médiocre, que cinq siècles de sécurité et de paix ont mis à l'abri du danger. Rien de semblable ici, où l'histoire comme le climat enseignent qu'il faut rester sur ses gardes, choisir toujours une position dominante, scruter l'horizon autour de soi, tenir à l'œil les quatre points cardinaux, refuser tout ce qui ressemble à un abri. Même les routes, au lieu de suivre paresseusement le lit des rivières ou de s'encaisser entre deux haies opaques, se hissent à de spectaculaires hauteurs et zigzaguent en d'acrobatiques virages le long des lignes de crête. De quelque côté qu'on se tourne, on est suffoqué par l'immensité et la splendeur des panoramas. Pentes calcinées, pitons déchiquetés, ravins, gorges, plateaux déserts, champs jaunes que les paysans font brûler au mois d'août et qui zèbrent de stries noires, comme de gigantesques peaux de tigres, le flanc des cañons, fours Gill qui tombent en ruine auprès des mines abandonnées, l'antique Sicile, celle des latifundia, des soufrières, de la faim, de l'insécurité, se trouve là, la Sicile des bourgades juchées à la cime d'escarpements pierreux, la Sicile qui se défendait des pirates et se protégeait de la malaria en se retranchant sur des hauteurs presque inaccessibles.

À la fontaine située le plus souvent en dehors des villages qui étaient privés d'eau, on ne voit plus descendre les processions de mules. Les émigrés revenus pour l'été lavent maintenant une BMW étincelante. La seule chance de rencontrer encore un paysan à califourchon sur sa bête, c'est de partir au hasard de ces routes poudreuses, bordées de métairies en ruine. À Naro, nous avons su de Vincenzo Priolo, qui la rentrait dans l'écurie contiguë à la pièce unique de son logement, que sa monture blanche s'appelait Giannina. Tous ne sont pas d'un abord aussi bienveillant et cordial. À Pietraperzia, coulée de maisons fauves tassées contre la montagne, nous nous sommes contentés de parcourir les ruelles de terre battue, sous le regard hostile de vieilles femmes que j'imaginais dans le rôle tantôt de marieuses tantôt de pleureuses, selon qu'il fallait accomplir, avec toutes les formes imposées par la tradition, les fêtes de la vie ou les rites de la mort.

À Mussomeli, autre de ces bourgades tragiques, un château encastré dans un pic porte le nom du roi Manfred, fils malheureux de Frédéric II, tué à trente-quatre ans en défendant son royaume contre la cupidité de Charles d'Anjou. La forteresse semble une excroissance de la roche. Sa façade donne sur le vide et surplombe d'une hauteur vertigineuse une vallée désolée.

Chaque fois qu'on aperçoit en haut de la route une de ces petites villes (le « village » ayant au moins dix mille habitants rassemblés dans le même lieu par la peur ancestrale de loger dans des maisons isolées), il faudrait prendre la peine de monter jusqu'à la place puis d'escalader à pied le labyrinthe jusqu'au sommet. Toutes ont des noms magnifiques, Raffadali, Aragona, Cattolica, Serradifalco, Sommatino, Castronuovo, Ravanusa, Mazzarino, des noms de quatre syllabes au moins, dont la sonorité triomphale drape comme d'une cape de soie pourpre espagnole une longue chronique d'humiliations et d'indigence.

Ce que pouvait être la vie dans ces montagnes il n'y a pas encore cinquante ans, Elio Vittorini le suggère avec une force admirable. *Conversation en Sicile* n'est pas un roman réaliste, mais une rhapsodie exaltée, où les personnages s'agitent et déclament avec les gestes saccadés et emphatiques des paladins de l'ancien théâtre des marionnettes. Les autres écrivains siciliens, Pirandello, Tomasi di Lampedusa, Brancati, Sciascia, se distinguent par un laconisme qui est le reflet du tempérament insulaire. Seul Vittorini, natif de Syracuse, recourt à une éloquence qui est peut-être l'héritage de la rhétorique grecque et romaine. Un de ses procédés favoris est la répétition, qu'il emploie pour son pouvoir incantatoire. Les héros répètent la même phrase en la reprenant à l'envers. Vittorini affirme qu'il s'est inspiré de l'opéra, où on aime en effet chanter dix fois la même chose. Mais le *ragioniere* de Calataporto n'était-il pas aussi un adepte têtu de la répétition ? Et l'*ingegnere* ne se plaît-il pas à terminer ses phrases en déroulant dans un autre ordre les mots employés précédemment ? Exemple par lequel on voit qu'entre l'éloquence antique, le pathos du *bel canto* et le parler quotidien, la frontière, en Sicile, est impossible à indiquer d'un trait.

Il est intéressant de noter, comme preuve de la passion des Siciliens pour l'opéra, que Vittorini, fils d'un cheminot, élevé pauvrement, autodidacte, romancier de la misère de son île et qui a donné la parole aux échantillons les plus déshérités de la population (devenu un écrivain célèbre et installé à Milan, il avait conservé l'habitude de mettre sur la table du repas une assiette pleine d'olives), n'en avait pas moins en commun avec Fulco di Verdura, un duc placé à l'autre extrémité de l'échelle sociale, une intense ferveur musicale. Il semble inconcevable, à un esprit français, que la seule forme de culture qui soit parvenue dans ces villages accrochés au sommet de pitons désertiques où manquait l'eau, où les paysans ne mangeaient pas à leur faim, où il n'y avait ni école ni hôpital, où les besoins les plus élémentaires ne pouvaient être satisfaits, ait été justement la plus coûteuse, la plus inutile, la plus frivole. Et pourtant c'est ainsi. Même dans ces nids d'aigle restés de cent ans en arrière sur l'évolution économique de l'Occident, dans ces repaires dont *Conversation en Sicile* évoque la condition désespérée, même dans ces arrière-postes d'une préhistoire qui n'a pas encore tout à fait disparu, il arrive que la civilisation ait déposé quelques-uns de ses plus dispendieux et futiles ornements.

À Caltagirone, ville d'origine arabe dont le nom signifie « forteresse », reconstruite après le tremblement de terre de 1693, l'art de la céramique remonte aux temps néolithiques. Il a fleuri dans l'Antiquité, s'est épanoui sous les musulmans, a repris vigueur à l'âge baroque, et donne encore des signes de sa vitalité, puisque les carreaux polychromes qui revêtent entièrement l'interminable escalier dont les gradins, enchâssés entre les façades des maisons, relient la ville basse à la ville haute, ont été appliqués à une date récente. Giuseppe Giacalone construisit en 1608 *la Scala*, comme on l'appelle emphatiquement, peut-être en référence à l'autre *Scala*, le temple milanais de la musique. Gai, bariolé de couleurs vives, en même temps monumental et majestueux, l'escalier pourrait servir de décor à *Turandot*. Lors de la fête de saint Jacques (24-25 juillet), on dispose sur les marches des lumignons entourés de papier coloré, de manière à créer une immense tapisserie lumineuse. Transport des reliques au son des fanfares, défilé de chars allégoriques et feux d'artifice achèvent de transformer les cérémonies en l'honneur de saint Jacques en profane autant que brillant spectacle lyrique.

À Racalmuto, les notables se cotisèrent pour élever à la fin du siècle dernier rien de moins qu'un... opéra. Oh ! un tout petit opéra, bien sûr, composé d'un parterre de cent vingt places et de deux rangs de douze loges, sans compter la loge de gala, obligatoire dans cette société nostalgique des Bourbons. Il n'en fut pas moins inauguré en 1875, la même année, s'il vous plaît, que le palais Garnier à Paris. Le rideau de scène représentait le massacre des Vêpres siciliennes, moins

en hommage à l'intrépidité homicide des Palermitains, peints sur la toile avec une raide vivacité de marionnettes, qu'à la gloire de Verdi, dont *Le Trouvère* fut choisi comme premier spectacle.

L'homme qui nous donne ces renseignements est allé chercher la clef auprès du pompier de Racalmuto qui la garde en dépôt. Le théâtre est fermé depuis trente ans, nous confie-t-il plein d'amertume, depuis que le propriétaire d'une *arena* (théâtre de plein air) est parvenu à le faire classer *pericolante* (en danger de s'effondrer). Odeur de Mafia, dans un art qui devrait purger les âmes de leur rapacité. Que le plateau voué à la musique soit devenu l'enjeu d'intérêts cupides désole notre guide bénévole. La passion désintéressée du *bel canto* avait réussi à construire ce joyau d'élégance et de grâce en plein territoire de muletiers et d'analphabètes.

Au théâtre de Comiso, d'après Gesualdo Bufalino (il est temps que je cite le titre de son petit livre, qui, en 120 pages d'un minuscule in-seize, fournit tant d'informations savoureuses sur la Sicile du début de ce siècle : *Museo d'ombre*, Sellerio, 1982), se produisit une fois la Patti, « la divine Adelina, la voix la plus belle du siècle ». L'escalier qu'encombrent maintenant le chiendent et l'ortie, des escarpins de satin le foulèrent un soir. Aujourd'hui éteinte et muette, la salle étincela sous les lustres et les ovations. Pour huit onces, selon le contrat signé par le marquis Ferreri, la cantatrice devait se montrer sur la scène, où elle apparut, dans le cercle d'un grand lampadaire de cristal, « blanche de lumière et de poudre, comme un ange de cire ». Il n'est même pas sûr qu'elle ait chanté en cette occasion. N'importe, le seul bruit de la calèche qui l'emporta ensuite et disparut pour toujours dans l'obscurité resta comme un trésor dans la mémoire collective. « Les vieillards en parlèrent longtemps, assis devant leur seuil, dans les après-midi d'été. »

Quelles soirées aussi fastueuses aura vécues l'opéra lilliputien de Racalmuto ? Comment, sur ce plateau miniature, arriva-t-on à loger le château du comte de Luna, le bûcher de la sorcière, la prison du trouvère ? Qui vint chanter sur cette scène bien mieux faite pour les petites comédies baroques à quatre ou cinq personnages que pour les drames réalistes exigeant des déplacements de foules ?

Mais l'homme qui est allé chercher la clef chez le pompier interrompt ma rêverie pour me demander si j'ai entendu parler de Leonardo Sciascia, qui est né ici, et dont toute la bourgade est fière, peut-être parce qu'il a été député — *onorevole*, comme on dit en Italie, pour placer au-dessus du soupçon une classe politique qui n'inspire guère confiance. Notre guide ne nous dit pas : « Il a écrit des livres », mais, unique titre de gloire : « Il a reçu des médailles. »

Qui veut avoir une idée de la pauvreté qui sévissait il y a trente ans encore à Racalmuto n'a qu'à lire le premier et le meilleur livre de Sciascia, *Les Paroisses de Regalpetra,* où il raconte son expérience d'instituteur dans sa ville natale, quand les mères, pour empêcher les fils plus grands de manger trop vite leur soupe et de se jeter ensuite sur celle des plus petits, plaçaient des boutons de culotte dans l'assiette des aînés.

Nous entrons dans le théâtre ; très abîmé, en pleine réfection (les travaux dureront des années), mais, tel qu'il se présente, fort gracieux dans ses proportions réduites : une bonbonnière rococo, qui n'étonnerait pas dans une ville de grande tradition culturelle, mais devient ici un sujet de stupeur et d'émerveillement. Des médaillons peints représentant des *putti*, des guirlandes de stuc ornent le devant des loges dont les piliers, au lieu d'être verticaux, ondulent selon une courbe savante qui anime le théâtre d'un mouvement insolite. Apollon sur son char flotte au milieu du plafond bleu d'où pendent, à la place du lustre habituel, quatre simples lampes de cuisine à abat-jour de porcelaine blancs : c'est la seule note pauvre dans cette salle exquise, d'un goût raffiné, où des lambeaux d'étoffe rouge parent encore le devant des loges. Des cartouches, disposés sous les loges du premier rang, contiennent en alternance des noms d'écrivains et des noms de musiciens. Je note que les musiciens retenus, Rossini, Bellini, Donizetti, Verdi, Mascagni, sont tous italiens, et que le choix des écrivains s'est encore resserré puisque n'ont été convoqués que les Siciliens : Verga, Capuana, Pirandello. Aux places d'honneur, à droite et à gauche de l'entrée : Verga et Rossini. Si Verga est le chef incontesté de l'école littéraire sicilienne, le premier écrivain moderne de la Sicile, le choix de Rossini est plus curieux. Aux cantilènes élégiaques de Bellini, leur musicien national, les Racalmutiens ont préféré les facéties de l'humoriste Rossini. J'ose espérer que ce n'est pas seulement pour respecter l'ordre chronologique, mais de parti pris, en hommage à Pirandello.

Comitini, entre Racalmuto et Aragona, est un vrai village celui-là. « Mille âmes, nous dit l'adjoint au maire, plus les trois ou quatre cents autres qui reviennent le jour des élections. Nous leur donnons trois cent mille lires pour voter. » Nos amies les deux sœurs A., filles d'un émigré à Paris, nous ont présentés à cet homme que tout le monde salue dans la rue et dont la présence dans notre groupe excuse la nôtre auprès des deux jeunes femmes. Les vieilles en noir nous regardent passer d'un œil sévère : ce seront les dernières survivantes d'un passé lourd et dramatique que dément l'aspect actuel de Comitini. Deux rues en pente aboutissent à la *piazzetta* minuscule occupée sur les quatre côtés par la mairie, le bar, l'église et le poste des carabiniers. Tout est propre, net, et seule la taille imposante des bâtiments nous rappelle que nous sommes dans un pays de grande tradition féodale.

L'adjoint au maire est un fin lettré. Il nous montre avec fierté la bibliothèque municipale — riche en effet de milliers de volumes judicieusement choisis. Beaucoup d'ouvrages sur la Sicile, des encyclopédies, un fonds important de littérature mondiale. Quel village de mille habitants en France pourrait vanter un assortiment aussi complet ? J'exprime avec chaleur mon admiration, mais la phrase suivante qui m'échappe est moins heureuse. « Est-ce que les gens lisent beaucoup ? » Question qu'il n'aurait pas fallu poser.

Une belle et grande maison, située en haut d'une *scalinata* en tenaille, surplombe la petite place. « C'est ma maison de campagne », nous dit notre hôte. Nous montons. Du haut d'un balcon latéral, il nous montre, au flanc des collines environnantes, les cicatrices jaunes du soufre qui marquent l'entrée des anciennes mines abandonnées. « Pirandello a placé à Comitini une de ses nouvelles sur les mines de soufre. C'est histoire d'un personnage qui avait peur de revenir sur la terre et découvre la lune par l'ouverture d'un puits. » Nous évoquons les conditions atroces du travail dans les mines : « C'était le soufre vil, le soufre de la douleur et de l'esclavage, reprend-il. Je vais vous présenter le soufre noble. » Il nous introduit dans une petite pièce dont les vitrines contiennent des échantillons de cristaux en provenance de toutes les parties du monde. Certaines roches noires portent enchâssés comme des topazes éblouissantes des cubes transparents de la couleur de l'or. Mais le soufre ne représente qu'une partie des richesses amassées ici. L'adjoint au maire communique avec les spécialistes de l'Inde, du Brésil, du Mexique. Il possède des trésors et nous en indique avec une précision de savant et une jubilation de poète l'origine, la nature, les particularités. Le grand frisson tellurique qui secoue la Sicile a soulevé une passion dans l'infime localité de Comitini.

Nous passons sur la terrasse — et voici qu'un des plus beaux panoramas de Sicile se déploie devant nous. Le cirque immense de montagnes baigne dans un crépuscule gris-doré. Les lumières s'allument tout au loin, sur les hauteurs. La vue s'étend jusqu'à Mussomeli, jusqu'à Casteltermini. De pics de mille mètres, des vallées profondes, des champs calcinés — une solitude et une beauté sans limites.

« Vous n'habitez pas cette maison ? — Non, c'est ma maison de campagne, nous répète-t-il. Regardez, il y a là des poules, des oies, des pintades. La récolte des amandes va commencer. » La « maison de ville » de l'adjoint se trouve à cinquante mètres de l'autre, dans la même rue où les deux sœurs A. passent leurs vacances dans la maison construite par leur grand-père avec l'argent gagné aux États-Unis. « Viendrez-vous dîner avec nous ? » lui demandent-elles. « Excusez-moi, mais je mange très tôt, sinon je ne digère pas. J'ai l'estomac fragile. » Il est arrivé devant sa porte, prend congé de nous et rentre chez lui.

C'est un homme mince, au visage bien dessiné, à la silhouette inhabituelle pour un quinquagénaire de la région d'Italie où, les journaux viennent de nous l'apprendre, la consommation de pâtes et de pain est largement supérieure à la moyenne nationale. Je trouve étonnant que la « fragilité d'estomac » ait atteint précisément celui qui s'est refusé aux molles tentations de la *pasta*. « Il n'est pas marié », nous dit une des sœurs, ce qui est une exception encore plus remarquable. Et l'autre, sans illusions sur les avantages de la conjugalité, ajoute : « C'est peut-être la raison pour laquelle il lit, est devenu un homme cultivé. »

Bien des secrets sur leur village, bien des suggestions sur la Sicile nous seront ainsi confiés par nos deux amies, qui nous ont préparé un succulent repas de poissons, de fruits et de gâteaux. L'inestimable hospitalité sicilienne, jointe à l'intelligence et au charme.

Nous leur demandons s'il ne serait pas possible de visiter quelque ancienne soufrière. Rendez-vous est pris pour le lendemain. Un homme de quarante-cinq ans, petit, gros, aux gestes rares et doux, au regard empli d'une candeur lumineuse, nous attend sur la *piazzetta*. Après nous avoir offert au bar un *té freddo con granita di limone* — rafraîchissement raffiné dont on n'a pas l'idée en France — il nous embarque dans son auto, une vieille Fiat déglinguée. Calogero est un ancien *caruso* : à quinze ans, il a commencé à travailler dans la mine, en portant sur les épaules des charges de soufre brut qui pouvaient peser jusqu'à trente ou quarante kilos. « J'ai travaillé vingt-deux ans dans la mine, comme *caruso* d'abord, puis comme piqueur et comme chauffeur (*fuochista* : celui qui allume les fours). » Et maintenant ? « *Sono in pensione* », répondit-il avec un sourire angélique. « Je suis à la retraite. » Nulle rancœur, nulle aigreur chez celui dont l'adolescence a été massacrée par ce travail exténuant. (Jusqu'à la fin du XIXe siècle, on commençait à huit ans à être *caruso*, mot sicilien qui n'a pas son équivalent dans la langue italienne : le poids des charges à porter, l'air vicié de la mine, la chaleur suffocante abrégeaient la vie de l'ancien *caruso* devenu, à vingt ans, piqueur.) « *Era la fame* », dit simplement Calogero. « C'était la faim. »

Les mines où il nous emmène ne sont pas les grosses installations modernes, fermées depuis quelques années seulement, où il a travaillé, mais d'anciennes soufrières de la fin du siècle dernier. Nous quittons la route goudronnée et prenons un chemin de terre, défoncé et poudreux. « Ce sont mes terres », reprend Calogero en nous montrant, à flanc de coteau, sur le haut du versant, des champs couverts d'amandiers, de vignobles, de pêchers, de figuiers, d'oliviers. « Vingt-huit *tumoli* », ce qui fait à peu près sept hectares. Le paysage s'étend à perte de vue : de l'autre côté de la vallée, les monts d'Aragona étagent sur plusieurs plans leurs courbes majestueuses, sur lesquelles s'abaisse le globe rouge du soleil couchant. Plus belle campagne au monde, je ne crois pas qu'il en existe : où la richesse des cultures s'insère avec un contraste plus éclatant dans un décor sauvage aux âpres couleurs du désert. Nous descendons de voiture. Au milieu des champs, Calogero nous indique l'ouverture d'anciennes galeries, les restes de fours, un débris de cheminée. Il s'empare d'un rocher et le jette dans un de ces trous, où nous l'entendons rebondir, très loin sous la terre, en un tonnerre caverneux.

Les bras chargés de fruits qu'il a cueillis pour nous — grappes de raisin opulentes, figues si gorgées de miel qu'elles poissent les doigts au moindre contact, brugnons encore verts, amandes dont ce sera bientôt la récolte — nous rentrons à Comitini, avec le regret de n'avoir pas, tous les soirs, quittant les routes goudronnées, exploré par les anciens chemins muletiers ces montagnes si magnifiques et solitaires. À l'entrée du village, nous croisons un troupeau de chèvres dont les cornes, plates et nouées en leur milieu par un tour complet sur elles-mêmes, s'élèvent en forme de lyre barbare — ces fameuses chèvres à cornes d'antilope dont parlait Jean Bayet en 1930, et que je croyais disparues.

Calogero tient absolument à nous offrir quelques bouteilles de son vin, qu'il fabrique lui-même. Il nous amène chez lui : une maison sans apparence, mais qui renferme, au-dessus du garage où plastronnent un camion en bien meilleur état que la Fiat et un tracteur flambant neuf, un appartement qui en France serait qualifié de luxueux : marbre au sol, cuisine suréquipée où tout, placards, chaises, table à manger, est en solide bois de chêne, chambres à coucher où des couvre-pieds de satin piqué, dorés pour les lits jumeaux des deux garçons, rose pour le lit de la fille, marron pour le lit matrimonial, étalent en fluorescences ouatées la satisfaction d'un bien-être cossu, salle de bain munie d'une baignoire-bassin ovale à l'avant-garde de la mode. Tout brille dans la maison, on n'y trouverait pas un seul grain de poussière ni un meuble hors de sa place. Dans la cuisine, où le fils aîné est affalé devant la télévision, la *signora*, plus pâle que la cire, nous offre la preuve décisive de la réussite de Calogero. Elle n'a plus besoin de sortir et de risquer de se hâler au soleil, elle réalise le vœu suprême de toute femme en Sicile, qui est de rester enfermée chez elle, à frotter, récurer, polir et astiquer.

Dans l'entrée, le téléphone est une imitation, en rose, des vieux appareils 1900 haut perchés, à ornements de cuivre compliqués. La robinetterie de l'ultra-moderne salle de bain évoque ce qu'on trouvait dans les palaces de la Belle Époque, serpentins contournés et tarabiscotés. Dans la chambre à coucher des parents, une copie de lampe à pétrole, surchargée de fleurs, orne la commode, et, dans un coin, se dresse une parodie de toilette d'autrefois, avec une cuvette et un broc, mais au lieu d'être en fer, le support est d'une horrible matière plastique transparente. Quatre exemples de la nostalgie de Calogero pour une époque où il n'y avait ni eau courante ni électricité, pour une tradition qui ne survit que sous sa forme la plus kitsch, dans un appartement qui appartient déjà au XXIe siècle. En lisant il y a peu de temps les statistiques selon lesquelles l'Italie, en revenu brut national, est passée au cinquième rang mondial, devançant l'Angleterre et la France, on pouvait se dire : « Et ce résultat spectaculaire, malgré le poids mort du Sud et de la Sicile ! » Eh bien, si, à Comitini, le plus retiré des villages siciliens, un ancien *caruso* a pu s'élever à un tel niveau de vie, c'est que le miracle italien ne s'est pas arrêté à Eboli.

Calogero lui aussi s'est constitué une collection de pierres précieuses, trouvées dans la mine. Il ouvre une porte qui était fermée à clef et nous introduit dans le *salotto*. Un vrai *salotto*, selon la règle sicilienne : toujours fermé, toujours inutilisé, mais apprêté avec un apparat solennel. La longue table de chêne est posée obliquement au milieu de la pièce, mais les quatre chaises à haut dossier sont placées, deux de chaque côté, de biais par rapport à la table, selon les axes, donc, de la pièce : une disposition dont aucun modèle bourbonien, il me semble, ne peut avoir fourni le modèle sophistiqué. Notre ami l'*ingegnere* pâlirait d'envie devant les autres ornements du *salotto* : deux grands buffets de chêne, avec les habituelles collections de verres et de tasses, un lustre à tulipes, un ensemble de deux fauteuils et d'un divan en cuir blanc, obèses, à la fois rigides et mous, où nul n'oserait s'asseoir, où nul ne s'est jamais assis. Rideaux hermétiquement tirés, bien sûr, mais ici la dentelle a remplacé le traditionnel velours.

L'église de Comitini, fermée pour restauration, a mis en dépôt chez Calogero un grand Christ peint. Juché sur un nuage, il écarte les deux pans de sa robe pour montrer son cœur en flammes. Le stuc, écaillé par endroits, laisse voir le bois de la statue. « Je la restaurerais bien, soupire-t-il, mais il faudrait des millions. » Le propriétaire des lieux semble content que nous admirions ses richesses, mais nulle forfanterie ne trouble sa sérénité. Son grand sujet de fierté, c'est la vitrine où il a aligné des dizaines de blocs de substances minérales cristallisées : fragments de soufre enchâssés dans des calcites noires, améthystes violettes, spaths chatoyants, pyrites aux couleurs de turquoises, marbres veinés, célestines en forme d'ailes de papillon. Découvertes personnelles, et qui lui rappellent son long séjour à la mine : s'il sourit de bonheur en nous présentant ses trésors, c'est qu'il peut mesurer le chemin parcouru depuis le temps où il était misérable *caruso*. L'orgueil du travail accompli, bien plus que la vanité du nanti, lui donne cette humanité, cette lumière intérieure qui éclaire son regard et son sourire. Le fils aîné, qui a quinze ans, l'âge où le père commençait à porter sur son dos des charges de trente ou quarante kilos, a profité de l'ouverture exceptionnelle du *salotto* pour se planter devant le miroir qui surplombe un des deux buffets et fourrager d'un doigt anxieux dans une mèche rebelle. Nous sortons de la pièce, dont Calogero ferme la porte à clef derrière nous. Puis il met la clef dans sa poche et nous raccompagne sur la *piazzetta*, après nous avoir indiqué les maisons qui touchent ou regardent la sienne et où vivent un de ses frères et deux de ses sœurs. Ils étaient sept enfants : deux ont émigré en Belgique, un à Milan.

Rien que des hommes, sur la *piazzetta* où la nuit est tombée : assis sur les marches ou sur des chaises, à confabuler à mi-voix. En descendant la rue, nous verrons les femmes, en cercle devant leur porte. Les deux sexes restent séparés, les mœurs demeurant très en retard sur l'évolution économique. Les hommes occupent l'agora publique, en haut du village, les femmes, en contrebas, gardent le nez collé à leur foyer. « Naguère, nous disent nos deux amies, les jeunes montaient et descendaient la rue sur leurs motos lancées à pleins gaz. L'essence est devenue si chère qu'ils vont maintenant à pied. » Douceur et silence de cette nuit étoilée, douceur aussi et charme de l'amitié. Les sœurs A. vivent depuis longtemps à Paris, où elles ont sans doute acquis cette vivacité, cette curiosité d'esprit dont les femmes d'ici ne regorgent pas, mais sans perdre cette simplicité et cette gentillesse que je trouve sans prix.

À propos de motos, nous lisons dans le journal cette nouvelle désolante. Le port du casque obligatoire, loin d'être une innovation positive, entraîne en Sicile des conséquences funestes. Quand personne ne portait le casque, les auteurs de *scippi* — ces vols de sacs à l'arraché — devaient prendre certaines précautions pour ne pas être reconnus. Le port du casque les assure de l'incognito, et ils peuvent opérer désormais en toute impunité. Pis encore : à Palerme, la Mafia, pour perpétrer ses crimes, préfère maintenant la moto à la voiture. Le casque devient une incitation à la violence, une provocation à la délinquance et au meurtre. Est-ce une des raisons pour lesquelles beaucoup de jeunes, au bout d'un an, dans les villages au moins où la police locale est tolérante, portent leur casque sous le bras, ou l'attachent au porte-bagages de leur engin ? On est sûr, ainsi, qu'ils n'ont pas de mauvaises intentions, et les femmes, en les croisant, n'ont plus besoin de se cramponner à leur sac d'un air épouvanté. Le refus du port du casque devient un brevet d'innocence.

En voyant passer devant eux un motocycliste en infraction avec la loi, a noté Leonardo Sciascia, on peut imaginer que les carabiniers, au lieu de tirer leur carnet de contraventions, poussent un soupir de soulagement... Comme quoi une mesure nécessaire en soi, et qui donne dans le reste du monde d'excellents résultats, produit en Sicile une séquelle qui déjoue la bonne volonté du législateur. Vérité en deçà du détroit de Messine, erreur au-delà. Le casque a miraculeusement remplacé, pour les assassins modernes, la vieille cagoule des bandits de montagne.

La Mafia sévit-elle à Comitini ? « Ah non ! protes-

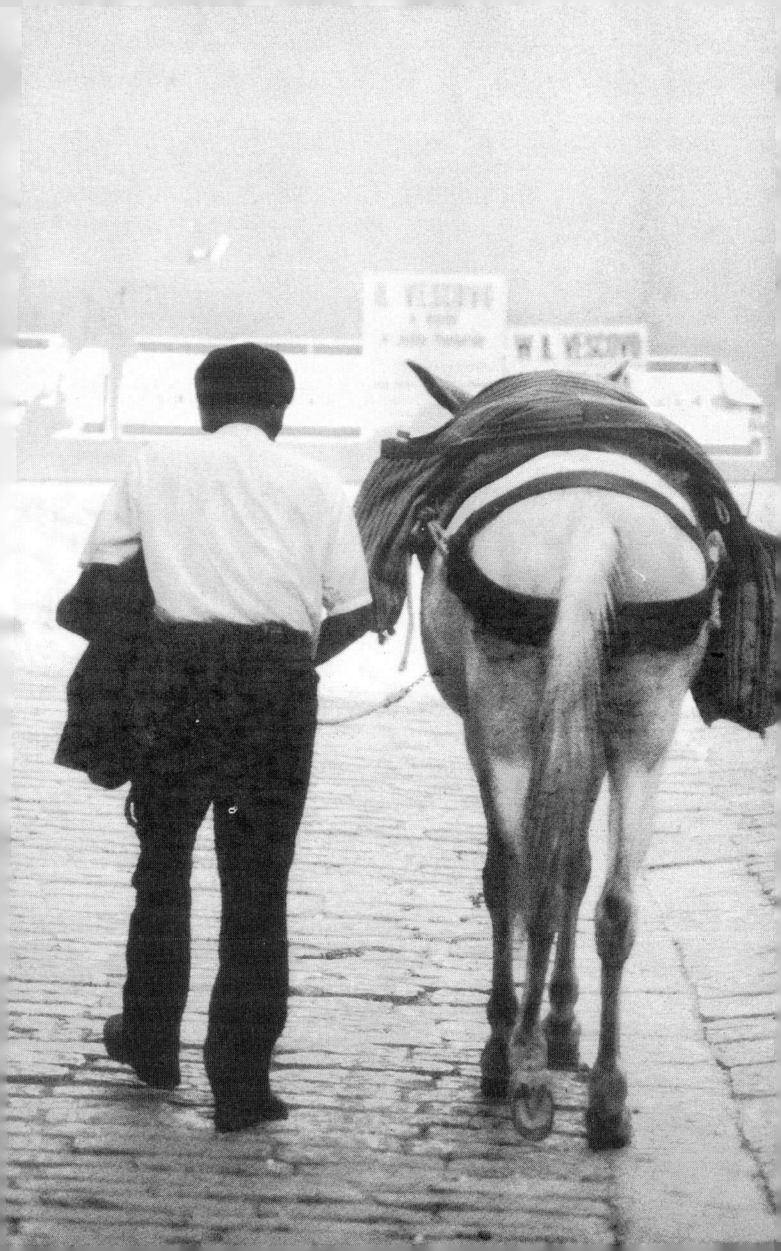

tent, d'une seule voix, nos deux amies. Mais là-bas, en face, c'est moins sûr », ajoutent-elles en nous montrant, de l'autre côté de la vallée, les lumières d'Aragona et la masse de l'ancien palais féodal qui se découpe au-dessus des maisons.

Peu de places, dans toute la Sicile, ont autant de charme que la *piazzetta* de Comitini ; et nous voulons croire que, sur ces hommes qui s'adonnent au culte pacifique des pierres et des cristaux, l'influence du soufre a été bénéfique. Feu et convulsions sous la terre, mais entre eux, peut-être parce que la dure expérience des mines les a purifiés de la violence, courtoisie et sens de l'amitié.

Le charme fait défaut à la ville de Caltanissetta, chef-lieu de province voisin. À part un beau tableau de Filippo Paladini dans l'église San Domenico, rien ne vaut la peine d'y être visité, pensions-nous après avoir traîné d'une cathédrale médiocre à un jardin public déplumé. Estimation imprudente, car il n'y a pas de lieu si déshérité en Sicile qui ne renferme quelque trésor. Nous avons découvert celui de Caltanissetta dans l'église Sant'Agata, à laquelle son second nom, *il Collegio*, convient beaucoup mieux car le sanctuaire, bâti par les jésuites, est dédié tout entier à la gloire de saint Ignace. Ignazio Marabitti, le sculpteur de Palerme et de Syracuse, stimulé dans doute par la similitude de leurs prénoms, a sculpté, au fond de la chapelle gauche de cette église à croix grecque, un *Saint Ignace en gloire*, plutôt grandiloquent, avec les allégories des quatre parties du monde. L'Asie est symbolisée par un chameau, l'Afrique par un lion, l'Amérique, plus curieusement, par un carquois rempli de flèches, et l'Europe, de façon encore plus bizarre, par une tiare pontificale.

D'un intérêt exceptionnel est l'autel, orné d'une marqueterie de marbres multicolores qui représente les fleurs et les oiseaux des quatre parties du monde. Cette prétention à l'hégémonie planétaire était typique de la Compagnie de Jésus : le père Andrea Pozzo, dans l'église Sant'Ignazio de Rome, comme Bernini, dans la fontaine des Quatre-Fleuves place Navone, avaient défini les quatre pôles géographiques de cette croisade contre la Réforme. Ici, une décoration vivace et touffue enlace, aux fleurs exotiques à tiges ondulantes et à corolles turgides, des volatiles magnifiquement emplumés dont chacun porte son nom (il s'agissait d'une œuvre de propagande) inscrit dans une banderole : le pic du Brésil, le pic du Mexique, le paradis à longue queue, le paon de la Chine, l'élégante *damigella* à longue aigrette, le cardinal à poitrail rouge, le pélican, le phénicoptère blanc, le fourmilier au bec avide.

À droite et à gauche de l'autel, deux petits panneaux de marqueterie de marbre composent deux chefs-d'œuvre d'imagerie poétique et naïve. À droite, un saint Michel ailé enfonce sa lance dans une des sept têtes de l'hydre. Une épée, brandie par un paladin invisible, coupe une des autres têtes. Ce guerrier sans visage me semble un symbole saisissant du héros sicilien, mi-héros mi-bandit (dans son film sur Salvatore Giuliano, Francesco Rosi ne montre jamais le héros de face) : loi du silence, de l'anonymat, de l'incognito. À gauche de l'autel, sous un palmier dont chacune des huit palmes soutient une couronne, et sur lequel est perché un oiseau tropical à longue queue jaune et bleu, se tient agenouillé un personnage que, d'après le cerf à bois superbes attaché au tronc de l'arbre, j'identifie à saint Hubert. Un saint très populaire dans l'Europe de l'Est, mais peu fêté en Sicile.

L'auteur inconnu de ces deux tableaux miniatures, délicieusement stylisés, a trouvé le moyen d'exalter la violence (le meurtre, la chasse) avec une vive, enfantine et allègre innocence.

Mort et résurrection

De Sciacca, en remontant vers l'intérieur des terres, nous gagnons la vallée du Belice, qui fut ravagée, en janvier 1968, par le plus violent tremblement de terre de Sicile depuis 1908. La première ville qui se présente à nous est Santa Margherita di Belice. Dix mille habitants vivaient là. Les façades sont restées debout, mais l'intérieur des maisons s'est lézardé ou effondré et on a construit, en marge de l'ancienne, une nouvelle agglomération.

En arrivant, nous voyons d'abord l'intérieur éventré d'une grande église, dont il ne reste qu'un mur latéral et le fond du chœur : deux parois, toutes blanches de stucs dont la pâleur, sous le soleil auquel ils n'étaient pas destinés, a quelque chose de funèbre. C'était la *Chiesa matrice*, l'Église mère, une sorte de cathédrale, richement décorée : rosaces et *putti* dans les stucs, portraits de prélats encore enchâssés entre les guirlandes, autels de marbre. Une lampe de fer forgé pend dans le vide. Une belle tribune, en marqueterie de bois, reste accrochée au mur. La végétation a poussé partout. Un jeune homme s'approche et nous dit, avec une emphase digne d'un paladin de Charlemagne : « C'était la cinquième plus belle église du monde... Ces stucs ont été faits par les Sarrasins... par les Grecs... » Ainsi, dans la légende populaire, les ruines du baroque rejoignent les ruines antiques et celles du Moyen Âge, produites les unes et les autres par les mêmes cata-

clysmes naturels, qui réduisent à néant les infimes différences de style entre les âges. Les époques qui se succèdent s'efforcent de laisser une trace originale de leur passage sur la terre, dont une seule secousse annihile cette prétention.

Attenant à l'église, s'élevait le palais Filangieri, de la grande période bourbonienne, demeure des princes de Cutò, grands-parents maternels du prince de Lampedusa. Le romancier y a situé une des scènes du *Guépard.* Devant un monceau de gravats non déblayés, seuls se dressent des vestiges de façade : deux perrons à balustres, quelques balcons déjetés, à grilles pansues, une plaque de marbre qui rappelle la visite des souverains de Naples, Ferdinand et Marie-Caroline, en 1812. Le palais possédait un petit théâtre, détruit lui aussi, et un parc où les arbres ont profité de leur liberté retrouvée pour croître et s'enchevêtrer dans un désordre touffu.

En face du palais, de l'autre côté d'un arc, escalade la colline ce qui reste d'une rue. Nous nous avançons entre deux rangées de façades demeurées presque intactes. Des volets battent encore aux fenêtres, qui ont conservé des fragments de moustiquaires. Par les portes béantes, nous apercevons les escaliers, les chambres. Tout est ruiné, vidé, désert. Rue après rue, c'est le même spectacle de désolation et de mort. Des villes antiques ou disparues, comme Pompéi ou Noto, il ne subsiste que les fondations ou des pans de murs. Ici, la plupart des toits ont résisté, fissures et écroulements de plafonds rendent les maisons inhabitables, mais le tremblement de terre ne les a pas abattues. Se promener à Santa Margherita laisse, pour des raisons différentes, une impression aussi profonde que la visite d'une de ces illustres cités anéanties. Dans une cour de ferme, du fourrage remplit les râteliers ; parfois, de l'intérieur d'une maison, provient un bêlement, dont l'écho pathétique fait trembler le silence. Les ruines servent de bergeries. Une des rues que nous croisons se termine au sommet de la colline par une grande croix noire dressée contre le ciel : c'était le Calvaire, but autrefois des processions de femmes en noir, les vendredis de carême.

Soudain, nous entendons des cris au bas de cette rue. Un cheval apparaît, monté à cru par un petit garçon de huit ans. Un homme excite trois autres chevaux, sans selle, sans harnais. Les quatre chevaux sont d'un beau brun rouge et s'arrêtent pour brouter l'herbe entre les pavés disjoints. L'homme les pousse vers leur écurie, logée dans le haut de la ville. Ils prennent leur galop dans la pente, hennissent, s'échappent par les rues latérales. L'homme les poursuit avec des cris rauques, tandis que le petit garçon, pas trop rassuré sur le dos de sa puissante monture, tire sur la bride, faite d'une simple corde, pour la maintenir immobile. Ni le petit garçon ni son père, qui posent maintenant devant l'appareil de Ferrante, avec prière de leur envoyer la photo, ne paraissent impressionnés par ce décor d'apocalypse. S'il est vrai que dans les fables antiques les chevaux symbolisent toujours la force brute indomptée, l'énergie vitale à l'état pur, jamais leur race n'aura été plus fidèle au mythe que dans Santa Margherita dévastée. En ces quatre animaux, fougueux et indociles, c'est la vie elle-même qui recommence, la vie sauvage des origines.

Cette page sur Santa Margherita ne me satisfait pas : j'y sens de l'embarras, de la contrainte. Dire que ces ruines ont une beauté exceptionnelle et que l'image de ces chevaux bais détalant, libres, entre les carcasses de maisons est une des plus fortes que nous emporterons de Sicile, pourrait sembler une insulte aux victimes du *terremoto*, à la trentaine de morts ensevelis sous les

décombres de leur logis, aux milliers de sans-abri qui durent attendre pendant quatorze ans, cantonnés dans des baraquements de fortune, la construction d'une nouvelle ville. Personne ne trouve à redire à la « poésie des ruines » quand il s'agit de Pompéi, de Rome ou de Mistra, alors que, pour une ville détruite récemment, le souvenir des souffrances humaines interdit, à juste titre, toute autre émotion. Que le palais Filangieri du *Guépard* se soit transformé en un débris magnifique, qui songerait à le nier ? Mais c'est une remarque qu'il vaut mieux garder pour soi-même. Le temps n'a pas encore ennobli sous la patine de l'histoire l'honneur de la catastrophe.

Comme il est plus facile de s'étendre sur le sort de Gibellina, et de célébrer sans réserve l'aventure exemplaire de ce village ! Détruit au cours de la même nuit de janvier 1968, il a été rebâti à une vingtaine de kilomètres de son site originel. Non plus dans la montagne, mais dans la plaine, à proximité de l'autoroute et de la voie ferrée. C'est là un signe auquel on reconnaît un village nouveau : ni la malaria ni les incursions de bandits ne sont plus à redouter. Le projet officiel du gouvernement était de regrouper les localités sinistrées de la vallée du Belice dans une seule agglomération industrielle. Vingt mille emplois eussent été créés. Les rescapés s'insurgèrent contre ce plan : qui leur aurait fait croire qu'on allait implanter de toutes pièces des usines dans ce coin reculé de Sicile ? Les paysans de Gibellina étaient particulièrement attachés à leurs terres, en raison d'un long passé de luttes agraires pour la possession du sol, commencées dès le XVIe siècle.

Sous l'impulsion de leur maire, ils décidèrent, après quatorze ans d'attente dans des baraquements, de s'installer dans un lieu à la fois plus abrité des séismes et plus facile d'accès. Ce Ludovico Corrao est déjà entré dans la légende. Ancien avocat, longtemps député, puis sénateur, se déclarant aujourd'hui « chrétien-social » après avoir louvoyé entre la Démocratie chrétienne et le Parti communiste, il a renoncé à une carrière nationale pour gérer le destin de Gibellina. Trois fois réélu maire, depuis 1968, il dut mener une longue bataille contre le grand propriétaire, proche de la Mafia, à qui appartenaient les terres choisies pour le site de Gibellina Nuova. Une fois l'expropriation obtenue, tout restait à faire. Et d'abord : quel village construirait-on ? De quelles aspirations serait-il le symbole ? Ludovico Corrao, un homme lui-même très mince, très élégant, au visage strié de fines rides et empreint, sous ses cheveux blancs, d'une délicatesse féminine, opta pour une solution révolutionnaire. Ni le terrain de sports ni le cinéma ne seraient à l'honneur dans Gibellina Nuova, mais... l'art moderne et postmoderne, ce grand absent en Sicile.

De loin, nous apercevons une énorme étoile métallique dressée contre le ciel : c'est l'entrée du nouveau village. Longues rues, qui nous paraissent vides. Des maisons de deux étages, à terrasses, étirent le long d'avenues sinueuses leurs façades blanches, parfois colorées. Une rue sur deux est piétonne, ornée de bacs fleuris. L'entrée principale des maisons donne de ce côté-là. On arrive en voiture par-derrière. L'ensemble laisse une impression de propreté un peu désuète, comme si le village n'était pas vraiment habité. Très peu de magasins ; mais, de loin en loin, une œuvre d'art en ciment ou en métal. Une sphère toute blanche signale l'église ; une flèche en ciment munie de deux ailerons multicolores figure une tour ; ici, c'est le monument aux morts, porte à deux battants, surmontée d'une demi-lune et ouverte sur le néant ; là, un édifice en forme d'escargot, moitié bar, moitié maison du peuple ; plus loin, des formes abstraites, sans finalité pratique, découpent leur silhouette bizarre : une spirale éclatée, des stèles noires, une « table de l'alliance », isolée et mystérieuse.

Est-ce beau ? Est-ce laid ? Est-ce le banal un pour cent français devenu dix pour cent ? Poser ainsi la question serait se condamner à ne rien comprendre à ce qui fait l'originalité de Gibellina. L'art moderne, une fois close l'époque du Liberty, n'avait pour ainsi dire jamais pénétré en Sicile. Par l'intermédiaire de Corrao et des artistes italiens qu'il a invités, Francesco Venezia, Andrea Cassella, Igino Legnaghi, Ucini, Quaroni, Mendini, et le célèbre Pomodoro lui-même, le voici qui entre en force. Seconde nouveauté : il ne s'adresse plus à son public bourgeois habituel, mais à un monde tenu jusque-là à l'écart de la culture. Dans l'ancienne Gibellina, les points de repère étaient la fontaine, l'église, le puits. Les paysans de Gibellina Nuova disent : « J'habite près de la sculpture de Pomodoro... Rendez-vous à l'étoile... » Telle est du moins l'argumentation du maire, qui souligne en plus que, si les maîtres d'œuvre sont venus du continent, la population, loin de rester passive, a collaboré à l'entreprise. Un artisanat d'art s'est créé, tout le monde à Gibellina se sentant concerné par l'aventure, à l'instar de ce qui s'est passé à l'époque de la Renaissance italienne. Heureuse interaction : une société rurale a montré qu'on pouvait l'intéresser à d'autres valeurs que celles propagées par les magazines et la télévision ; et, inversement, l'avant-garde de l'architecture, de la sculpture et du design, en renonçant aux jeux gratuits qu'elle affectionne, en contribuant à baliser ce village et à lui donner son identité, a prouvé, selon le mot de Corrao, que l'art n'est pas seulement une superstructure, comme le prétendait Marx, mais qu'il peut devenir une structure, un outil pour comprendre la réalité, une arme pour vivre.

Je songe à la continuité de l'histoire sicilienne. De même que, il y a trois siècles, après le tremblement de terre qui détruisit Noto, on rebâtit la ville dans un site nouveau et dans le style alors à la mode, de même, aujourd'hui, on a convié des artistes en vogue pour hâter la résurrection de Gibellina. Comparer le baroque et le postmoderne serait une autre question, de nature académique.

Étrange cité-jardin, sans arbres, sans animation. Des stèles de travertin biseautées indiquent le nom des rues. *Ibn Hamdis, poeta, 1055-1133*, s'intitule une des avenues. Intrigué par cet hommage insolite au grand poète arabe sicilien du XIIe siècle, je relève les autres noms. Tous des Siciliens. Tantôt des écrivains, comme Pirandello, Brancati, De Roberto, tantôt des artistes, comme Antonello, Serpotta, Gagini, tantôt des musiciens, comme A. Scarlatti ou Bellini, tantôt des hommes politiques ou des historiens, mais aussi un philosophe, Michelangelo Fardella (1650-1718), un vulcanologue, C. Gemmellaro (1787-1866), un oculiste, Giuseppe Fontana (1901-1956), un acteur, Angelo Musco (1872-1937 : c'est lui qui invita Pirandello à écrire pour le théâtre), et même un prêtre, Giuseppe Parisi (1836-1921), chacun avec ses dates de naissance et de mort, et souvent son lieu de naissance. L'oculiste, le prêtre et Nicolo di Lorenzo, député (1846-1933), étaient de Gibellina même. Une des avenues s'appelle *Viale dell'Indipendenza siciliana*, et il ne peut s'agir, évidemment, que de l'indépendance culturelle.

Les inscriptions toponymiques de Gibellina composent un mémorial de la culture sicilienne ; et en même temps un manifeste de séparatisme, d'autant plus orgueilleux qu'on a exclu, par un coup d'État sans précédent en Italie, les noms des gloires nationales, Garibaldi, Cavour, Victor-Emmanuel, Mazzini, qui s'étalent abusivement et se pavanent au coin des rues de n'importe quelle agglomération, de la péninsule comme de l'île. Parmi les écrivains, je note que Brancati et De Roberto ont droit chacun à une avenue, Pirandello devant se contenter d'une rue transversale. Moins purement sicilien, en effet, a-t-il été que les deux précédents ; s'il est devenu plus célèbre, c'est en acceptant de s'expatrier, une première fois en s'installant à Rome, une seconde fois en adoptant un style de théâtre européen, international. Angelo Musco, auteur dialectal, ne l'avait incité à écrire que ses premières pièces, en dialecte agrigentin.

La place, la *piazza*, lieu de réunion, forum, foyer bruyant et agité de toute bourgade sicilienne, manque à Gibellina. Cette immense esplanade, faite de quatre places juxtaposées, sans une seule boutique, sans un seul bar, paraît encore plus déserte que les rues. Des fontaines de marbre, des sculptures abstraites de métal, ponctuent l'espace et le font paraître plus vide. La première de ces places s'appelle *Portella delle Ginestre* : c'est le nom d'un col de montagne où, après la guerre, le bandit Salvatore Giuliano massacra un groupe de militants communistes. La deuxième est la *Piazza dell'Autonomia siciliana*, la troisième la *Piazza Monti di Gibellina* (référence purement géographique), la quatrième la *Piazza Fasci dei lavoratori di Gibellina.* Dans les années 1890, les *Fasci* siciliens furent un mouvement de révolte paysanne, à tendances socialistes, durement réprimé par le gouvernement central. Le contraire des *Fasci* mussoliniens, trente ans plus tard. Mais un nostalgique du Duce a rayé, sur la stèle, les quatre derniers mots : « des travailleurs de Gibellina ». En sorte qu'il ne reste que le mot *Fasci*, dépourvu d'ambiguïté.

J'hésite à le dire : l'esplanade de Gibellina, avec ses sculptures éparses, aux formes géométriques, qui se dressent dans l'espace vide, n'est pas sans me rappeler l'EUR, cette banlieue futuriste de Rome, édifiée par la volonté de Mussolini. Et le village tout entier de Gibellina, trop grand pour ses habitants, trop blanc, trop net, évoque les cités-jardins du fascisme. Remarque qu'il faut corriger en ajoutant que, parmi les ambitions du fascisme parties en fumée, les projets d'urbanisme donnèrent lieu à des réussites non seulement incontestables, mais fidèles à une tradition nationale de trompe-l'œil décoratif et d'illusion théâtrale. Avec des moyens évidemment plus modestes qu'à Noto ou à Rome, Gibellina Nuova, décor d'opéra avant d'être lieu de vie, témoigne à son tour du rêve scénographique qui hante en permanence les grands bâtisseurs italiens.

Seuls habitants que je croise ce matin, quelques vieillards, perdus dans ce désert de ciment, ont l'air de fantômes égarés sur la lune. Songent-ils à l'ancien abreuvoir ? Comme je suis en train de prendre des notes sur un carnet, l'un s'approche de moi, effrayé, et me demande si je suis venu pour les relevés d'électricité. « C'est que nous n'avons pas encore reçu l'avis... », me dit-il, son regard soupçonneux fixé sur la main qui écrit. Factures, impôts ou convocations militaires, que pourrait apporter d'autre à un Sicilien une feuille de papier, même à l'ombre déchiquetée d'une fontaine en dents de métal ?

Et l'ancienne Gibellina ? Rebaptisé *Ruderi di Gibellina* (l'italien possède deux mots pour dire « ruine » : *rovina*, plus abstrait, et *rudere*, débris concret, épave, terme évocateur et sinistre), l'ancien village, à la différence de Santa Margherita, a été rasé par le séisme, comme Salaparuta, comme Poggioreale, comme Montevago, autres noms à mettre sur le martyrologe. Deux cents morts, à la première secousse. Les survivants eurent le temps de s'enfuir avant la seconde secousse, trois jours plus tard, qui ensevelit les carabiniers envoyés à la garde des maisons. Dans leurs bottes, affirme la légende, on retrouva les bijoux qu'ils avaient volés dans les décombres.

La plus belle idée de Ludovico Corrao est d'avoir voulu transformer le monceau de gravats en un immense tombeau. Alberto Burri, l'illustre peintre et décorateur de murs, a étendu sur les ruines une couche de ciment chaulé d'un mètre cinquante de hauteur, en ménageant des couloirs à la place des anciennes rues. Linceul d'une blancheur éblouissante, jeté au flanc de la montagne : on l'aperçoit de loin sur la route. C'est déjà la plus vaste sculpture du monde, et, quand Burri l'aura achevée, elle occupera plusieurs hectares. Plus qu'une sculpture, c'est un paysage sculpté, d'une beauté saisissante, et qui fait paraître, en comparaison, comme de coûteuses et indécentes lubies l'emballage du Pont-Neuf par Cristo ou les colorations de rivières. Rien de frivole ici, mais une œuvre à la mesure de ce qu'elle entend signifier. Nous nous approchons, nous entrons dans ce monument tel que jamais esprit humain n'en conçut de pareil. Tranchées sinueuses, qui respectent le tracé des rues et des carrefours d'antan. Ce blanc cru, sans ombres, sans rémission, est la couleur du deuil. Parcours funèbre entre des parois lisses, froides, immaculées.

Quelques ruines témoins, comme l'église du Souvenir à Berlin, sont restées debout : ainsi cette maison éventrée, dont l'escalier à ciel ouvert sert de décor au spectacle monté en plein air devant le mausolée des morts de Gibellina. On a édifié un théâtre provisoire en gradins, où depuis cinq ans se déroule chaque été une sorte de festival (mais que le mot, à connotations hédonistes et mondaines, sonne mal ici !), plutôt cérémonie expiatoire à la mémoire des victimes du *terremoto*. Ce soir, 21 août 1987, en présence de Ludovico

Corrao qui circule entre ses invités, coiffé de son légendaire feutre blanc de cow-boy, première mondiale de l'*Oresteia*, opéra (terme également impropre) de Iannis Xenakis. Il a repris une de ses anciennes œuvres en y ajoutant le rôle, important et spectaculaire, de Cassandre, et en a confié la mise en scène à un autre Grec, Yannis Kokkos. Je ne crois pas céder à l'enthousiasme rhétorique en disant que nous avons vu et entendu là, sous le ciel étoilé de Sicile, un spectacle en tout point admirable, à la fois aussi fort qu'une tragédie antique et aussi vivant qu'un opéra moderne.

D'abord, quelques torches s'allument sur les hauteurs. Plus tard, ce seront, disposées le long des tranchées de Burri, des lampes à pétrole qui enverront des signaux mystérieux. (Près de chaque lampe, sur le mur blanc, on a mis une bâche de protection, pour empêcher la flamme de noircir la chaux. Malgré cette précaution, le maire a longtemps hésité avant d'autoriser l'utilisation, à des fins théâtrales, du monument funéraire.) Cependant, le chœur entre en scène et se place de côté : longues silhouettes vêtues de noir. Devant le public, une jeune femme, habillée d'une robe noire toute simple, s'assied sur une rustique chaise de paille : c'est Electre. Deux enfants se placent debout près d'elle : Electre jeune et son frère Oreste. Des vrombissements d'avions, des stridences suraiguës éclatent dans la nuit. Le chœur chante, en grec, des fragments des *Choéphores* d'Eschyle. Une douzaine de paysans, vêtus, à la sicilienne, d'une chemise blanche, d'un costume noir et d'un chapeau noir, sortent de la maison en ruine. Ils déploient un long tapis rouge (l'espace scénique est très profond) jusqu'au premier rang des gradins : seul accessoire ajouté au cadre naturel fourni par la désolation des ruines, l'immensité du cirque de montagnes et la splendeur du firmament nocturne.

Une femme en rouge sort à son tour de la maison, qui figure le palais des Atrides. Elle s'avance lentement sur le tapis, s'arrête devant les spectateurs et se tourne vers la gauche. C'est Clytemnestre, attendant immobile le retour de son royal époux. Voici le cortège d'Agamemnon, qui arrive du fond de la scène. Porté sur les épaules de robustes paysans, le souverain de Mycènes est lui-même un solide campagnard, à barbe fournie, à culotte bouffante serrée aux genoux dans de hautes bottes, à chapeau rond. Tout est noir sur lui, chapeau, barbe, veste, gilet, culotte, bottes, tout est noir, sauf la chemise blanche. Son escorte aussi est habillée de noir. Costume traditionnel des paysans siciliens. Les acteurs sont eux-mêmes des paysans de Gibellina, ils ont ressorti, sauvés du *terremoto*, les habits qui se portaient il y a vingt ans. La lenteur avec laquelle ils marchent, la dignité de leur allure, la solennité du moindre de leurs gestes, on n'a pas eu besoin de les leur apprendre : la grande réussite de ce spectacle est fondée sur le naturel, la gravité simple et spontanée de chaque attitude, de chaque mouvement. Jamais des acteurs professionnels n'auraient eu cet accent de vérité. Agamemnon, dans le civil, est employé de mairie. Il se laisse glisser à terre et marche au-devant de Clytemnestre, qui l'accueille sans rien dire et lui fait remonter, à son côté, le tapis rouge jusqu'à l'escalier, dont ils gravissent ensemble les marches avant de disparaître dans le premier étage du palais.

Sur ce débris de maison, repeint en ocre pour l'occasion, le sculpteur Francis Poirier a hissé un énorme taureau doré qui a l'air en bronze. Sous les pattes de la bête prend place l'unique chanteur soliste de l'opéra, Spyros Sakkas, extraordinaire voix

qui couvre plusieurs octaves, de la basse au falsetto. Un double féminin, pendant qu'il chante, mime sur le tapis rouge les prophéties de Cassandre, mais c'est lui, sous son taureau, et le non moins étonnant percussionniste Sylvio Gualda, qui captivent l'attention. Sylvio Gualda, bien en vue au pied de la maison, se démène au milieu de ses instruments, il frappe, il secoue, il tapote, il effleure, il caresse, du plat de la main, du poing, du marteau, il danse, il bondit, tour à tour déchaînant et apaisant cataractes sonores et fracas de tonnerre. À l'intérieur de la maison se consomme, invisible, le meurtre d'Agamemnon, pendant que le chanteur déclame la geste des Atrides. Sautant avec une virtuosité incroyable des notes les plus graves aux notes blanches de la voix de tête, haletant, hoquetant, criant, vociférant, miaulant, rugissant, mêlant les invectives aux lamentations, les anathèmes aux gémissements, toujours au paroxysme de la colère ou de la douleur, il est le prophète par excellence, le médium inspiré. Si l'avenir n'a pas de secrets pour lui, c'est qu'il a dépassé toutes les limites assignées par la nature : son androgynie rayonnante, sa maîtrise absolue des deux voix de l'homme et de la femme ne prouvent-elles pas que, lorsqu'on échappe aux frontières imposées par le corps, par le sexe, l'esprit acquiert le don de voyance ? Ainsi, par la seule étrangeté de la tessiture, sont restitués la force et le mystère de la tragédie antique.

La fameuse monodie grecque, que Monteverdi et les érudits de Florence s'efforçaient de retrouver au début du XVIIe siècle en utilisant les voix de castrats, n'est-ce pas sous le ciel, sicilien et grec, de Gibellina, qu'elle a recouvré sa violence, sa sauvagerie perdues ?

Le chanteur se retire, l'action reprend. Le cortège funèbre d'Agamemnon sort du palais et emporte le corps dans la montagne : autre image superbe. Electre, qui s'est levée de sa chaise, se précipite derrière la procession et tend les bras vers le cadavre, dans l'attitude des pleureuses antiques. On entend alors un grand bruit de moteurs : ce sont des camions militaires, prêtés par l'armée italienne (les projecteurs qui illuminent la nuit sont ceux de la DCA). Des soldats sautent à terre et arrêtent les paysans restés devant la maison : après un régicide, n'est-ce pas toujours le peuple qui fait les frais de la répression ? Je me demande si cet anachronisme était bien nécessaire. Il n'y avait nul besoin, je crois, de recourir à un tel procédé, tarte à la crème des metteurs en scène à court d'idées, pour nous convaincre que, malgré Eschyle, cette histoire de crimes et de démesure est une histoire de notre siècle.

Oreste, devenu grand, entre en scène, encadré par Pylade et le précepteur. À son frère tremblant, l'intrépide Electre donne l'accolade et remet le couteau, tandis que de longues phrases chorales scandées par des rythmes incisifs de percussion et des heurts sourds de bâtons frappés en cadence excitent à la vengeance l'indécis jeune homme. Il monte l'escalier, entre dans le palais, égorge sa mère Clytemnestre qui tombe à la renverse sur l'appui de la fenêtre, sous un moellon qui ne tient plus au linteau que par une tige de fer rouillée. Oreste tue ensuite Égisthe, l'amant de sa mère, puis s'enfuit dans la montagne, d'où ont surgi, nuée bondissante, des dizaines d'enfants vêtus de longues tuniques jaunes et munis de lampes de poche qu'ils agitent dans les ténèbres. Ce sont les Érinyes, divinités infernales de la mythologie grecque, qui, armées de torches et de fouets, tourmentaient leurs victimes et les frappaient de folie. Les voici, lancées à la poursuite du meurtrier à travers les éboulis, tandis que l'orchestre se déchaîne en sifflements assourdissants, illustration grandiose du vers de Racine : « Pour qui sont ces serpents qui sifflent sur vos têtes ? » Oreste court dans les gravats, il court vraiment, à perdre haleine, la poussière vole sur ses pas et sur ceux des enfants.

Je raconte en détail le spectacle parce que, lorsqu'il sera repris çà et là en Europe, ce sera dans des salles fermées : devenu un « spectacle » justement, et rien qu'un spectacle, alors qu'ici, joué par les habitants de Gibellina, nous assistons au psychodrame que se donne un peuple tout entier, une fête rituelle de mort et de résurrection. En correspondance avec les *Euménides* d'Eschyle, troisième volet du triptyque des Atrides, le dernier acte de la tragédie est un *happy end*. Une statue gigantesque, toute blanche, d'Athéna, surgit au-dessus des ruines : déesse de la raison et de la paix, elle confie au tribunal de l'Aréopage le soin de mettre fin aux querelles sanglantes de cette famille maudite. Les Érinyes, transformées en Euménides, les « Bienveillantes », seront désormais les auxiliaires d'un nouvel ordre social fondé non plus sur la vengeance privée mais sur la justice officielle. La troupe des enfants en jaune se rassemble au pied de la statue et chante, immobile, un hymne de réconciliation, psalmodié de leurs voix blanches aiguës.

Bien plus qu'une reconstitution de théâtre grec, l'*Oresteia*, représentée dans ces conditions, m'a semblé une incarnation parfaite de la sicilitude. Nombreuses m'ont paru les références, sans doute involontaires, à des épisodes de l'histoire ou de la culture siciliennes. Les auteurs du spectacle y ont-ils pensé ? Se venger soi-même au lieu de s'adresser aux tribunaux est une vieille habitude dans l'île : la Mafia tire le principal de sa force et de son pouvoir de la défiance envers les institutions de l'État. Agamemnon sacrifie sa fille Iphigénie, prix qu'exigent les dieux pour lui faire gagner la guerre de Troie. Clytemnestre assassine son mari pour venger le meurtre de sa fille. Oreste tue sa mère pour venger le meurtre de son père. Et la chaîne des violences n'aurait jamais pris fin, sans l'intervention d'Athéna. En Sicile, les haines entre familles rivales de la Mafia se transmettent d'une génération à l'autre : on attend toujours Athéna. L'*Oresteia* et sa conclusion heureuse ont pu offrir aux villageois de Gibellina et des environs, accourus nombreux aux trois représentations du spectacle, le miroir de leurs luttes contre la Mafia, et le modèle, un peu moins utopique pour eux, d'une société où l'ordre de la justice publique aura succédé au chaos de la vengeance privée, où les Euménides, garantes de la paix et de la raison, auront mis définitivement en fuite les Érinyes dévastatrices.

Autres connotations siciliennes, qui contribuent à la richesse exceptionnelle de la soirée. Le grand romancier Giovanni Verga, de Catane, a écrit une nouvelle, *La Lupa,* histoire d'une femme « fatale » dont l'amour enflamme les hommes d'une folie destructrice. Ayant jeté son dévolu sur son propre gendre, elle le relance dans les champs où, contre son gré, il cède à une passion qu'elle lui impose. Jusqu'au jour où, l'ayant mise en garde et avertie de le laisser tranquille, il la voit venir à nouveau à sa rencontre, un bouquet de coquelicots dans les bras. Exaspéré, il brandit sa hache et l'immole. De la trilogie d'Eschyle à la nouvelle de 1879, et du texte de Verga à l'opéra de Xenakis, on retrouve les mêmes composantes, passion, inceste, violence, crime, et jusqu'aux mêmes symboles. Fleurs rouges pour la « louve », robe rouge pour la reine, qui s'offre au couteau d'Oreste avec la même sérénité sacrificielle que la paysanne des pentes de l'Etna à la hache de Nanni.

De l'épopée du bandit Salvatore Giuliano, Francesco Rosi avait tiré, dans les années 60, un film, le plus beau film jamais tourné en Sicile, sur la Sicile. Il m'a semblé que les bras tendus d'Electre derrière le cortège funèbre d'Agamemnon, que le rythme même des processions, les regroupements de paysans sur la scène, la gravité rituelle des mouvements, la lenteur appuyée des regards, que toute cette merveilleuse gestuelle stylisée renvoyait à certaines images du film. Où est la justice ? Telle était l'interrogation fondamentale posée dans *Salvatore Giuliano*. Qui doit-on retenir comme coupables ? Le bandit, ou ceux qui le mandataient ? Ainsi, le massacre de Portella delle Ginestre, dont une place de Gibellina Nuova rappelle le souvenir, aurait été organisé par la Démocratie chrétienne, Salvatore ne servant que de *killer* appointé. Qui est coupable dans l'*Orestie* ? Agamemnon ? Clytemnestre ? Oreste ? Les mêmes meurtres en série, les mêmes rêves d'innocence impossible, les mêmes ténèbres de violence et d'injustice, la même fatalité aveugle tissent d'âge en âge l'histoire du bassin méditerranéen, avec une concentration tragique maximale sur le radeau de la Gorgone.

Mais il ne s'agit là, presque sûrement, que de coïncidences fortuites. Yannis Kokkos n'a pas eu besoin de consulter Verga ou Rosi. En faisant appel aux villageois de Gibellina, en leur faisant endosser leurs costumes traditionnels, en les coiffant de leurs chapeaux ronds, en leur demandant de marcher et de bouger comme leurs ancêtres avaient toujours marché et bougé, il a obtenu cette fusion admirable de l'histoire racontée et de ceux qui la racontent. Eschyle lui-même était à peine nécessaire au spectacle. Sans rien connaître du mythe grec, le public ne se sentait pas dépaysé. Toutes ces scènes de l'*Oresteia* auraient pu se dérouler sur la place de l'ancienne Gibellina.

Si l'apologue final n'est pas lettre morte, si le règne d'Athéna est arrivé ou sur le point d'arriver pour Gibellina Nuova, il n'est pas à craindre qu'elles se reproduisent. Ce village de Sicile a tourné une page de

son histoire. Le séisme, au lieu de l'abattre, l'a stimulé. Il ne s'est pas contenté de renaître du désastre, il s'est réveillé d'un long sommeil de l'esprit, d'une séculaire méfiance envers les pouvoirs de la raison, de cette inertie sans espoir liée au destin de la Sicile. Du moins veut-on croire qu'il en est ainsi, et que l'œuvre de Xenakis et Kokkos restera comme la commémoration de cet exploit.

La maison en ruine, d'ailleurs, sera détruite elle aussi ; rasé le palais des Atrides ; Burri recouvrira de chaux blanche tout ce qui subsistait du village. Que la mort veille sur les morts, qu'elle étende son linceul immaculé sur ce qui a cessé d'être et appartient désormais à l'éternité. La vie recommence plus loin, elle a déjà recommencé. Pour une fois en Sicile, il semble que le dernier mot doive reste au courage, à la volonté, à la vie.

Sel et marbre

Nous pensions en avoir fini avec les découvertes. Seul le scrupule de ne laisser aucun coin de l'île inexploré nous décida à parcourir la côte occidentale. Sélinonte, certes, ne nous a pas déçus, mais le spectacle de ce champ de ruines ne peut constituer une surprise. Sur deux collines au bord de la mer, près du fleuve Sélinos, qui coule dans une vallée où prospère l'ache aux grandes feuilles (« sélinon ») que la ville prit pour ses armes parlantes, celle qui fut la plus prestigieuse des colonies grecques s'enorgueillissait de huit temples dont les débris jonchent le sol. Le lézard, l'acanthe, la pâle absinthe, la scolopendre à fers de lance ont élu domicile entre les blocs. On trouve dans n'importe quel guide la description exacte de ces vestiges, dont certains ont été plus enlaidis que restaurés.

Jean Bayet est celui qui a le mieux parlé du site, évoquant en poète, malgré une érudition magistrale, « l'herbe rase, semée de petites renoncules couleur d'incarnat et de pourpre violette », au pied du temple d'Héra (E), un des plus parfaits que l'art dorique ait produits. Mais quelle sottise d'avoir transporté à Palerme les métopes qui le décoraient ! Œuvres d'autant plus précieuses que les autres colonies grecques de Sicile laissèrent leurs temples sans ornements sculptés. Le grand poète Stésichore avait chanté en termes magnifiques, dès la première moitié du VIe siècle avant Jésus-Christ, la découverte de l'Occident par Héraklès.

Les premiers colons de Sélinonte se récitaient ses vers, et la légende selon laquelle le héros, revenant de la fabuleuse Érythie avec les bœufs de Géryon, avait terrassé Éryx, le fils d'Aphrodite, et acquis pour ses descendants des droits imprescriptibles sur la Sicile occidentale, encouragea ceux-ci dans leur entreprise de domination.

La geste d'Héraklès s'admire aujourd'hui à Palerme, dans la morne grisaille d'un musée, loin des lieux où il faut se la figurer quand elle se déployait au sommet des blondes colonnes, au-dessus de l'architrave, entre les triglyphes rigides, détachée sur le ciel bleu. La destruction de Sélinonte par les Carthaginois, en 409 avant Jésus-Christ, puis les tremblements de terre ont rendu à la nature ce qui n'est plus qu'un chaos de pierres ; et mieux vaut contempler ces ruines comme un pur paysage, comme une extrémité du monde éboulée dans la mer, en s'imaginant, comme au temps de sa splendeur, le plateau couvert de vigne et de blé, les mottes onctueuses de terre rouge retournées par les attelages de bœufs couleur acajou, l'herbe émaillée de boutons-d'or frissonnant sous l'ombre légère des oliviers.

Richement cultivée, encore à présent, toute cette partie de l'île. Nous approchons de Marsala, dont les vignobles étendent sur les coteaux un tapis verdoyant. Un devoir de piété nous dirige d'abord vers Salemi, bourgade de l'intérieur, nichée dans les montagnes, qui, de Gibellina Nuova dressée de l'autre côté de l'ample vallée du Fiume Freddo, nous était apparue comme un décor de théâtre. Lente montée le long d'une route sinueuse. De Salemi, à la veille de la Première Guerre mondiale, le grand-père de Ferrante est parti, à califourchon sur un âne ou bringuebalé dans une charrette tirée par une mule, pour le voisin port de Trapani, où il embarqua en direction de Tunis. De l'émigré, que son petit-fils n'a pas connu, reste une vieille photographie de passeport qui montre un visage buriné, raviné, barré par une moustache en guidon de bicyclette à la Victor-Emmanuel. Grande épopée de l'exil, d'où Francesco n'est jamais revenu, fondant une famille en Afrique, avec une femme originaire de Malte.

Sur la place de Salemi, écrasée de soleil, nous avisons quelques ouvriers qui profitent du dimanche, affalés sous les chênes verts de la *passeggiata*. Leur teint, leur profil, la coupe de leur moustache, leur gentillesse résignée, tout indique en eux des Arabes. Ils viennent de Tunisie, nous disent-ils, et travaillent à la construction de l'autoroute. En soixante-dix ans, le mouvement de l'émigration s'est renversé. Encore une ironie de l'histoire, qui a élu la Sicile pour faire ses plaisanteries. Le petit-fils regarde d'un œil ému les petits-fils de ceux qui ont vu jadis débarquer chez eux son grand-père.

Salemi, dont nous parcourons les ruelles, semble avoir échappé à la misère du début du siècle. La propreté des maisons, l'entretien du pavé, la tenue des magasins attestent un degré d'aisance certain. Entre deux murs, la vue plonge sur un immense paysage de champs, de vignobles, de ravins. Quelle dut être la prospérité de ce village en des temps très anciens si, en nous hissant jusqu'au sommet par d'abrupts raidillons, nous découvrons tour à tour l'opulente façade baroque de l'église du Collegio et les restes imposants d'une forteresse bâtie par Frédéric II ?

Il n'y a pas de localité si reculée en Sicile où l'on ne trouve des vestiges de plusieurs grandes civilisations. Les ouvriers tunisiens seraient moins dépaysés, moins perdus, s'ils savaient que, plusieurs siècles avant l'édifice des jésuites, ennemis irréductibles de la foi de Mahomet, Frédéric II, l'ami de l'Islam, avait élevé un château, dont le donjon cerclé de fer domine toujours la vallée.

Nous voudrions emporter une carte postale de ce monument. Dans le bureau de tabac où nous entrons, le commerçant, les bras posés sur le comptoir et la tête appuyée entre les bras, dort paisiblement. À quoi bon le réveiller? Différences de races, de religions, de classes sociales, souvenirs de la pauvreté et de l'exil, tout est oublié, pardonné, aboli dans ce sommeil réparateur. Que les affiches électorales de la dernière consultation achèvent de s'écorner et de s'effilocher au vent, avec les promesses jamais tenues des partis politiques!

Peu amateurs de vin, encore moins de ce cru sirupeux appelé Marsala, nous aurions volontiers évité la ville qui le produit et qui la première, dès le 11 mai 1860, a capitulé devant Garibaldi. Erreur, car nous aurions manqué une œuvre d'art hautement réjouissante. À l'entrée, au milieu de la place, on a installé une fontaine qui représente, ô stupeur! non pas le héros sur son cheval légendaire, mais une femme toute nue assise en face d'un âne. La dame, d'une matière grisâtre qui doit être du zinc ou du cuivre, posée sur un socle cylindrique, haute et large trois fois grandeur nature, se renverse en arrière, les jambes généreusement écartées. Elle boit, à la régalade, d'un tonneau qu'elle brandit de ses deux mains. L'eau jaillit par les turgescents tétons de ses deux plantureuses mamelles. De son bas-ventre béant, comme si elle en accouchait, saille une obèse grappe de raisin. Devant cette vision hideuse, l'âne, que nous approuvons pour son bon goût, a tourné sa croupe. Il envoie en direction de l'impudique une terrible ruade, mais il n'a pu déguerpir tout à fait, car du tonneau qu'il porte de guingois sur son dos, fuse un autre jet d'eau nécessaire à l'harmonie du bassin.

On ne triche pas impunément avec les seigneurs de

l'Olympe. Si on voulait célébrer le dieu de la vigne, il fallait choisir Dionysos. Si on préférait une divinité féminine, c'est Déméter, déesse du blé, la sobre et chaste Cérès des Romains, qui eût convenu. Ce compromis immonde inspire à l'aliboron un geste qui fait honneur à sa culture mythologique. La vieille Sicile se rebelle contre l'innovation éhontée. Il n'y a plus beaucoup d'ânes ni de mules, c'est dommage. Mais il n'y a pas encore, Dieu merci, de femmes qui se débraillent en public avec cette vulgarité agressive. La réserve que toutes elles observent, même les plus jeunes, demeure un des charmes de l'île.

Comme le baudet, nous avons pris la fuite, sans savoir que, grâce à la répulsion éprouvée devant la dame ivre, nous découvririons, à la sortie de Marsala, une des plus belles côtes de Sicile, inattendue, plate, lagune bordée d'îlots, scintillante de monticules neigeux qu'en approchant nous reconnaissons pour du sel.

Les marais salants s'étendent entre des murettes de pierres. Chaque carré est bien délimité et, de l'un à l'autre, nous pouvons assister aux différentes phases du travail, qui s'opèrent simultanément. L'eau, en s'évaporant, laisse à découvert une couche blanche ; deux hommes, armés de pelles, tracent des sillons. Dans le carré voisin, deux autres ouvriers mettent le sel en tas. Plus loin encore, une douzaine de jeunes hommes chargent le sel des tas sur des brouettes qu'ils poussent jusqu'à un tapis mécanique qui hisse les cristaux au sommet d'un tas cent fois plus gros. Un autre ouvrier, juché sur ce tertre, remue le sel avec sa pelle. Un contremaître, assis à côté de lui, surveille les hommes et compte les tas. Chaussés de bottes en caoutchouc vertes à revers jaunes, ils vont et viennent presque nus, sous de larges chapeaux de paille. C'est une activité inces-

sante, un fourmillement de brouettes et de silhouettes noires au milieu de l'intense réverbération.

Je demande au contremaître combien d'heures ils travaillent par jour. « Huit heures », me répond-il en me jetant un regard soupçonneux. « Huit heures d'affilée ? » (Il est deux heures de l'après-midi, par une chaleur étouffante.) « Huit heures, pendant la saison, qui ne dure que deux mois et demi. — N'est-ce pas un travail épuisant ? » De temps en temps, ils vont boire à une gourde posée contre la murette, mais que ne protège nulle ombre. Sèche réplique : « Ils sont habitués. Au revoir. » Le sel brûle autant que le soleil. Sans doute me prend-on pour un journaliste et craint-on quelque reportage accusateur. Pourtant, les ouvriers ne semblent pas accablés ; ils s'encouragent par des clameurs, nous regardent avec gaieté et posent en riant pour les photos. Rien à voir avec la torpeur des pêcheurs de thons, chiourme qui attendait, prostrée sur les rames, le passage des poissons, au large de la maison du prince N., sur la côte de Calataporto. Je songe aussi à la condition atroce des mineurs de soufre, jusqu'à la fermeture des mines, qui ne remonte pas à si loin. Est-ce la beauté du paysage, le calme de la lagune, les souffles de la mer ? Je ne voudrais pas idéaliser un travail dur, exténuant, mais ne puis m'empêcher de constater qu'il n'y a ici ni misère ni hébétude. Quand ils se sont désaltérés, tant bien que mal, à l'eau tiède de la gourde, ils se ressaisissent de leur pelle, chargent leur brouette et vont, en file indienne et dansante, minuscule procession découpée sur la blancheur, en déverser le contenu dans un bac d'où le tapis mécanique aspire le sel, jusqu'au sommet du tertre.

Gestes rituels, répétés sans variations depuis des siècles, à part les brouettes métalliques à roues de caoutchouc et le tapis à moteur. Sur les carrés d'où le sel a été enlevé reste une croûte lisse, dure, moirée de gris et de rose, irisée de mille nuances comme les marbres des églises. Quelques tours isolées, éoliennes ou moulins, montent la garde en bordure des marais. Une vieille maison, aux murs ocre, se reflète sur la surface chatoyante où se mirent plus loin, alignés comme des pyramides dans le désert, des monticules pointus. De l'éblouissement des champs de sel et de l'éclat aveuglant des cristaux, l'œil se repose en s'attardant sur les reflets bleus, roses, gorge-de-pigeon qui diaprent la lagune.

En complément du paysage, l'île basse de Mozia se distinguerait à peine, derrière les marais salants, sans le bouquet d'arbres qui pousse en son milieu. Motya, la plus ancienne et la plus importante des colonies puniques de Sicile, fondée à la fin du VIIIe siècle, prospéra jusqu'en 397 avant Jésus-Christ, année où Denys Ier de Syracuse s'en empara et l'anéantit, pour venger la destruction de Sélinonte par Carthage, douze ans plus tôt. Les survivants s'installèrent sur la terre ferme, à Lilybée, aujourd'hui Marsala.

Facile à défendre et propice au commerce, l'île, d'une étendue de quarante-cinq hectares, située entre la côte et une île plus grande qui la protège du large, occupait une position idéale pour les marchands de Carthage. Ils la fortifièrent par un rempart qui la ceinturait sur les 2 500 mètres de son pourtour. Ils disposaient d'un port naturel, en creusèrent un autre, le *cothon*, pour le carénage, aménagèrent une nécropole et construisirent une route qui reliait l'île à la terre et dont subsistent des traces sous-marines. Le *tophet*, sanctuaire du dieu Baal Hammon, à qui étaient sacrifiés des enfants en bas âge, quelquefois dès leur naissance, couvrait un emplacement triangulaire au nord de l'île.

Plus à l'est, près d'un autre sanctuaire, on a

retrouvé, le 26 octobre 1979, comme un mirage de marbre surgi des champs de sel, la statue d'un éphèbe grec. Elle était couchée, sur le dos, recouverte de gravats. La tête, récupérée à peu de distance, collait parfaitement au corps. La statue avait sans doute échappé au sort de tant d'effigies en marbre de l'Antiquité, passées au four pour en faire de la chaux. Les bras et les pieds manquent toujours à l'appel.

Peu d'œuvres, dans toute la statuaire grecque, sont aussi belles, aussi singulières que l'éphèbe de Mozia, placé maintenant dans le petit musée de l'île, qu'on rejoint après un quart d'heure de barque, après avoir fait signe au passeur. Les circonstances de sa découverte, le mystère de son origine et de sa destination, la fascination qui s'attache aux œuvres jaillies soudain du néant, ajoutent à son éclat. Sa renommée demeure pourtant très modeste, pour ne pas dire nulle. Comparons-la à la gloire qui auréole deux autres statues elles aussi récemment exhumées.

Quand en 1972 on remonta du fond de la mer, sur la côte de Calabre, et qu'on exposa ensuite, en 1981, après une longue restauration, les deux athlètes en bronze de Riace, ce ne fut, en Italie et dans le monde entier, qu'un cri de stupeur et d'émerveillement. Les bronzes furent exhibés à Florence et à Rome, avant leur installation dans le musée de Reggio Calabria. Des files interminables de curieux, parmi lesquels on remarqua mainte bonne sœur à qui la nudité virile fut brusquement révélée, s'allongèrent à l'entrée du musée archéologique et du Quirinal pour avoir le droit de regarder une minute les athlètes. À Reggio, ville jusqu'alors méprisée des touristes, on a construit pour eux une salle de verre à l'épreuve des balles, où ils reçoivent l'hommage consciencieux de milliers de voyageurs. On en a fait des livres d'art, des cartes postales, des bibelots en bois, en plâtre, en liège, en corail, des presse-papiers, des pieds de lampe, des timbres-poste. Ils ont ravi au David de Michel-Ange la primauté dans l'admiration des foules.

Pour l'éphèbe de Mozia, découverte archéologique non moins étourdissante et qui aurait dû faire autant sensation, aucun bruit. Pas même une carte postale. Cette statue, sur de nombreux points, divise les spécialistes. Si peu d'envie que j'éprouve à entrer dans des débats où se résume pour le visiteur habituel tout l'intérêt que présente la Sicile et à reprendre l'antienne de la culture et de l'art grecs, l'injustice de ce sort et le désir de comprendre pourquoi un tel chef-d'œuvre est resté obscur me décident à le regarder de plus près et à l'analyser en détail.

Un mètre quatre-vingt-un de hauteur, sans les pieds. Un surhomme, à sa manière, un héros revêtu de quelque prestige emblématique. Marbre en provenance de l'Anatolie, semblable aux plus beaux échantillons de celui employé à Éphèse, autre signe de l'excellence accordée au jeune homme. Même si les bras manquent, on peut reconstruire avec précision l'attitude. Le bras droit, levé, tenait une lance ou brandissait au-dessus de la tête une couronne de laurier. Le bras gauche était replié vers le corps et la main, aux doigts écartés (elle a subsisté intacte), s'enfonçait dans le côté en imprimant un pli à la tunique. Le geste de cette main, la marque des doigts dans le flanc et dans l'étoffe, comptent parmi les beautés les plus émouvantes de la statue.

Tête tournée légèrement à gauche, front surmonté d'une triple rangée de boucles qui se prolongent sur la nuque en deux rangées dégageant les oreilles. Le visage, abîmé par le séjour sous les gravats, fait apparaître le type classique de la première moitié du Vᵉ siècle. Sur le crâne, à peine dégrossi, cinq éclisses de bronze (il n'en reste que deux, trois trous prouvent

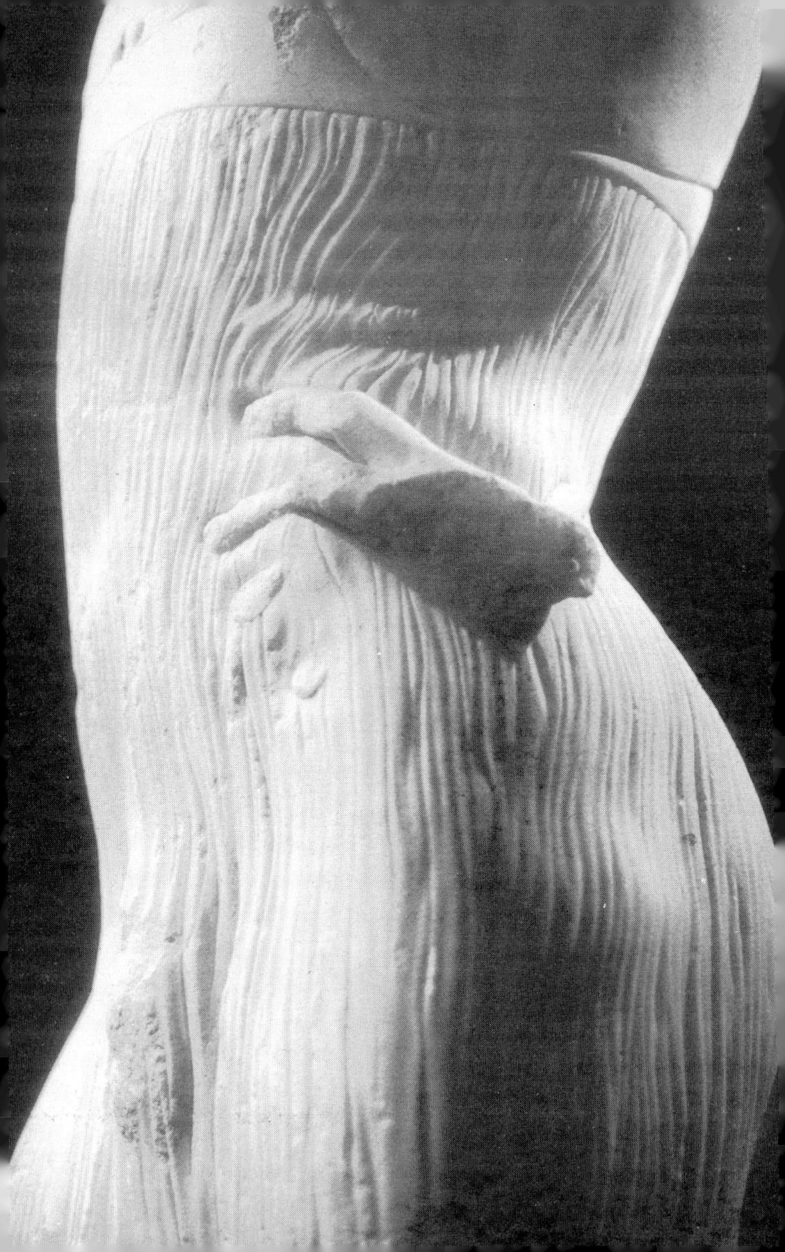

qu'il y en avait trois autres) attestent la présence autrefois d'une couronne ou de quelque couvre-chef en rapport avec la fonction du jeune homme dans la cité.

Frappe d'abord et séduit la tunique, aussi inhabituelle que merveilleuse, qui le revêt de haut en bas; à longs plis épais qui se chevauchent et semblent bouger sous la respiration de la chair. Longues lignes sinueuses qui modèlent chaque partie du corps, la poitrine, les hanches, les jambes et d'abord le sexe, mis ainsi dans un relief audacieux, contrairement à ce qui sera la tradition des artistes chrétiens, qui profiteront du voile pour cacher les organes génitaux du Christ. Vue de dos, la statue exalte encore plus franchement, sous la liquide turbulence de l'étoffe, la fermeté et la rotondité des fesses. Comme surgissant du bain et ruisselant de gouttelettes transparentes, l'éphèbe de Mozia se montre plus nu que s'il se présentait en tenue adamique. Sous les bras, une sorte de large ceinture le sangle, tenue par deux tirants qui se croisaient dans le dos et se nouaient par-devant, à l'aide d'une boucle de métal, aujourd'hui perdue, attestée par deux gros trous. L'emblème gravé sur cette boucle contenait peut-être le secret du jeune homme.

Qui était-il donc, cet énigmatique garçon, appuyé sur sa jambe gauche et mollement déhanché sur l'autre ? Comment expliquer le contraste entre la tête, modelée selon le style « sévère » des sculpteurs contemporains de Périclès, et le reste du corps ? Pour être cohérent avec la tête, il aurait fallu un nu héroïque, bien droit et viril et non cet abandon, ce relâchement de la chair sous un vêtement qui en souligne la sensuelle morbidesse.

Un cocher, cousin du célèbre Aurige de Delphes ? Le *professore* Vincenzo Tusa, qui enseigne les antiquités puniques à l'université de Palerme, un des rares à avoir étudié l'œuvre, exclut cette hypothèse, communément admise. L'Aurige de Delphes est immobile, en position statique. L'éphèbe de Mozia en mouvement. Si on avait voulu représenter un cocher dans l'exercice de ses fonctions, aurait-on eu l'idée de le faire conduire son char avec un bras levé et l'autre posé sur la hanche? S'agirait-il plutôt d'un prêtre ou d'un magistrat? Impossible, à cause de la jeunesse du modèle. Ce pourrait être, selon une hypothèse qui me paraît biscornue, le fils, ou le commanditaire de l'aurige, accompagnant le vainqueur dans son tour d'honneur sur la piste.

Que l'œuvre remonte à la première moitié du Ve siècle avant Jésus-Christ, aucun doute sur ce point. À la période « archaïque », caractérisée par la rigidité des corps, avait succédé l'époque où les artistes grecs savaient reproduire le mouvement. Pourquoi cette statue se trouvait-elle en territoire punique? Très probablement quelque marchand ou notable carthaginois de Mozia l'avait commandée à un sculpteur grec de renom. Ce marchand connaissait sans doute la voisine et prestigieuse ville de Sélinonte, la seule colonie grecque de l'Occident qui ornait ses temples de sculptures. Au musée archéologique de Palerme, nous avons vu les métopes de Sélinonte. La tête de l'éphèbe de Mozia offre quelque ressemblance avec la tête d'Héraklès, dans la métope qui représente le héros luttant contre l'Amazone. Le pied gauche d'Héraklès s'enfonçant dans le pied droit de l'Amazone rappelle le détail plastique, si remarquable, de la main de l'éphèbe imprimée dans son flanc. Cette métope appartenait au temple E, construit dans la première moitié du Ve siècle, époque à laquelle on fait remonter aussi la statue. Cependant, deux objections empêcheraient de rattacher l'éphèbe de Mozia à l'art de Sélinonte. À Sélinonte, il n'y avait pas de marbre; et, de Sélinonte, ne nous est parvenue aucune statue isolée, sauf l'éphèbe de bronze aux yeux écarquillés, mais de bronze justement, modelé selon une tout autre technique.

À toutes ces interrogations sans réponse s'ajoute le mystère le plus troublant : la présence de cette tunique sur un corps qui devrait être nu. Trois hypothèses. Pour le *professore* cité, la tunique et la ceinture pectorale, étant le vêtement coutumier des Carthaginois, seraient la marque de la commande par le marchand de Carthage. Le gardien du musée, lui, a une autre idée déjà plus futée. « Comme le nu était défendu, ils ont trouvé le moyen de cette robe transparente. » L'inconvénient de cette conjecture, c'est qu'elle contredit tout ce qu'on sait de la culture grecque, où le nu n'était pas défendu pour les statues viriles, mais au contraire prescrit et comme obligatoire, le vêtement passant pour un signe de mollesse et d'effémination.

La familiarité de Winckelmann, une longue fréquentation de la Sicile, la conviction qu'en deux mille cinq cents ans les goûts et les mœurs ne changent pas, me poussent vers une interprétation qui n'aura sans doute pas l'aval des *professori*. Dans la Grèce classique, on représentait donc les hommes nus, mais les femmes habillées, souvent en tunique à longs plis comme celle de l'éphèbe. Je vois dans cette statue la figuration idéale de l'homme-femme : viril par sa taille exceptionnelle, ses organes sexuels, sa prestance, féminin par sa pose, son déhanchement, sa recherche vestimentaire. L'homme-femme, affichant publiquement la double nature que chaque être humain porte en soi, mais que très peu osent reconnaître, avouer, faire vivre et s'épanouir. L'androgyne, fils d'Hermès et d'Aphrodite, magnifié par les Grecs, chez les modernes honteusement caché.

Est-ce un hasard qu'on l'ait retrouvé en Sicile ? Je

vois dans cet éphèbe (terme impropre pour désigner celui qui abrite en lui les deux visages et les deux corps du dieu) la sublimation la plus parfaite du mâle sicilien, si peu homme malgré sa prétention à la virilité, si enclin secrètement à s'identifier à l'autre sexe.

Pourquoi le jeune homme de Mozia n'est-il pas devenu, comme les bronzes de Riace, un héros national ? La réponse me paraît maintenant évidente. Dépourvus de toute équivoque sur leur sexe, les bronzes de Riace montrent aux Italiens ceux qu'ils voudraient être. L'androgyne de Mozia leur montre ce qu'ils sont. Délicieusement ambigus, incertains de leurs inclinations, peu désireux de victoires phalliques sur la femme. Mais lui seul a le courage de manifester ses goûts, sa bisexualité que les autres refoulent, parce que les temps ont changé depuis la Grèce et qu'une ambivalence tenue alors pour un don des dieux n'est plus considérée dans notre époque appauvrie que comme un louche désordre de la nature.

Les bronzes de Riace, musclés et arrogants comme des paras, conviennent à un peuple à la recherche de « pères », tourmenté par la nostalgie de « l'homme fort », lassé de la corruption et de l'incompétence de ses dirigeants politiques. Le peuple italien et les autres, bien entendu. L'éphèbe de Mozia, relégué comme un paria dans son îlot, difficilement accessible à la pointe la plus reculée de l'Europe, entouré de solitude et de silence, miracle de pureté surgi des champs neigeux de sel, aura la préférence de tous ceux pour lesquels il n'y a pas de véritable beauté sans transgression d'un interdit.

Un théâtre de la cruauté

Nous redescendions du théâtre et du temple inachevé de Ségeste, convaincus qu'en Grèce même l'art dorique n'a rien produit de plus beau que ces colonnes non cannelées soulevant leur entablement et leurs frontons intacts, d'un rose orange, dans la solitude parfumée des fenouils et des ronces, parmi les chercheurs de *babalucci*, sur un fond de montagne bistre — mais fort contrariés que le hasard topographique eût placé ces vestiges à la pointe nord-ouest de l'île, nous forçant pour ainsi dire à terminer notre livre sur l'évocation d'une régularité, d'une harmonie, d'une sérénité que nous tenons pour absolument contraires au génie sicilien.

C'était compter sans les ressources inépuisables de la Sicile, qui nous procurerait notre ultime surprise à l'endroit où nous l'attendrions le moins. Non pas à Erice, certes, chichiteuse, obstruée de voitures, engorgée de touristes, attrape-nigaud vanté par les agences, mais à Trapani, port extrême situé presque symétriquement par rapport à Calataporto, et que nous visitâmes plus par acquit de conscience que dans l'espoir d'en rapporter une dernière image forte. Si cette ville blanche, entourée de tous côtés par la mer, semblable à Syracuse par sa position et le charme de ses rues claires au bout desquelles on aperçoit toujours quelque silhouette de navire, mérite une halte, rien n'y retient particulièrement l'attention. Foule sur les quais, où on déguste un *kuskus di mare* né d'un heureux compromis entre l'Afrique et la Sicile, et d'où partent les courriers pour les îles Égades, pour l'île de Pantelleria, pour Tunis, pour la Sardaigne, pour Gênes. La compagnie Siremar, de Palerme, qui donne à ses bateaux des noms de peintres et nous a transportés à Vulcano et à Stromboli sur le *Caravaggio* et l'*Antonello da Messina*, emmène les voyageurs à Pantelleria sur le *Pietro Novelli*, ce qui témoigne d'une rare attention envers les valeurs oubliées du patrimoine artistique sicilien.

Le corso Vittorio Emanuele coupe la ville parallèlement aux deux bords de l'isthme. On y longe des palais dont le portail a la forme curieuse d'un éventail déployé, et plusieurs églises. La plus remarquable, celle du Collegio, arbore sur sa façade des reliefs de masques et de sirènes. Beaucoup de coquilles au-dessus des portes. Plaque commémorative au nom de Leonardo Ximenès, *idraulico*, 1780. Il ne peut s'agir d'un vulgaire plombier. Ce sera quelque ingénieur en aqueducs et en fontaines. Dans la cathédrale, on est accueilli par un grand Christ en bois de Monialès, 1665. Ximenès, Monialès : ces noms espagnols auraient dû nous avertir.

Nous poursuivions insouciants notre flânerie lorsque, au coin d'une traverse du corso, nous lûmes sur une pancarte, au-dessus d'une flèche qui indiquait la direction : *Chiesa del Purgatorio, Sede dei Misteri.* « Église du Purgatoire, Siège des Mystères. » De quoi enflammer sur-le-champ notre imagination.

Nous nous enfonçâmes dans la ruelle. C'était un jeudi soir, à sept heures. L'église était fermée bien sûr, mais, circonstance exceptionnelle en Sicile, et qui nous fit mesurer l'importance de ces « Mystères », un rectangle de carton collé sur la porte nous informait des heures d'ouverture : lundi, mercredi, vendredi, de neuf heures à treize heures. Une chance pour nous, sauf que le vendredi, par surcroît, avait lieu la seule messe de la semaine à neuf heures trente. Comme nous devions impérativement quitter Trapani le lendemain à dix heures trente cela signifiait que nous ne disposerions que d'une demi-heure pour regarder, étudier, photographier les énigmatiques trésors qui avaient leur « siège » dans ce sanctuaire. Nous nous retirâmes, non sans avoir estimé d'excellent augure que la façade de l'église du Purgatoire, joliment contournée et sinueuse, eût été construite par Giovanni Amico, architecte de Trapani, le même qui nous avait charmés à Palerme par la façade concave de Sant'Anna, une des plus intéressantes de la capitale.

Comment nous préparer à notre visite éclair du lendemain pour ne pas arriver trop démunis sur place ? Nous avisâmes sur le corso une librairie qui se révéla extraordinairement bien fournie en livres sur la Sicile — la mieux fournie, je crois, de toute l'île. Appelée « Best Seller » sur une horrible enseigne au néon, mais par antiphrase, je suppose, par auto-ironie destructrice, ou par foi dans le talisman magnifique du nom, puisque, pendant la demi-heure que nous passâmes à flâner entre les rayons, pas une âme ne se montra dans la librairie.

Qui aurait pu, parmi les amateurs d'art de Trapani, s'acheter ces albums au prix exorbitant ? Un recueil de vieilles photographies d'Alinari nous fit rêver sur la Sicile d'avant les voitures et le néon. Un superbe ouvrage sur *l'Époque des Florio* nous ramena à la Villa Igiea de Palerme. Mais qui, dans cette ville, encore une fois, mettrait cent soixante mille lires pour avoir le droit de regarder chez soi la reproduction du portrait de donna Franca Florio peinte en couleurs évanescentes par Ettore di Maria Bergler, sous le titre d'*Extase*, comme une allégorie dannunzienne ? J'ai le temps d'apprendre, en feuilletant, que ces langueurs capiteuses et ces florales pâmoisons avaient pour robustes supports le commerce du Marsala et du thon.

Les « Mystères » de Trapani, heureusement, ne sont pas de ceux qui incitent les éditeurs aux dépenses somptuaires. Nous réussîmes à dénicher un opuscule, non illustré, d'une modestie inversement proportionnelle à la singularité du sujet traité.

Les Espagnols avaient introduit la coutume de représenter la Passion du Christ lors de cérémonies où les acteurs, montés sur des plates-formes de bois mobiles, défilaient dans les rues en se flagellant jusqu'au sang. Au début du XVIIe siècle, on jugea plus décent de remplacer les interprètes vivants par des groupes de statues. Les vingt « Mystères » de Trapani sont les vingt images sculptées des différentes étapes du calvaire et de la mort du Christ. Fondée en 1603, la Confraternité du Sang du Christ se chargea de faire construire les statues. Elle s'allia en 1646 avec la Confraternité de saint Michel. Les confrères réunis adoptèrent pour tenue le sac de toile couleur rouge, le manteau de laine blanc et la visère blanche. L'église San Michele abritait les groupes de statues, qui sortaient en procession une fois par an, du vendredi saint, à quinze heures, au samedi saint à dix heures, intervalle raccourci en 1761, à la suite de désordres sur la voie publique, du vendredi saint à vingt-trois heures au samedi saint à trois heures du matin. La guerre ayant détruit l'église San Michele, l'église du Purgatorio est devenue le « siège » des groupes sculptés.

Dès le XVIIe siècle, les deux confraternités s'étaient associé les corporations d'artisans, afin de faire face aux frais élevés occasionnés par l'entretien et l'embellissement des statues. Chaque corporation avait la charge d'un groupe, avec le droit de le porter en procession et le devoir de verser aux confraternités un don annuel en argent et en cire. Nous regardons s'il n'y a pas un rapport entre les scènes représentées et l'activité des corporations. Les maraîchers ont reçu en concession *Jésus au jardin de Gethsémani*, hommage à leurs capacités potagères. Les forgerons financent *l'Arrestation*, qu'ils pourvoient de lances et d'épées, et les marins, parce qu'ils savent nager, veillent sur *la Chute dans le torrent Cédron*. Un humour plus subtil a confié aux bouchers *le Jugement de Pilate*, et aux débitants de boissons alcooliques *la Montée au calvaire*. Les menuisiers étaient tout indiqués pour *le Soulèvement de Jésus sur la croix*, de même que *la Crucifixion* ne pouvait revenir qu'aux marchands de cordes et de ficelles. *Le Dépouillement de Jésus,* confié autrefois aux tonneliers, est passé de nos jours, avec plus de raison, aux négociants en textiles, soucieux, apparemment, de récupérer les habits arrachés.

Le corps de métiers continuent à s'occuper des statues, qui ont souvent été retouchées ou refaites, mais dont la plupart ont gardé la forme reçue au XVIIIe siècle. Les artisans ne portent plus eux-mêmes les plates-formes, ils payent des porteurs. Aux cierges se sont substitués des candélabres électriques, alimentés par des accumulateurs ; et, à la place d'une humble décoration de violettes de deuil, les chars croulent maintenant sous de luxueuses parures florales. Deux détails nous intriguent surtout. La procession, à la grande époque, se déroulait dans un silence complet, au milieu de la foule médusée. Les statues ne sont ni en bois ni en pierre ni en bronze ni en marbre, mais faites d'un mélange de bois, de toile et de colle appelé *carchét* et connu uniquement à Trapani.

Dès neuf heures moins le quart, le lendemain matin, vendredi, nous nous postons devant la porte de l'église. Neuf heures, neuf heures cinq, neuf heures dix : per-

sonne. Et la messe qui va commencer à neuf heures et demie ! Enfin, à neuf heures vingt, arrive en traînant les savates une femme de quarante ans, dans une robe jaune, un lot de clefs à la main enveloppé dans un sac de plastique.

Je lui dis avec véhémence :

« L'église ne devait-elle pas être ouverte à neuf heures ? »

Elle me répond, sans se presser :

« À neuf heures, j'étais au lit. »

Ero a letto. Réponse sublime de naïveté, d'animalité. N'importe qui d'autre eût invoqué l'enfant à laver, le mari malade, la fuite d'eau. Non, elle, la femme en jaune, avance l'argument souverain, devant lequel il n'y a pas d'objection en Sicile, depuis que Frédéric II a fait prouver scientifiquement les avantages, pour la digestion, du sommeil sur l'action, et que Garibaldi a immortalisé par une sieste historique les vertus guerrières du lit. *Ero a letto,* un point c'est tout. Nous apprécierions mieux la saveur de cet aveu si l'arrivée de trois bigotes attirées par la messe hebdomadaire ne ravivait notre indignation tout occidentale contre un mépris aussi désinvolte des horaires.

Nous nous précipitons dans l'église, pour les dix minutes qui nous restent, tandis que la gardienne s'empare d'un balai et demande aux bigotes de l'aider à arranger les fleurs avant l'apparition du curé. Rien de ce que nous avons lu dans l'opuscule n'a pu nous donner la moindre idée du spectacle éclatant qui se révèle soudain à nos yeux. Rangés côte à côte le long des parois, tout autour de ce qui ressemble plus à une salle rectangulaire qu'à une église, les groupes, qui se détachent en noir contre le mur blanc, alignent des scènes d'une violence et d'une cruauté inouïes, renforcées par la matière et la couleur glacées, figées, bitumineuses, de ce mélange de toile, de colle et de goudron.

Poses torturées des corps, visages dramatiques, férocité des soldats et des bourreaux, expressionnisme plus espagnol qu'italien : telle est ma première impression, cueillie dans la hâte et la peur de ne pouvoir regarder dans le détail. Puis, comme le curé n'arrive pas et que la femme en jaune continue à balayer sans nous faire signe de déguerpir, nous commençons à circuler plus tranquillement le long des vingt Mystères.

Banalité relative des trois premiers, *l'Adieu, le Départ, Jésus au jardin de Gethsémani.* Visiblement, tant que le drame n'a pas éclaté, les sculpteurs se sont contentés d'une représentation conventionnelle, à part la matière des robes, lourde et grasse comme de l'asphalte fondu. Les femmes en particulier me paraissent bien mièvres. Assez fade aussi le visage de Jésus à Gethsémani. Avec *l'Arrestation*, brusque changement de ton. Saint Pierre jette par terre un soldat d'un coup de poing. Le Christ reste quelconque, mais les deux personnages qui l'arrêtent, un homme en bonnet et culotte de pêcheur et un soldat au casque doré, expriment une fière énergie. Qui se mêle, dans le groupe suivant, *la Chute dans le torrent Cédron*, à un goût théâtral pour le faste. Le soldat de gauche porte une cuirasse dorée sculptée de rayons, une tunique à franges, un casque très orné qui lui couvre les oreilles et descend sous la barbe, un fronton feuillu sur son casque, de longues plumes de tôle fichées au sommet. Il brandit un bâton au pommeau de même métal que les plumes. Costumé ainsi, on le verrait très bien dans un opéra de Scarlatti ou de Händel. Le soldat de droite, agrémenté de moustaches très recourbées à la turque et culotté de hauts-de-chausses à raies rouges et or, manifeste une joie dure et mauvaise.

Dans les groupes suivants, qui représentent les diverses scènes du Jugement, je note les costumes espagnols des soldats, grègues bouffantes à mi-cuisse, tuniques à pendentifs, cuirasses, bottes, moustaches —

une exhibition de virilité guerrière qui culmine dans le visage, monstrueux à force de cruauté, de l'homme demi nu, coiffé d'un turban, aux aguets près du fauteuil vide de Caïphe.

Avec *la Flagellation*, les artistes s'en sont donné à cœur joie, c'est le cas de le dire. Le Christ est maintenant nu, tandis que soldats et bourreaux, au visage grimaçant, arborent des tenues de plus en plus théâtrales : aigle sculpté sur la ceinture, manteau rouge, volant de plumes de tôle sur le casque. De l'autre côté de l'autel, symétriquement par rapport à *la Flagellation*, il me semble que *l'Addolorata* a refroidi l'inspiration du sculpteur : cette Vierge vêtue de noir qui montre son cœur enflammé et roule des yeux révulsés pourrait sortir d'un atelier sulpicien. Sans doute a-t-elle été refaite au XIXe siècle, mais je n'en suis même pas sûr. Le sentiment de profonde compassion maternelle, qui a dicté à Ignaz Günther l'admirable *Mater Dolorosa* de l'église de Weyarn en Bavière paraît bien absent des Mystères de Trapani.

Les scènes de la Passion du Christ, ensuite, alignent tout le répertoire de la plus vive jubilation sadique : du soldat qui tire la langue dans *le Couronnement d'épines* à l'espèce de satyre chauve, demi nu, le derrière cambré, qui arrache la tunique du Christ dans *le Dépouillement* (ce serait, m'affirme l'opuscule, le portrait du bourreau de Trapani à l'époque) ; du pêcheur qui tire sur les cordes pour soulever la croix, avec le même geste dont il manœuvre les haubans de son embarcation, sous l'œil glacé d'un noble en turban et cafetan, au spectateur de *la Crucifixion*. De ce personnage fastueux, Pier Luigi Pizzi, le grand ordonnateur des spectacles baroques, aurait pu recréer, pour ses mises en scène de *Rinaldo* ou de *la Passion selon saint Jean*, le manteau écarlate, les bottes, la jupette, le masque de lion sur la

cuirasse dorée, le haut panache sur le casque qui retombe du cimier en plumes multicolores.

À nouveau banales, les deux scènes de *la Déposition* et du *Transport au sépulcre.* Une fois mort, hors de portée du fouet et de la lance, le Christ n'a plus excité la férocité des artistes. Ces femmes en pleurs qui gémissent sur le cadavre, ils ne les ont représentées que par pure convention. Le dernier Mystère, *le Sépulcre,* figure le Christ couché dans un cercueil de verre. Il me semble décharné et torturé à souhait, mais la hauteur du socle m'empêche de vérifier s'il porte la marque de ses blessures avec le réalisme atroce qu'on voit en Espagne et au Mexique.

Entre-temps il est presque dix heures et demie, l'heure de nous en aller. Les conciliabules à voix basse entre les bigotes, leurs questions anxieuses à la femme en jaune, trahissent leur inquiétude devant le retard du curé. Je profite de ce délai supplémentaire pour faire un dernier tour et affiner mes conclusions.

Le seul visage de femme qui ne soit pas mièvre est celui de la servante, vigoureuse femme du peuple, qui a reconnu dans saint Pierre un disciple du Christ et le dénonce aux sbires. Elle s'est placée du côté des persécuteurs, elle, ce qui donne de l'expression à sa figure. Toutes les autres femmes, et d'abord la Vierge, sont insipides : signe que le vrai sujet de ces Mystères n'est pas la compassion pour le Christ, la participation éplorée aux souffrances du Rédempteur. Même remarque pour Jésus lui-même, presque toujours fade, et pour ses disciples. Saint Jean, si admirable dans la tradition iconographique italienne, est ici absolument insignifiant. Le seul disciple réussi me paraît être saint Pierre, quand il jette à terre un des soldats. Son crâne rond et chauve, sa stature trapue, son geste de lutteur le rangent parmi ceux qui exercent la violence.

Car le véritable et unique sujet de ce cycle extraordinaire, impossible d'en douter, c'est la joie de blesser, de torturer et de tuer, l'enivrement de la cruauté, la volupté des sévices et du sang répandu. On sent que les auteurs des statues ont défoulé d'homicides impulsions, et que les habitants de Trapani, lorsqu'ils suivent la procession dans les rues, s'identifient aux soudards et aux bourreaux bien plus qu'aux victimes.

Que peut le christianisme, en face d'un tel aveu de sauvagerie ? Libérer une fois par an les forces de la destruction et du mal, tel est sans doute le parti le plus sage à prendre. Mais les messes ? L'onction des gestes sacerdotaux, le miel des bénédictions lénifiantes ? Je n'ai guère parlé de prêtres ni de religion dans ce livre, car le catholicisme, à mon avis, n'a jamais pris en Sicile. De même que Jésus, ses disciples et les saintes femmes qui l'entourent dans les Mystères de Trapani sont des effigies froides et sans vie, de même la prédication des Évangiles verse un baume bien trop doux pour les plaies incurables de ce pays. La Sicile se reconnaît dans les monstres de Palagonia, dans les masques grimaçants de Scicli, dans les clairs-obscurs fuligineux de Caravage, dans les rictus des momies du cimetière des Capucins. N'a-t-elle pas appris, à ses dépens, l'impuissance du jeune agneau de Nazareth à la protéger contre les invasions, les spoliations, la fureur des volcans, la loi humaine des plus forts et toutes les autres tragédies de son histoire ?

Ce doit être l'opinion du curé lui-même puisque, à dix heures et demie, au moment où Ferrante range ses appareils, il n'est toujours pas apparu. Encore *a letto*, selon l'exemple éclairé de la femme en jaune, il préfère opposer, aux calamités chroniques qui accablent la Sicile et dont ne viendra jamais à bout un Dieu trop consolant pour être crédible, le seul remède qui n'ait jamais déçu les rescapés du radeau de la Gorgone : dormir.

Agrigente, 25 août 1987.

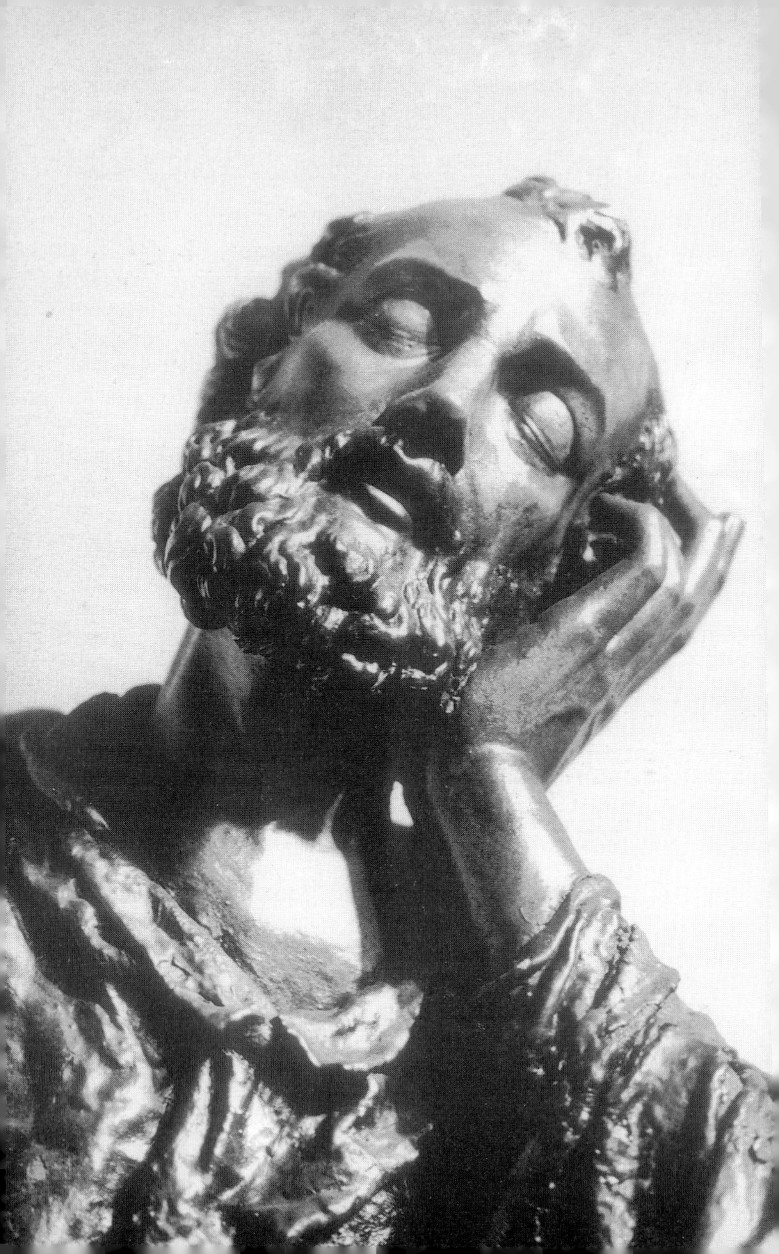

Table

Composition réalisée par COMPOFAC - PARIS

IMPRIMÉ EN FRANCE PAR BRODARD ET TAUPIN
Usine de La Flèche (Sarthe).
LIBRAIRIE GÉNÉRALE FRANÇAISE - 6, rue Pierre-Sarrazin - 75006 Paris.

ISBN : 2 - 253 - 04898 - 4 ⓗ 30/6597/6